영성의 진리 시리즈 1

영성의 발전을 갈망하라

정원 지음

영성의 숲

영성의 발전을 갈망하라

서 문

이 글은 인터넷 카페 [정원 목사 독자모임] 의 〈영성의 진리〉라는 코너에 2001년 5월부터 2002년 6월까지 쓴 글입니다.
글의 내용에 대해서 많은 회원들이 뜨거운 반응을 보여주었으며 매 글마다 수많은 덧글과 답글들이 이어졌고 눈물의 대화들이 있었습니다. 그러한 분위기를 여기서 같이 나눌 수는 없지만 그 대화와 교제들은 즐거운 추억으로서 기억에 남습니다.
이 글들에는 영성에 대한 여러 가지의 원리와 조언이 포함되어 있어서 독자님들의 영적 성장과 발전에 도움이 되리라고 기대하며 책으로 묶어서 내게 되었습니다. 이 책과 함께 영적 성장을 위하여 나아가려는 모든 독자님들께 주님의 사랑과 은총이 함께 하기를 기원합니다. 할렐루야.

2006. 9. 정원

|C|O|N|T|E|N|T|S|

1. 옳음보다 중요한 것은 사랑의 영입니다 • 9
2. 사람들의 영적 수준과 상태를 분별하십시오 • 13
3. 주님을 모르는 것이 가장 무서운 것입니다 • 18
4. 속으로 스며드는 것은 부드러운 소리입니다 • 21
5. 영혼이 발달해야 사랑할 수 있습니다 • 25
6. 영의 교류를 인식하십시오 • 30
7. 기독교의 중심은 교훈이 아니고 사람이며 관계입니다 • 37
8. 승리의 삶은 차원의 문제입니다 • 41
9. 영의 확장된 인식 • 44
10. 감정의 자유함에 대하여 • 48
11. 우리의 미래는 어떻게 형성되는가 • 54
12. 주님은 우리를 조금씩 이끄십니다 • 63
13. 빛과 어두움의 영들을 분별하십시오 • 69
14. 큐티, 예배, 기도, 교제, 그리고 실상 • 76
15. 부흥과 분열에 대하여 • 84
16. 교회의 선택기준과 세워짐에 대하여 • 96
17. 오직 예수뿐입니다 • 119
18. 감동적인 이야기를 사용하는 것에 대하여 • 126

19. 은혜 후의 실족.. 그 이유는? • 137
20. 주님의 실제와 충만, 사역에 대하여 • 147
21. 우리가 접촉하는 영계 • 160
22. 영을 끌어들이는 것에 대하여 • 174
23. 실제적인 영성 훈련 • 184
24. 고통이 인도하는 길 • 187
25. 생각은 영계의 고향입니다 • 197
26. 영을 분별하는 중요한 기초 • 201
27. 믿음은 쉬운 것입니다 • 206
28. 내면의 빛, 아름다움에 대하여 • 211
29. 겉 사람의 인식과 영혼의 인식에 대하여 • 214
30. 믿음은 놀이입니다 • 228
31. 은사 경험과 영혼 경험의 차이에 대하여 • 231
32. 더 깊은 구원을 향하여 • 246
33. 스포츠와 영성에 대하여 • 255
34. 빛의 역사와 불의 역사를 구하십시오 • 277
35. 진리는 시작이며 사랑은 완성입니다 • 280
36. 날마다 빛을 선택하십시오 • 285

1. 옳음보다 중요한 것은 사랑의 영입니다

어떤 분이 상담 중에 이런 말을 하였습니다.
"목사님.. 어떤 이에게 저의 잘못을 지적 받았어요. 그런데 다 맞는 말인데 화가 나고 상처가 되더라구요. 목사님.. 저 아직 자아가 깨지려면 멀었지요?"
나는 웃었습니다. 그리고 대답했습니다.
"자아.. 그거 죽을 때까지 깨져도 다 안 깨질걸요. 그러니 자아 깨지는 이야기 좀 그만하십시오. 정말 지겨워요."
나는 그녀에게 말하기를 상대방을 통해서 나오는 공격적인 나쁜 기운을 받아들여서 영이 상하게 된 것은 그녀의 영이 약하고 분별과 방어력이 부족한 것이기 때문에 그녀의 책임이라고 했습니다. 그러나 그녀의 잘못을 지적한 사람에게도 역시 책임이 있으며 그가 말하는 동기나 영도 별로 바른 것은 아니라고 대답해 주었습니다.

다른 사람들의 지적이나 조언에 상처를 받는 것 - 그러한 일은 흔하게 있는 일입니다. 왜 이런 일이 생기는 것일까요? 왜 바른 말에 상처를 받는 것일까요? 그것은 지적하는 말이 사랑의 영으로 행해지지 않기 때문입니다.
부드럽고 따뜻하고 바른 마음과 영으로 다른 이들에게 권면을 할 때 그 말을 통해서 상처를 받는 사람은 없습니다. 사람은 오직 가시나 바늘과 같이 날카로운 물질에 찔리는 것이며 곰 인형이나 방석에 찔리고 상하는 것은 아닙니다. 누군가 찔리고 상하는 사람이 있다면 그것은 말하는 자의 영에 무엇인가 부드럽지 않은 날카로운 기운이 있다는 것을 의미하는 것입니다.

그러므로 우리는 이것을 이해해야 합니다. 사랑의 마음으로, 사랑의 영으로 하지 않은 모든 말과 행동은 아무리 논리적으로 옳아 보여도 좋은 열매를 맺을 수 없으며 마음을 상하게 할 뿐이라는 것을 말입니다.
영의 세계에서는 무엇이 옳고 그르냐가 중요한 것이 아닙니다.
주님께서 우리에게 물으시는 것은 우리가 논리적으로 옳은 입장에 있는가가 아닙니다.
주님은 우리에게 사랑했느냐고 물으십니다. 주님은 우리에게 사랑의 마음으로 말하고 행하며 봉사했느냐고 물으십니다.
진정 상대방을 사랑하는 자에게서는 말과 행함을 통하여 부드러움과 아름다움이 흘러나옵니다. 그러나 상대방을 진정 사랑하지 않는 이들에게서는 날카로움과 정죄의 기운이 흘러나오게 됩니다.
그들은 상대방을 사랑하는 것이 아니라 자신의 의견을 사랑하고 있는 것입니다. 그들은 자신의 옳음과 자신의 지식과 자신의 견해를 상대방보다 더 사랑하며 귀중하게 여기는 것입니다. 그리고 그것은 바른 자세가 아닙니다.
그러한 상태에서 그들은 아무리 옳은 이야기를 하고 아무리 애를 써도 상대를 도울 수 없습니다. 그와 같이 사랑이 결여된 많은 가르침과 조언은 비록 맞는 말이라고 하더라도 세상을 피곤하게 만들뿐입니다.
사람은 영적인 존재입니다.
영과 영은 서로 통하기 때문에 사람들은 진정 자기를 사랑하며 자기를 받아주는 사람들에게 본능적으로 마음을 열고 그 메시지를 받아들이게 됩니다.
그러므로 우리는 상대방들이 바르지 않은 영을 가지고 공격적으로 권면할 때 그것을 받아들이려고 노력할 필요가 없습니다. 그것은 오히려 우리의 영을 답답하고 눌리게 만듭니다. 그러한 조언을 거절하는 것을 자아가 깨어지지 않았다고 생각해서는 안 됩니다.
말에는 영적 기운이 있습니다. 그러므로 말에서 흘러나오는 기운을 잘 살펴야 합니다. 악하고 독한 기운이 흘러나온다면 그 말을 받아들여서는 안 됩니다. 독약을 먹으면 죽습니다. 그것은 말도 마찬가지입니다.
우리는 항상 겸손함과 낮은 자세를 가지고 있어야 하지만 분별 없이 함부로 모든 말들을 받아들여서 영적으로 약해지고 눌릴 필요는 없습니다.

당신이 누군가에게 조언을 하고 싶을 때
상대가 예뻐 보이지 않으면
아무런 권면도 하지말고
그저 침묵하십시오.

그것은 상대방에게 유익을 줄 수 없습니다.
상대가 너무 사랑스러우며
그의 잘못도 실수도 그저 예쁘게 보인다면
당신은 상대방의 문제점에 대하여 부드럽게 권면할 수 있으며
그것은 상대의 영혼에게
빛과 기쁨과 깨우침을 줄 것입니다.

우리의 모든 잘못과 실수를 용서하시며 우리를 항상 받아주시고 사랑하시는 주님께 감사와 경배를 드립시다.
그분은 우리의 잘못에 대하여 항상 사랑과 은총이 충만한 영으로 우리에게 권면하십니다. 그러므로 그의 음성과 가르침은 비록 꾸짖음일지라도 우리의 생명과 능력과 힘이 되는 것입니다.
우리도 주님과 같은 그러한 사랑의 권면자가 되어야 합니다.
그것이 바로 주님의 사역이며 우리가 천국의 생명을 공급하는 생명의 도구가 되는 길인 것입니다.

2. 사람들의 영적 수준과 상태를 분별하십시오

한 자매가 어떤 책을 읽고 혼란에 빠졌습니다. 그녀는 그 책 안에 있는 많은 내용을 내게 메일로 보냈습니다. 그리고 책의 내용에 밑줄을 치고 혼란스러운 부분에 대한 수많은 질문을 퍼부었습니다. 내가 그 책을 보니 그 내용도, 그 안에서 흐르는 영도 참으로 복잡하고 답답하게 느껴졌습니다.
그래서 나는 한마디로 그녀의 모든 질문을 해결했습니다.
"뭐 이런 쓸데없는 책을 보고있어? 그 시간에 텔레비전 코미디나 보는 게 나을텐데.."

그것은 아주 쉬운 해결책이었습니다. 그녀가 밑줄 친 내용에 대해서 하나 하나 분석하고 해설하고 문제점에 대해서 이야기를 하려 했으면 아마 하루 종일이 걸렸을 것입니다.
그것은 피곤한 일입니다. 그것은 시간낭비일 뿐만 아니라 그 책에서 나오는 혼란스러운 기운을 받아들여서 쓸데없는 고통을 자초해야 했을 것입니다. 모든 말에나 글에는 영적인 에너지가 포함되어 있어서 그것을 읽거나 듣는 이에게 영적 영향력을 주기 때문입니다.

사람들은 어떤 책을 읽거나 어떤 이야기를 들으면 그 이야기의 내용에 빠져버립니다. 그리고 그것이 맞는가 틀리는가를 가지고 고민합니다.

그러나 그것보다 더 중요한 것이 있습니다. 그것은 그러한 이야기를 하는 사람이나 그 저자의 영적인 수준과 상태를 분별하는 것입니다. 그것은 이야기의 내용 자체보다 그 이야기를 하는 사람의 수준이나 상태가 훨씬 더 중요하기 때문입니다.

3살짜리의 아이가 어떤 주장이나 이야기를 한다고 합시다. 그 내용에 대해서 깊이 뇌리에 새기는 사람은 별로 없을 것입니다.
그 아이는 사랑스럽지만 그의 지식이나 의견은 온전하고 충분한 것이 아니기 때문에 그것을 심각하게 받아들이는 어른들은 없을 것입니다.
어떤 사람이 술이 많이 취한 상태에서 주정을 하고 누군가를 비방했다면 그 말의 의미를 깊이 묵상하는 것은 의미가 없을 것입니다. 그것은 그가 온전한 정신으로 한 말이 아니므로 별로 가치가 없습니다. 마찬가지로 어떤 말은 그 말을 한 사람의 영적인 수준과 상태가 어떠하냐에 따라서 의미가 있는 것입니다.

우리는 사람의 영적 수준과 상태를 분별해야 합니다. 그 사람이 영적으로 어린 아이인지 어른인지 알고 그 사람의 말을 받아들여야 합니다. 아이가 한 말임을 안다면 그 사람이 좋지 않은 말을 했다고 하더라도 대수롭게 여기지 않으며 상처도 받지 않게 될 것입니다. 또한 어른이 한 말이라면 주의 깊게 그 말을 생각해보아야 할 것입니다. 그러므로 상대방의 영적 수준을 이해하는 것은 아주 중요한 일입니다.

육체의 나이는 시간의 흐름에 따라 누구나 같이 먹게 됩니다. 그러나 영혼의 나이는 시간이 지남에 따라서 누구나 같이 먹는 것이 아닙니다. 영적 성숙이란 외모나 지위나 신앙 경력을 통해서 알 수 있는 것이 아닙니다.

그렇다면 사람의 영적인 수준과 나이를 분별하는 기준은 무엇일까요. 거기에는 여러 가지 기준들이 있습니다.

우선 그의 영이 자유롭고 풍성한가를 보아야 합니다. 그의 영이 자유롭고 풍성하다면 그는 주님과 실제적인 교류를 가지고 있을 것입니다.

그는 주님의 임재를 알고 있으며 주님의 기쁨이 무엇인지 천국의 기쁨이 무엇인지 알 것입니다. 그에게서는 천국에서 오는 생명의 흐름이 나타나게 될 것이며 그것은 가까이 있는 사람들에게 기쁨과 생기와 힘을 줄 것입니다.

그에게서는 사랑의 기운이 흘러나올 것입니다. 그는 주님을 사랑하며 영혼을 사랑합니다. 그러므로 그러한 사람의 옆에 있을 때 그의 사랑과 기쁨은 전염됩니다. 이러한 것들은 그의 영이 어느 정도 발전되었으며 풍성하다는 것을 보여주는 근거가 되는 것입니다.

어떤 사람이 주님을 사랑하고 영혼을 사랑하며 주님과의 실제적인 교제를 통하여 행복과 기쁨을 누리고 있다면 우리는 그 사람의 이야기를 가치 있는 것으로 인정하고 주의 깊게 받아들일 필요가 있습니다. 그러나 그 사람의 삶과 그 사람의 영에서 실제적인 주님의 임재가 나타나지 않으며 그의 삶이 그의 영적 지식을 뒷받침해주지 못한다면 그러한 사람의 이야기에 대해서 깊이 받아들일 필요는 없습니다.

우리는 어떤 사상을 접할 때, 어떤 말을 접할 때
주의 없이 모든 것들을 받아들여서는 안 됩니다.
그 사람의 영적 수준과 상태를 잘 분별해야 합니다.
어떤 사람을 접할 때 그의 영혼의 수준, 나이, 발전 상태를 분별하십시오.
그 사람이 사랑과 양육이 필요한 사람인지 아니면 마음놓고 교제할 수 있는 대상인지를 반드시 파악하십시오.
그렇게 할 때 영혼이 어린 사람을 의지하다 실족하지 않으며
실제가 없는 공허한 관념을 받아들여 개념뿐인 신앙을 가지지 않게 될 것입니다.

무엇보다도 삶 속에서 주님과의 풍성하고 아름다운 교제를 가졌으며 삶과 사역에서 아름다운 열매를 맺었던 분들, 신앙 위인들의 전기와 글을 많이 접하십시오.
특히 전기는 우리에게 많은 유익을 줍니다. 거기에는 그가 경험한

주님의 임재와 사랑, 그 기운과 영이 흘러나와서 우리의 영혼을 풍성하게 하며 생기를 주기 때문입니다.

우리는 그러한 이들의 글이나 사상을 통하여 그들을 만지신 주님의 영광을 같이 접하게 되며 우리도 그들과 동일한 은혜 속으로 들어갈 수 있게 될 것입니다.

사람의 영을 분별하십시오. 영이 어리고 주님의 실제를 가지고 있지 않은 이들의 말을 중하게 여기지 마십시오. 주님의 임재를 가지고 있는 이들의 말과 영을 귀중하게 여기십시오. 이러한 분별은 당신의 영혼이 성장하는 데에 매우 유익한 것이 될 것입니다.

3. 주님을 모르는 것이 가장 무서운 것입니다

어떤 부인이 있었는데 이 분은 참으로 사랑스럽고 겸손하고 아름다워서 그녀가 다니는 교회에서 인기가 참 좋았습니다.
그녀를 시기하는 여전도회의 어떤 집사님이 그녀에 대하여 나쁜 소문을 퍼트렸습니다. 그녀에게 과거가 있다는 것이었습니다. 그 이야기를 듣고 놀라서 여러 집사님들이 그녀에게 와서 물었습니다.
"집사님.. 집사님에게 과거가 있다고 하는 말이 있는데.. 그게 사실인가요?"
그녀는 조용히 웃으며 말했습니다.
"예. 사실 저는 과거가 있어요.."
집사님들은 긴장으로 침을 꿀꺽 삼키며 물었습니다.
"저.. 무슨 과거가?"
그녀는 대답했습니다.
"과거에 저는.. 주님을 몰랐어요."
모든 집사님들이 웃었습니다.
"에이, 참.. 집사님도.. 그게 무슨 과거예요?"
그러자 그 집사님은 정색을 하고 말했습니다.
"주님을 모르는 것.. 이 세상에 그것보다 더 무섭고 위험한 과거가 있나요?"

사람들은 죄를 짓고 나면 괴로워합니다. 시기, 질투, 분노, 혈기, 욕심.. 등이 자기 속에서 나타날 때 몹시 힘들어합니다. 그러한 죄들을 몹시 크게 생각하며 그들과 싸워서 이기기 위해서 노력합니다.
그러한 죄들은 물론 악한 것이며 그러한 죄들과 싸우는 것은 그리스도인으로서 중요한 일입니다. 죄를 짓고도 아무렇지 않게 여긴다면 그는 바른 그리스도인이라고 할 수 없는 것입니다.
그러나 그러한 죄들보다 더 중요하고 본질적인 문제가 있습니다. 그것은 주님을 잘 모르는 것입니다. 그리고 그러한 본질적인 문제 때문에 일상의 죄들이 따라오게 되는 것입니다.

어떤 집사님이 내게 전화로 상담을 요청한 적이 있었습니다. 그는 재정집사로서 교회의 재정을 담당하고 있는데 담임 목사님이 재정적인 문제로 죄를 자꾸 짓는다는 것이었습니다.
나는 그에게 이렇게 대답했습니다. 물질로 인하여 죄를 짓는 것은 물론 악한 일입니다. 그러나 그것은 본질적인 문제는 아닙니다. 중요한 것은 그 목회자가 주님을 잘 모른다는 것입니다. 그리고 그것이 가장 중요하고 치명적인 문제라고 나는 대답해주었습니다.
주님을 모르는 것은 본질적이며 근본적인 악입니다. 주를 믿기는 믿지만 그렇게 주님을 피상적으로 알고 있는 사람들은 영적으로 어리고 무지한 상태에 있으므로 영을 따라 살지 못하고 본능과 육을 따라 살게 되고 따라서 악의 지배를 받게 됩니다. 그렇기 때문에 자연적으로 삶에서 악한 열매들이 따라오게 되는 것입니다.

오늘날 사람들은 일반적인 죄의 행위들을 죄라고 압니다. 그러나 주님에 대해서 무지하고 잘 모르는 것을 죄와 악이라고 여기지 않습니다. 그것은 매우 불행한 일입니다.

우리는 주님을 알아가야 합니다.
주님을 모르기 때문에 거기에서 모든 악들이 따라옵니다.
주님을 모르므로 우리는 자신을 드러내기 원하며
주님을 모르므로 두려워하고 걱정하며
주님을 모르므로 물질을 의지하고 사람을 의지하게 됩니다.
주님을 모르는 것은 이 세상에서 가장 위험한 삶이며 비참한 삶입니다.
진정으로 행복한 사람은 주님을 알아 가는 것을
인생의 목표로 삼고 있는 사람입니다.
이 세상에는 전쟁의 소문과 두려움과 염려로 가득하지만
그러한 이들의 마음은 평안과 행복으로 가득합니다.
세상 사람들은 끝없이 불만족에 빠져 이것저것을 소유하려 애쓰고
경쟁에서 이기기 위하여 지치고 피곤하며 긴장된 삶을 살지만
그러나 주를 구하며 알아가기 원하는 이들은
주님의 임하심과 가까우심을 경험하게 되며
세상이 알지 못하는 만족을 누리고
깊은 행복을 누리고 맛보며
천국의 빛과 영광 속에서 날마다 살아가게 되는 것입니다.

4. 속으로 스며드는 것은 부드러운 소리입니다

말씀을 전할 때 사역자들은 큰 소리를 내는 것을 좋아하는 경향이 있습니다. 부흥사들은 강력하게 외치는 것을 좋아합니다. 대체로 성도들은 목소리가 크고 강력한 사람을 능력 있는 사역자로 여깁니다. 그래서인지 성령의 능력이나 역사에 관련된 말씀을 전할 때는 대부분의 사역자들이 강하고 큰 소리로 메시지를 전합니다.
설교의 클라이맥스에 이르면 많은 사역자들은 강력하게 외치며 큰 소리를 냅니다. 그리고 그것이 사람들에게 충격을 줄 수 있을 것이라고 생각합니다.

그러나 사실 반드시 그런 것은 아닙니다. 크고 강력한 소리는 잠시 사람들의 관심을 끌고 충격을 줄 수는 있습니다. 아마 크고 시끄러운 소리를 들으면 졸리지는 않을 것입니다. 그러나 크고 강력한 소리는 사람의 겉을 자극할 수 있을 뿐입니다. 큰 소리는 사람의 깊은 곳으로 스며들어가지 못합니다.
사람을 설득할 때도 강압적이거나 큰 소리는 사람의 바깥을 자극할 뿐입니다. 그것은 억지로 사람을 굴복시킬 수는 있을지 모르지만 그 중심을 변화시키기는 어렵습니다.

우리는 한 입에 통 채로 수박을 먹을 수 없습니다. 수박은 너무 덩치가 커서 한 입에 들어가지 않으며 설사 들어간다고 해도 우리는 그것을 씹을 수 없을 것입니다. 그러나 그것을 잘게 썰면 우리는 그것을 먹을 수 있으며 소화할 수 있습니다.

잘게 썬 것을 우리가 입으로 씹어서 입자를 더 잘게 부수면 우리는 그것을 소화할 수 있으며 그것은 우리의 몸의 한 부분을 형성하게 될 것입니다.

소리는 하나의 입자와 같습니다.

크고 강력한 소리는 마치 수박의 큰 덩어리와 같습니다. 그러므로 우리는 그것을 한 입에 먹고 소화할 수 없습니다. 그러한 큰 덩어리의 소리는 우리의 겉 사람과 육체를 자극할 뿐입니다. 그것은 너무나 커서 우리의 속으로 들어올 수 없습니다. 우리는 그 소리를 소화할 수 없으며 시간이 지나면 초기에 받았던 충격과 영향력은 사라지게 될 것입니다.

그러나 잘게 썰어진 조용하고 잔잔한 소리는 마치 잘게 부수어진 작은 입자와 같아서 그것은 당시에는 연약하게 보이고 우리의 겉 사람에게 별로 큰 영향을 준 것 같지 않지만 시간이 흐르고 나면 어느새 우리는 그 작은 입자, 작은 음성이 우리의 내부에 스며들어서 우리를 변화시키고 있는 것을 느끼게 되는 것입니다.

당신이 사람의 마음을 얻기 원한다면, 상대방을 설득하기 원한다면, 당신의 메시지가 상대의 심령 깊은 곳으로 스며들기 원한다면 당신은 함부로 큰 소리를 질러서는 안 됩니다.
큰 소리로 압제하며 꾸짖어서는 안 됩니다. 그것은 상대방을 긴장시킵니다. 그리고 상대방의 흡수력을 약화시킵니다. 그러므로 당신의 큰 소리는 아무런 능력도 없이 허공으로 사라져버리고 말 것입니다.
자녀들에게 큰 소리로 야단을 치지 마십시오.
그들은 순종하지 않으며 변화되지 않습니다.
그들은 두려워서 잠시 듣는 척 하겠지만
그들의 속은 결코 변화되지 않습니다.

조용히 부드럽게 잔잔하게 말하십시오.
강한 음성은 영혼을 긴장시키며
상대의 영혼을 닫게 합니다.
그러나 부드러운 음성에 사랑을 담고 속삭일 때
그것은 사람의 영혼 깊은 곳으로 흘러 들어갑니다.

강한 목소리는 전투적인 목소리이며
사무적이며 율법적인 목소리입니다.
부드럽고 따뜻한 목소리는
사랑의 속삭임과 교제에 어울리는 목소리입니다.
연인들이 큰 소리로 대화를 나눌 때
당신은 머지 않아 그들이 마음이 상하고
다투는 것을 볼 수 있게 될 것입니다.

당신의 목소리를 낮추십시오.
긴장해서 말하지 마십시오.
강한 목소리로 상대방을 제압하려고 하지 마십시오.
거친 목소리로 말하지 마십시오.
그것은 사람의 마음을 닫습니다.
편안하고 따스하게
아주 잔잔하게 말하십시오.
편안하고 부드럽게 말하십시오.
사람들은 당신의 부드러운 소리를 좋아하게 될 것이며
당신은 그들에게 영향을 주게 될 것입니다.
그리하여 당신은 대화를 즐기고 교제를 즐기며
인생을 누릴 수 있는 사람이 될 것입니다.

5. 영혼이 발달해야 사랑할 수 있습니다

사랑은 영혼의 작용입니다. 그것은 영혼이 자유롭게 활동하며 흘러나올 수 있을 때 자연스럽게 형성되는 열매입니다.
그러므로 영혼이 발달하지 않은 이들은 사랑하려고 애를 써도 사랑의 마음이 속에서 잘 일어나지 않으며 사랑의 표현을 하는 것도 매우 어렵게 느껴집니다. 그러한 이들이 억지로 사람들 앞에서 웃어야 하고 다른 이들을 좋아하는 척을 해야 한다면 그것은 정말 고통스러운 일일 것입니다.

미움은 육체에서 나오는 것이며 육체의 작용입니다. 미움뿐만이 아니라 분노, 짜증, 혈기, 두려움 등 모든 악의 열매들은 육을 통하여 나오는 것입니다.
그러므로 영혼이 발전하지 않고 육체의 본능을 따라 사는 사람들은 육체에서 사랑이 나오지 않고 미움이 흘러나오므로 사랑하는 것이 어려우며 분노와 혈기와 악성들을 극복하는 것이 몹시 힘듭니다.
이들은 어떤 사람들의 잘못이나 약점을 보면 그것을 불쌍하게 여기고 도우려는 마음이 들기보다 그들을 심판하고 판단하는 마음이 들것입니다. 그러므로 그들은 그들의 속에서 올라오는 악을 간신히 억제하여 참고 있을 수는 있겠지만 그것을 마음 속에서 없애지는 못할 것입니다.

사람들은 영혼에서 사랑이 나오며 육체에서 미움이 나온다는 원리에 대해서 잘 이해하지 못합니다. 그래서 누구나 마음을 먹기만 하면 순수하고 아름다운 사랑을 할 수 있다고 생각합니다. 그러나 그것은 오해이며 그렇기 때문에 영혼을 발전시키지 않은 사람이 사랑의 열매를 맺는 것은 너무나 힘든 일인 것입니다.

영성이 발전하지 않은 어린 영혼들은 쉽게 다른 이들을 비난하고 쉽게 판단하며 쉽게 잔소리를 할 수는 있지만 그들을 긍휼히 여기며 그들을 위하여 짐을 지려는 마음은 쉽게 가질 수 없습니다. 그러한 애정은 오직 영혼에서 나오는 것이기 때문입니다.

그러므로 영혼을 훈련하며 발전시키지 않는 이들, 그저 자신의 육신적인 소원과 욕망을 만족시키기를 원하는 이들이 사랑하기를 원해도 사랑할 수 없는 것은 지극히 당연한 일이며 하나도 이상한 일이 아닌 것입니다.

어떤 사람이 손으로 말을 하려고 시도한다고 합시다. 그러나 그것은 불가능한 일입니다. 말은 입으로 할 수 있는 것이며 손은 말하는 도구가 아니기 때문입니다.

어떤 이가 발로 생각을 하려고 시도한다고 합시다. 그것도 역시 불가능합니다. 발은 생각하는 기능을 위하여 만들어진 것이 아닌 것입니다. 마찬가지로 사랑의 기능은 영의 작용이며 그러므로 영을 먹이고 입히고 발전시키지 않으면 우리는 사랑의 열매를 자연스럽게 생산하기가 어려운 것입니다.

어떤 이들은 자신의 기호나 취향에 따라 마음에 드는 사람을 좋아하고 상대방을 소유하기를 원하며 그것을 사랑이라고 생각합니다. 그러나 그러한 것은 본능에 속한 탐욕과 집착에 불과한 것이며 진정한 사랑이라고 할 수 없는 것입니다. 소유욕이나 탐욕이나 집착과 같은 것은 영혼에서 나오는 참된 사랑이 아니며 육신의 정욕에 속한 것입니다.

영혼의 활동은 부드럽고 잔잔하고 아름다운 것이며 육체의 속성과 활동은 거칠고 사나운 것입니다.

긴장된 사람은 영이 묶여있어서 밖으로 흘러나오기 어려워서 육체의 열매를 계속 생산하게 됩니다. 그러나 부드럽게 릴렉스된 사람은 그 육체를 뚫고 쉽고 자연스럽게 영이 흘러나와 영의 열매, 사랑의 열매를 생산하게 됩니다.

오늘날 사람들은 육을 즐겁게 하고 본능을 만족시키기 위하여 애를 씁니다. 육신의 문제, 환경의 문제를 해결하고 고통에서 벗어나기 위하여 기도하고 노력하며 그것을 신앙이라고 생각합니다. 그러나 그러한 방향으로 나아갈수록 그들의 육과 본능은 점점 강해지고 왕성해져서 그들은 육체의 열매만을 계속 맺게 되는 것입니다.

오늘날 많은 이들은 영혼을 깨우고 충만하게 하는 것보다 육체의 문제를 위해서 많이 기도합니다. 그러므로 영혼의 차원에서 볼 때 주님께서 우리의 욕망으로 가득한 기도들에 응답하지 않으시고 우리가 아픔을 겪도록 내버려두시는 것이 얼마나 감사한 일인지 모릅니다. 우리의 소원과 본능이 계속적으로 응답을 얻고 만족되어지면 우리의 영혼은 결코 깨어날 수 없을 것입니다.

누구나 자기의 꿈이 있습니다. 누구나 자기의 소원이 있습니다.
누구나 다른 이들에게 멸시받기를 싫어하고 인정받고 싶어하며 고통받는 것을 싫어합니다. 하지만 그것보다 더 중요한 것은 우리의 영혼이 깨어나야 하는 것임을 우리는 기억해야 합니다.
사랑하기 위하여, 영혼의 열매를 맺기 위하여 우리는 영혼의 깨어남과 충만함을 추구해야 합니다.
육의 욕망을 거절하고 영 중심으로 살아야 합니다.
보이는 만족을 구하지 말고 영원한 복락과 열매를 구하십시오.
썩어질 기쁨을 구하지 말고 주님의 임재를,
그의 사랑을 구하십시오.
영을 키우고 먹일수록 우리는 사랑할 수 있으며
이로써 우리는 천국의 시민이 되어 가는 것입니다.

천국은 영혼이 발전된 사람이 가는 곳입니다.
주님을 안다는 것은 곧 영으로 사는 것을 말하는 것입니다.
지옥은 육체와 본능으로 살던 사람이 가는 곳입니다.
그들은 육체의 욕망을 구하며 영혼의 어둠 속에서 살았기 때문에 천국의 찬란한 빛을 견딜 수 없습니다. 그러므로 그들은 천국의 빛을 떠나 어두운 곳으로 떨어지게 됩니다.

사랑을 위하여, 열매를 위하여 영혼을 깨우십시오.

영혼을 훈련하십시오. 영혼의 일어남을 구하십시오.

영혼이 일어나고 깨어날수록 당신은 주님의 임재에 민감하게 될 것입니다. 천국의 임재를 가까이 경험할 것이며 당신 안에서 사랑의 마음과 감동이 일어나게 될 것이며 사랑의 언어가 부드럽게 흘러나오는 것을 느끼게 될 것입니다.

당신의 영혼을 발전시키십시오. 그렇게 할 때 당신은 주님의 사람이 될 것입니다. 당신은 또한 사랑의 사람이 되어서 자연스럽게 사랑하고 자연스럽게 사랑을 표현할 수 있게 될 것입니다.

6. 영의 교류를 인식하십시오

사람은 몸과 영혼을 가지고 있지만 근본적으로 영적인 존재입니다. 그러므로 우리가 사람을 만날 때 그것은 단순히 그 사람의 몸을 접하는 것이 아닙니다. 우리는 한 사람의 영혼을 만나는 것이며 그의 영혼이 속해있는 영계와도 동시에 접촉하게 되는 것입니다.
사람과 사람이 만날 때 그 만남 속에는 상호간의 영의 섞임, 교통, 흐름, 전쟁 등의 영적 작용이 항상 있습니다. 그래서 우리의 영혼은 우리가 만난 사람이 속한 영계의 영향을 받게 되며 그 사람의 영적 수준, 성숙도, 상태에 따라 큰 영향을 받게 됩니다.
그렇기 때문에 우리는 어떠한 사람을 만나느냐에 따라 그 사람이 가지고 있는 영적 어두움의 기운을 접촉하고 그 기운이 묻어올 수 있으며 또한 아름답고 풍성한 영적 영향을 받을 수도 있습니다.

물질계에도 물질계의 법칙이 있듯이 영계에도 영계의 법칙이 있습니다. 우리가 인식하든 인식하지 못하든 영들은 서로 접촉하고 영향을 주고받으며 영의 법칙을 따라 운행됩니다.
따뜻한 물과 찬 물이 같이 만나서 서로 섞이면 어떻게 될까요? 아마 두 개의 물은 같이 미지근해질 것입니다. 마찬가지로 우리의 영도 우리가 만나는 대상과 같이 섞이게 됩니다.

우리 영의 상태를 숫자로 표현해서 우리가 사랑의 영을 50개 분량으로 가지고 있는데 분노의 영을 60개 분량으로 가지고 있는 사람을 만나서 교제를 나누게 된다면 어떻게 될까요?

우리는 그와 함께 있을 때 우리가 처음에 가지고 있던 사랑의 느낌이 점점 더 사라지는 것을 느끼게 될 것입니다. 그리고 점점 더 우리의 마음이 날카롭고 사나와지고 강퍅해지는 것을 느끼게 될 것입니다. 그것은 우리가 그와 함께 있으면서 우리가 가지고 있는 50개 분량의 사랑이 그가 가지고 있는 분노의 분량 50개와 상쇄되어 잃어버리고 오히려 10개 분량의 미움을 가지게 되었기 때문입니다.

우리가 30개의 포용을 가지고 있고 상대가 50개의 비난과 정죄의 영을 가지고 있다면 어떻게 될까요? 우리는 20개의 정죄의 영을 가지고 돌아오게 될 것입니다. 우리가 30개의 평안을 가지고 있고 상대가 60개의 불안의 영을 가지고 있다면요? 우리는 30개 분량의 불안한 기운을 받아들이게 되겠지요.

반대로 우리가 60 정도 강도의 평안을 가지고 있고 상대방의 불안 상태가 30정도라면 우리는 우리가 가지고 있었던 평안이 조금 소멸되기는 하였지만 여전히 유지되는 것을 느낄 것이며 상대방은 그의 마음 속에 가지고 있었던 불안함이 사라지고 평안한 마음을 얻을 수 있게 될 것입니다.

현실에서 영적 교류와 영의 섞임이 이와 같이 정확한 수치로 이루어지지는 않을 것입니다. 영적 교류에는 다양한 요인이 존재하기 때문입니다. 그러나 기본적으로는 이러한 원리가 작용합니다. 우리의 경험으로도 우리는 사랑이 많은 사람의 옆에 있으면 같이 부드럽고 친절한 에너지를 얻게 되며 분노와 짜증이 많은 사람의 옆에 있으면 그러한 악한 에너지가 우리에게 영향을 끼쳐서 같이 기분이 나빠지고 불안해지거나 불쾌한 느낌을 갖게 되는 것을 알 수 있습니다.

어떤 사람에게 영향을 받더라도 그의 영역에서 벗어나 혼자 있게 되면 항상성의 원리에 따라 다시 자신의 본래 영적 상태로 돌아가게 됩니다. 평소에 좋은 영과 좋은 기운을 가지고 있던 사람은 일시적으로 나쁜 영향을 받아도 다시 자신의 좋은 상태로 돌아가게 되며 반대로 평소에 좋지 않은 영과 기운을 가지고 있는 사람은 일시적으로 좋은 영향을 받아도 다시 자신의 나쁜 상태로 돌아가게 되는 것입니다.

그처럼 자신의 기본적인 성향이 바뀌는 데에는 시간이 많이 걸립니다. 그러나 어떤 교류를 계속 반복하다 보면 우리는 서서히 우리가 만나는 사람, 그러한 교류에 의해서 영적인 영향력을 받게 되어 변화가 이루어지게 됩니다.

우리는 먼저 자신이 영적인 충만함과 기쁨으로 가득한 상태가 되어야 합니다. 그리고 그러한 상태를 유지하여야 하며 그러한 충만함을 다른 이들에게 공급해주어야 합니다. 그러나 자신이 가지고 있는 영적인 빛이 그리 충만하지 않을 때 우리는 영적으로 약한 상태에 있는 사람이나 세상의 영을 가지고 있는 다른 이들을 돕는 것과 접촉하는 것을 조심하지 않으면 안 됩니다. 우리는 그들을 도울 수 없으며 오히려 그들의 영향을 받고 우리의 영혼이 어두운 상태로 떨어질 수 있기 때문입니다.

이것을 수치로 표현해서 우리가 평안, 사랑, 기쁨.. 등의 분량이 500개정도 된다면 우리는 30개의 분량의 미움을 가지고 있는 이를 10명을 만나고 도와줘도 별로 지치지 않게 됩니다. 우리를 만난 이들은 우리와의 만남을 통해서 곧 지치고 피곤한 상태에서 기쁨을 얻고 회복될 것이며 분노나 미움을 버리게 될 것입니다. 그러나 우리가 가지고 있는 영적인 빛들, 기쁨과 사랑과 평안의 분량이 많지 않다면 우리는 그들에게 줄 것이 없을 것입니다.

나는 이러한 원리를 이해하고 경험하게 되면서 많은 자유를 누릴 수 있었습니다. 전에도 항상 사람들을 돕고 싶었지만 그것이 쉽지 않았었습니다.

많은 시간을 들여서 말씀을 전하고 좋은 이야기를 해주고 기도를 해주고 해도 상대방들은 별로 신선함을 얻는 것 같지 않았습니다. 그래서 전에는 지치고 힘든 사람들을 도우려면 여러 시간을 고생해야 되고 열매도 그리 많지 않았습니다.

그러나 영성의 원리를 이해하고 경험해가면서 간단하게 영적으로 충전이 될 수 있었고 그러한 상태에서는 몹시 힘들어하는 사람들과 잠시만 같이 있거나 조금만 대화를 해도 그들이 단순히 몇 마디의 평범한 말을 통해서 곧 회복되고 기쁨을 얻는 것을 많이 보게 되었습니다.

전에는 그렇게 하고 나면 영적 에너지를 많이 잃어버리고 탈진이 되곤 하였는데 차츰 그러한 사역 후에도 별로 지치지 않게 되었던 것입니다. 이 원리는 우리가 경험하고 가지고 있는 빛의 분량에 의해서 사역의 효용성이 증가되는 것을 보여주는 것입니다.

그러므로 우리는 적은 분량의 영적인 빛과 능력으로 많은 일을 감당할 수 없음을 기억해야 합니다. 우리는 싸워나가야 하고 사람들을 도와야 하지만 동시에 영을 분별하고 자신의 영을 키워나가는 일에도 더 많은 주의를 기울여야할 것입니다. 유용한 주의 일군이 되기 위해서 말입니다.

오늘날 많은 사역이 있고 가르침이 있고 집회가 있고 은혜의 도구가 있습니다. 그러나 그 중의 적지 않은 것들이 이론에 치우쳐 있으며 실제적으로 영혼을 충만하게 하고 빛을 주는 사역들은 그리 많지 않습니다. 그러므로 우리는 어떤 것들이 우리의 영혼을 실제적으로 일어나게 하고 풍성하게 하는지 독서와 집회와 교제와 만남.. 그 모든 것들을 면밀히 살피고 그 안에서 흐르는 영의 움직임을 살펴보아야 합니다.

사역자들이 아무리 위협을 하고 애를 써도 거기에 영적 흐름이 없으면 청중들은 영적 자유함을 얻을 수 없습니다.

은혜가 흐르고 영이 흐르는 것은 아주 자연스러운 일입니다. 그 흐름을 접하면 누구나 그것을 알고 느낄 수 있습니다. 소나비를 맞으며 자기가 비를 맞고 있는지 모르는 사람은 없습니다. 영의 흐름에는 분명한 실체가 있는 것입니다. 우리는 그 아름다운 흐름을 인식해야 하며 분별해야 하며 경험해야 합니다.

또한 우리는 영적 교류를 조심해야 합니다. 어쩔 수 없는 상황이 아닌 한 함부로 세상적인 가치관을 가지고 있는 이들과 교류해서는 안 됩니다.

받을 준비가 되어 있지 않은 이들에게 함부로 말씀을 전하는 것도 좋지 않습니다. 그러한 것은 자신의 영을 상하게 합니다. 그것은 성령께서 인도하시는 사역이 아닙니다.

영의 교류를 인식하십시오. 영의 흐름을 느끼십시오. 당신의 영적 감각이 깨어날수록 당신은 그것을 인식하고 느낄 수 있게 될 것입니다.

영의 실제적이고 충만한 흐름으로 당신을 채우십시오. 그리고 세상적인 사람을 멀리 하십시오. 주의하지 않을 때 당신의 영은 눌리게 될 것이며 시간이 지나면 영의 감각이 마비되어서 상대방과 동화될지도 모릅니다.

함부로 어떤 사역에 대해서나 교회에 대해서 판단하고 말하는 것은 위험하고 교만하며 좋지 않은 것입니다. 그러나 마음 속으로는 조심스럽게 영의 실제를 분별하며 느끼십시오.

어떤 책이든, 장소든, 사람이든, 집회든 우리는 그 영의 상태를 느끼고 분별해야 합니다. 그러한 느낌과 지식에 대해서 발전해가야 합니다. 그것은 아주 중요합니다.

어린 영혼들은 아무 것이나 어떤 메시지나 어떤 가르침이나 쉽게 받아들이고 다 좋은 것인 줄 압니다. 그러나 어떠한 가르침이나 사역이나 그 배후의 영을 분별하고 감지할 수 없다면 어떤 사람도 자신의 영적 풍성함을 유지할 수 없습니다. 오늘날 많은 그리스도인들이 영적 침체에 빠지면서 그러한 침체가 어디에서부터 시작되었는지 잘 모릅니다. 그것은 아주 곤란한 일입니다.

부디 바른 분별을 통해서 자신의 영을 발전시키십시오.

영의 운동의 법칙을 잘 인식하여 만남과 대화와 교류와 사랑을 조심하십시오. 항상 조심하여 당신의 영을 유지할 때에 당신은 천국의 은총을 좀 더 깊이 누릴 수 있게 될 것입니다.

7. 기독교의 중심은
   교훈이 아니고 사람이며 관계입니다

기독교의 중요한 한 특성이 있습니다. 그것은 기독교의 중심, 기독교의 가르침이 어떤 이론이나 교훈이 아니라 사람 자체라는 것입니다.
모든 종교에는 그 중심이 되는 철학, 가르침, 메시지가 있습니다. 그들이 전하는 이야기에는 윤리적이며 좋은 가르침도 많이 있습니다. 그 때문에 믿지 않는 이들은 기독교의 가르침이나 다른 종교들의 가르침이나 다 그게 그것이며 서로 비슷한 것이라고 생각하기도 합니다.

그러나 아주 중요한 차이점이 있습니다. 다른 종교들은 그들이 전하는 메시지와 교훈에 치중할 뿐 그 교조와 관계를 가지라고 가르치지 않는다는 것입니다. 불교에서 '부처 안에 거하라'고 말하거나 유교에서 '공자가 너의 소망이며 공자를 먹고 마시라'고 가르치지 않습니다.
그러나 기독교의 중심메시지는 주님의 가르침보다 바로 주님 자신이며 이것이 기독교 메시지의 핵심입니다. 어떤 가르침 자체보다 가르침의 주체가 되시는 주님을 알고 주님을 구하라는 것입니다.

그것이 기독교입니다.

어떠한 교리와 지식보다 주님 자신을 알고 그분과 개인적인 관계를 가지는 것이 기독교의 진리이며 특성이며 구원과 승리와 자유와 변화의 시작입니다. 주님과 관계를 맺고 주님을 알아 가는 것, 이것이 바로 기독교의 정수이며 중심이며 기독교의 길인 것입니다.

사람은 하나님의 형상으로 창조되었습니다. 그러므로 비록 죄를 짓고 타락하여 하나님과의 교제가 차단되기는 했지만 그래도 모든 이들의 마음 속에는 하나님의 형상인 영혼의 존재가 있습니다.
그래서 영혼의 한 작용에 속하는 양심의 기능이 있으며 무엇이 좋은 것인지 아닌지를 알 수 있는 윤리적인 감각이 있습니다.
그러므로 죄가 나쁘다는 것, 욕심부리고 이기적인 것이 옳지 않다는 것은 누구나 다 본능적으로 압니다. 모든 사람들은 선하게 살아야 한다는 의식을 가지고 있습니다.

모든 종교들은 이러한 타고난 윤리 감각에 기초한 것입니다. 좀 더 윤리적이며 양심이 예민한 사람은 좀 더 많은 교훈을 가지며 바르게 살려고 할 것입니다. 그리고 종교의 가르침을 따라 선하게 살려고 할 것입니다. 그러나 그러한 종교에는 한계가 있습니다.
누구나 양심적으로 법을 정하고 무엇이 옳으며 어떻게 살아야한다고 배우고 그렇게 알고 있지만 그러나 그러한 바른 삶을 살 수 있는 능력은 없습니다. 여기에서 고민이 시작되는 것입니다.

그러한 갈등은 당연한 것입니다. 인간은 범죄한 아담의 자손으로서 그 죄성을 물려받아 태어났기 때문에 죄와 양심에 대한 감각은 있어도 그 죄들을 이기며 양심을 만족시킬 능력은 없기 때문입니다. 그러므로 육체를 입으시고 이 땅에 오신 주님과 관계를 가지고 새롭게 태어나기 전에는 죄에서 해방되고 승리하는 삶이 불가능합니다. 그러므로 사람에 대한 메시지, 관계에 대한 메시지는 윤리 도덕적인 가르침보다 깊은 것입니다.

이성적인 사람은 항상 교훈과 지혜를 찾으며 더 깊은 지식을 얻기를 원하지만 생명적인 사람은 주를 구하며 관계를 구합니다. 단순한 지식의 증가와 깨달음의 증가가 아닌 주님과 바른 관계를 맺으며 주님을 알아 가는 것을 원하는 것입니다.

이러한 원리는 사역에 있어서도 적용됩니다.

어떤 목회자가 사역을 할 때 중요한 것은 그가 무엇을 가르치고 어떤 철학을 가지고 있느냐가 아닙니다. 그는 어떤 사람이냐, 그는 어떠한 삶을 살고 있느냐가 훨씬 중요합니다. 그의 학벌, 경험 등이 중요하지 않습니다. 그가 어떤 사람이냐가 중요합니다. 중요한 것은 그의 가르침이 옳은가 아닌가가 아닙니다. 그가 주님을 가까이 아는 사람인가 아닌가가 훨씬 더 중요한 것입니다.

성도들도 마찬가지입니다. 그가 무엇을 알고 어디서 훈련받았으며 무슨 경험을 했느냐는 별로 중요하지 않습니다. 그는 어떤 사람인가, 그의 삶은 어떤가가 중요합니다. 그는 주님과 어떤 관계를 가지고 있는가 하는 그것이 그가 어떠한 사람인지를 결정하는 것입니다. 나는 사람을 볼 때 그의 외적인 경력에는 별로 관심이 없습니다. 그의 위치에도 별 관심을 가지고 있지 않습니다. 내가 관심을 가지고 있는 것은 그의 사람됨과 삶 자체입니다. 그는 가족과 잘 지내고 있는지, 사람들을 사랑하는지, 남을 섬기고 봉사하는 것을 즐거워하는지.. 그런 것들에 관심이 있습니다.
왜냐하면 주님을 가까이 아는 사람들은 반드시 삶과 인격에 열매의 풍성함을 가지고 있게 마련이며 그것이 그의 영성과 신앙을 선명하게 보여주기 때문입니다.

우리는 지식에 있어서도 자라가야 합니다. 그러나 그보다 먼저 우리의 사람됨이 발전해가야 합니다.
사람들은 자기의 행위를 고치려 노력하지만 그보다 더 중요한 것은 자신이 근본적으로 바뀌는 것입니다. 영성이 눈을 뜨고 주님을 알아갈 때 우리는 이러한 변화를 경험하게 될 것입니다.
기독교의 메시지는 지식이 아니고 사람입니다.
기독교의 메시지는 지식이 아니고 관계입니다.
우리는 이 기초를 분명하게 붙잡아야 합니다. 그리하여 지식이 아니고 행위가 아니고 가르침이 아닌 주님 자신을 붙잡고 알아가야 할 것입니다. 주님과의 관계를 발전시키고 이를 통하여 사람됨의 발전을 추구해가야 할 것입니다.

8. 승리의 삶은 차원의 문제입니다

하나님이 지으신 세상은 질서를 따라 여러 차원으로 형성되어 있습니다. 그것은 광물계, 식물계, 동물계, 인간계, 천사계, 신계로 나뉘어져 있습니다. 아래 차원에 있는 존재는 상위의 차원보다 기능적인 면에서 열등한 존재입니다. 위의 차원은 아래의 차원을 지배할 수 있습니다.

동물계의 생명은 식물계보다 높은 차원이므로 식물을 해할 수 있고 식물은 자신을 방어할 수 없습니다.

그러나 식물 스스로는 자신을 방어할 수 없으나 동물계의 위에 속해 있는 인간이 식물을 도와주면 식물은 구원을 얻을 수 있습니다. 그러므로 벌레가 식물을 뜯어먹거나 해롭게 할 때 사람이 벌레를 잡아주어 병충해를 막아주는 것입니다.

이와 같이 승리의 삶은 차원에 속한 문제입니다. 그러므로 구원이란 항상 자신의 차원이 아닌 더 높은 곳에서 오는 것입니다.

인간의 삶에 고통과 재앙이 가득한 이유는 인간이 천사계에 속하여 있는 사단의 꼬임에 빠져서 그들의 수하에 들어갔기 때문입니다. 인간은 육체로 있을 때에는 천사들보다 힘과 지혜가 약하기 때문에 그들을 이길 수 없습니다. 그러므로 인간 스스로의 힘으로는 아무리 애를 써도 귀신들의 공격과 그 올무에서 벗어날 수 없는 것입니다.

그러나 감사할 것은 하나님께 속한 그리스도가 이 땅에 오시고 죽으심으로 죄 값을 지불하시고 우리와 관계를 가지게 되었다는 것입니다. 이로 인하여 우리 인간은 주와 연합됨으로 말미암아 신계의 영역에 이를 수 있게 되었습니다. 주님을 영접하고 주의 이름을 부르며 그에게 경배함으로 관계를 맺어 천사계보다 우위에 있는 주님의 능력으로 살 수 있게 된 것입니다.

이 땅의 모든 존재들은 자기의 영역과 자신의 차원을 떠나지 않습니다. 자기의 영역에만 살 수 있습니다. 동물도 식물도 자기의 차원을 벗어날 수 없습니다.

그러나 인간은 인간보다 더 높은 차원인 하나님의 영역과 교통할 수 있도록 하나님의 형상을 닮아 창조되었습니다. 그것이 인간에게 주어진 은총입니다. 그러므로 우리는 스스로의 노력이나 재능을 의뢰하지 말고 더 높은 차원을 바라보아야 합니다.

인간이 스스로의 힘으로 애쓰고 노력하는 것은 수평적인 삶입니다. 그리고 그러한 수평적인 삶에는 아무리 고생하고 수고해도 문제와 고통에서 벗어날 수 없으며 풍성한 열매를 맺을 수 없습니다. 그러나 수직적으로 하나님을 바라보고 그 하늘의 능력과 구원을 경험할 때 사람은 구원받고 삶의 모든 묶임에서 자유롭게 되는 것입니다.

당신 자신의 능력과 노력을 의뢰하는 수평적인 삶을 살지 마십시오. 오직 높은 곳을 바라보는 수직적인 삶을 사십시오.
수평적으로 뛰고 애쓰는 삶은 아무리 몸부림쳐도 다 거기서 거기입니다. 그러나 수직적으로 하늘을 바라볼 때 무한한 하나님의 은총과 능력이 나타나기 시작합니다.
기억하십시오.
구원은 위에서 옵니다.
승리는 높은 곳에서 옵니다.
그것은 차원의 문제이며 깨달음의 문제이지
노력의 문제가 아닙니다.
오늘도 수많은 사람들이
피곤한 경쟁사회에서 살아남기 위해서
새벽부터 밤중까지 지치고 힘든 삶을 살지만
그러나 높은 곳의 구원을 바라보는 사람들은
오늘도 안식과 승리의 삶을 누리게되는 것입니다.

"내가 산을 향하여 눈을 들리라
나의 도움이 어디서 올꼬
나의 도움이
천지를 지으신
여호와에게서로다" (시121:1-2)

9. 영의 확장된 인식

오래 전에 자주 교제를 나누던 주 안에서의 형제가 있었습니다. 그는 나보다 나이가 많아서 나는 그를 형이라고 불렀습니다.
이 형제는 남북 통일과 북한의 복음화에 대한 비전을 가지고 있었고 항상 이에 대한 기도의 짐과 부담을 느끼고 있었습니다.
어느 날의 뉴스에서 휴전선 근처에서 우리 군과 북한군의 총격전 사고가 있었던 것이 보도된 적이 있었습니다. 그런데 그 사건을 알게 된 그 형제는 그러한 사고는 자기 때문이라며 몹시 괴로워하는 것이었습니다. 자기의 생활이 요즘 엉망이며 제대로 기도하지 않았기 때문에 이런 일이 생긴 것이라면서 아주 힘들어하는 것이었습니다.

그 때 나는 그의 이야기를 들으면서 이 사람은 좀 과대망상증 환자가 아닌가 하고 생각했었습니다. 그의 개인적인 영적 상태를 나라의 중대한 사건과 연관짓는 것이 좀 어처구니없게 보였던 것입니다. 그러나 시간이 흐르고 영의 세계와 원리에 대해서 어느 정도 이해하고 경험하면서 나는 그의 마음을 이해할 수 있었습니다.
그는 북한과 관련된 여러 상황들을 주님께서 자신에게 의탁하신 듯이 책임감을 느꼈고 그러한 사건을 통해서도 마치 자신의 개인적인 문제인 것처럼 고통을 느꼈던 것입니다.
이러한 인식을 영의 확장된 인식이라고 할 수 있습니다. 그것은 기도와 영성이 발전하는 가운데 일어날 수 있는 의식입니다.
사람들이 가지고 있는 영의 인식과 넓이와 폭은 모두가 다 다릅니다. 그것은 영의 발전상태에 따라 다른 것이며 각자에게 맡겨진 사명과도 관련이 있을 것입니다.
대부분의 평범한 소시민들은 이 나라에서 일어나는 여러 중대한 일들을 자기 일 인양 책임을 느끼며 고통스러워하지는 않을 것입니다. 나라의 경제나 사회적인 어려운 문제가 있을 때 '오, 주님.. 저것은 저의 책임입니다.' 하지는 않을 것입니다. 보통 사람의 의식은 그렇게 확장되어 있지 않기 때문입니다.
그러나 영이 발전하며 자라갈수록 그의 의식은 확장됩니다. 그의 의식은 자기 개인의 일을 벗어나 좀 더 넓은 범위에 대해서 관심을 가지게 되고 기도의 부담을 갖게 되며 고통을 느끼게 됩니다. 그는 그의 주변에서 일어나는 많은 일들, 그의 눈에 띄고 그가 알게 되는 많은 일들에 대해서 그러한 것들에도 자신의 책임이 있음을 느끼게 되는 것입니다.

그는 주변의 사람들이 어려움을 겪게 될 때 '그것은 나의 책임이다' 하고 느낍니다. 그가 아는 이들이 죄에 빠지거나 실족했을 때 '오, 그것은 내가 기도하지 않았기 때문이다' 라고 합니다.
교회가 어려워져도, 나라가 잘못되어도 그는 그러한 일에 대해서도 책임의식을 느끼게 되는 것입니다.

그것은 그의 확장된 영이 저절로 그렇게 인식하게 되는 것입니다. 어떤 이들은 이러한 확장된 인식으로 인하여 심각한 고통을 겪기도 합니다.

그것은 죄책감과는 다른 것입니다. 그것은 영의 확장된 인식에서 나오는 통찰력으로서 그러한 인식과 고통을 통해서 깊은 중보의 기도를 드리게 됨으로써 봉사를 하게 되는 것입니다.

이러한 영의 확장된 인식은 어느 정도 영적으로 성숙한 사람들에게 주어지는 것입니다. 영이 어리고 별로 자라지 않은 이들은 다른 사람들이나 다른 문제들에 대해서 관심을 기울일 여유가 없습니다. 그것은 어린 아이들이 장난감을 가지고 싸우면서 친구에게 자기의 것을 양보할 여유가 없는 것과 같은 것입니다.

영이 어린 사람은 그의 주변에서 일어나는 많은 문제와 고통들을 보아도 자기와는 전혀 상관이 없다고 생각합니다. 그는 자기 개인의 문제에 사로잡혀서 다른 이들의 마음과 상황을 느낄 여유가 없는 것입니다.

오늘날 이 땅에서 중보자를 찾기 힘들고 남을 돌아보는 이들을 찾기 어려우며 경쟁과 시기가 가득한 것도 도처에 어린 영혼들만이 가득하기 때문입니다. 이 땅에 사랑하며 감사하는 이를 찾기 힘들고 비난하고 원망하는 이들만이 가득한 것도 영들이 자라지 않고 있기 때문입니다.

영이 성장하는 것보다 더 중요한 것은 없습니다. 영이 자라면 다양한 영의 역사가 나타나게 되며 영의 풍성한 열매를 얻을 수 있을 것입니다. 영의 확장된 인식도 영의 중요한 열매 중의 하나입니다. 영이 자라면 자연히 인식의 능력이 확장되며 주님의 나라와 주의 원하심을 위하여 좀 더 넓은 범위에서 봉사할 수 있게 됩니다.

영이 자랄수록 책임도 많아지며 고통과 아픔도 증가합니다. 그들은 주님을 위하여 세상을 위하여 고통하고 신음하며 주님께 나아가게 됩니다. 그것은 힘든 일입니다. 그러나 그것은 아름답고 놀라운 고통이며 특권입니다.

주님은 이들을 통하여 그분의 짐을 나누십니다. 그리고 이들과 함께 그분의 나라를 확장하며 통치해 가기를 원하시는 것입니다.

10. 감정의 자유함에 대하여

나는 최근에 이러한 고백을 많이 들었습니다.
자신이 많이 변화된 것 같다고, 전에 같으면 정말 화가 날 일을 겪었는데 마음이 참 평화로웠다고.. 도무지 용서할 수 있을 것 같지 않았는데 이상하게 용서가 된다고.. 이와 비슷한 고백을 많이 들었습니다.

어떤 목사님은 전도사님과 여러 성도들이 자신을 심하게 비난하며 교회를 떠나갔지만 이상하게도 마음이 여전히 평온하며 그들이 사랑스럽게 느껴지는 자신에 대하여 놀랐다며 저에게 감사의 표현을 해왔습니다. 제가 전하는 글과 영성에 접하다보니 그러한 변화들이 자연스럽게 일어나고 있어서 감사하다는 것이었습니다.

우리의 영혼은 기도하고 훈련하며 주님의 임재에 잠기는 가운데 구체적으로 조금씩 변화되어 갑니다. 영성이 발전해가면서 정서적으로도 자유롭게 되어서 환경과 사람의 지배에서 벗어나게 되는데 그것이 바로 감정의 자유이며 해방입니다.
우리는 영이 자랄수록 감정과 정서가 부드럽고 잔잔해지는 것을 느낄 수 있습니다. 점차로 정서와 감정의 표현이 거칠고 강한 것에서 미세하고 자연스러운 것으로 바뀌게 됩니다.

어린 영혼들의 한 특성은 감정의 흐름이 거칠고 요란하다는 것입니다. 그래서 웃어도 요란하고 울어도 거칠고 시끄럽습니다. 그러나 영이 자랄수록 그 정서의 표현은 은근하고 부드러워지게 됩니다. 호탕하고 밝은 웃음이 좋지 않다는 의미는 아닙니다. 다만 영성이 발전하고 내적인 깊이를 경험해갈수록 그 정서의 표현에도 부드러움과 따뜻함과 생명의 충만함이 흐르는 것을 경험하게 됩니다.

우리는 주님의 눈물에 대하여 생각해볼 수 있습니다. 그분의 눈물은 어떤 것이었을까요? 주님께서 '으앙~' 하고 울음을 터뜨리거나 엉엉 우셨을까요?

아마 그렇지 않았을 것입니다. 아마 조용히 말없이 눈물이 그의 뺨 위로 흘러내리지 않았을까요? 고요하고 잔잔하면서도, 슬프면서도 그의 슬픔 가운데는 사랑과 생명의 온기가 충만했을 것입니다.

주님의 분노는 어떤 것이었을까요? 우리가 어디서나 흔히 볼 수 있는 것처럼 주님의 분노에도 혈기와 악성과 독성이 가득하게 흘러나왔을까요?

아마 그렇지 않았을 것입니다. 주님의 분노에는 그의 애정과 슬픔, 거룩한 고통이 포함된 아름답고 영광스러운 것이었을 것입니다. 주님은 그분 자체가 생명이시므로 그의 모든 말과 행동과 표현이 생명으로 가득하시기 때문입니다. 슬픔과 눈물과 분노도 그의 영광과 사랑과 거룩하심을 표현하는 통로가 되는 것입니다.

우리는 사람들의 기뻐하는 모습이나 즐거워하는 모습 못지않게 그 사람의 슬퍼하는 모습, 고통하며 번민하는 모습, 아파하는 모습을 통하여 그 사람의 성숙도와 영의 발전상태를 알 수 있는 것입니다. 어린 영혼은 즐거운 일이 있거나 기분이 좋을 때 그의 기쁨 안에 방자함과 교만함이 흘러나옵니다. 또한 어려운 일에 처하거나 마음이 상할 때는 우울함과 침체와 하나님에 대한 회의와 원망의 기운이 흘러나옵니다. 그러므로 영적으로 어린 사람들은 즐거우나 괴로우나 악한 열매를 보여주며 사람들에게 피해를 줍니다.

그러나 영적으로 어느 정도 성장했을 때 그는 즐거운 상황에서도 들뜨거나 교만하지 않으며 슬픔이나 질병이나 고통 가운데 있을지라도 낙담하지 않고 조용히 자신을 반성하고 주님을 의뢰하는 가운데 있게 됩니다. 그러므로 그들은 즐거울 때나 괴로울 때나 사람들에게 영적 유익을 주며 주님께 가까이 나아가게 되는 것입니다. 그러므로 중요한 것은 환경이나 조건이 아니라 영적 성숙도입니다. 우리는 3살의 나이로 기쁨을 누리는 것보다 30살의 나이로 고통과 아픔을 선택하는 것이 좋을 것입니다. 3살짜리가 즐거워도, 기분이 좋아도 그는 아무에게도 유익을 끼칠 수 없지만 30살의 사람은 힘들고 어려운 상황에서도 자기에게 맡겨진 일을 할 수 있기 때문입니다.

어린 영혼들의 한 특성은 자신의 감정을 다스리지 못한다는 것입니다. 그들은 분노를 통제하지 못합니다. 자기 의지와 상관없이 이미 악한 말이 튀어나오고 뒤에 가서야 후회할 뿐입니다.

이들은 일이 자기의 계획이나 생각대로 되지 않으면 쉽게 화를 냅니다. 이들은 어려운 상황에 처하지 못하며 잘 인내하지 못합니다. 이들은 쉽게 폭발하며 쉽게 흥분합니다.
또한 쉽게 결단하지만 또한 쉽게 후회합니다.
이러한 이들은 자신의 성질에 문제가 있으며 그것을 다스려야 한다는 사실을 알고 있습니다. 하지만 어느 순간에 자기도 모르게 말이 나오고 행동이 나오기 때문에 나중에는 후회를 하지만 그것을 잘 통제하지 못하는 것입니다.
이러한 이들은 영혼의 고요함 속으로 들어가야 합니다. 빨리 말하지 말고 빨리 움직이지 말고 빨리 생각하지 말고 고요하고 잔잔하게 주님의 임재 속에서 움직이는 훈련을 해야 합니다. 이들은 템포를 늦추어야 하며 주님과 함께 조금씩 움직이고 조금씩 생각하며 조금씩 말하는 습관을 훈련해야합니다.

급한 마음을 가지지 말고 조용히 기다려야 합니다.
빨리 뛰는 사람은 외적인 성취는 조금 더 할 수 있을지 모릅니다. 그러나 그 내면의 영은 자라기 어려우며 인격과 중심의 변화를 경험하기 어렵습니다.
오순절에 있었던 급하고 강한 바람은 역사를 일으키는 바람이지 영혼을 성장하도록 하는 바람이 아닙니다. 성령의 역사는 항상 초기에는 강력하고 빠른 권능의 바람이 불지만 차츰 시간이 흐를수록 깊고 고요하고 아름다운 바람이 불게 됩니다. 이 원리를 기억해야 합니다.

어느 정도 영이 성장하였을 때 당신은 분노가 표면에 나타나기 전에 그것이 올라오고 있음을 감지하게 됩니다.
전에는 그저 순식간에 근심이나 두려움에 사로잡혔지만 이제 당신은 근심의 영, 두려움의 기운이 서서히 가까이 오는 것을 느낄 수 있을 것입니다.

이와 같이 모든 느낌은 부드럽고 완만해지며 당신은 그것을 서서히 분별하며 통제해갈 수 있을 것입니다. 전에는 행동이 먼저 나갔지만 이제는 행동이 오기 전에, 어떤 영이 오고 있을 때 어떤 기운이 오고 있을 때 그것을 먼저 느끼게 되는 것입니다. 그러므로 그들은 자신의 감정을 다스릴 수 있게 됩니다.
전에는 사람이 말을 해야 그의 마음을 알고 느낄 수 있었지만 이제는 말을 하기 전에 그에게 어떤 영이 움직이는지, 어떤 말의 기운이 움직이는지 감지하게 됩니다. 그러므로 대화 중에도 영을 분별하고 그 대화에 지나치게 빠지지 않으며 주님의 임재 속에서 자연스럽게 교제를 나눌 수 있게 되는 것입니다.

우리의 영혼이 자랄수록 주님은 우리의 입과 생각과 행동을 지배하십니다. 그리고 우리의 감정은 미세해집니다. 부드러워지고 잔잔해집니다.
때가 되면 우리는 느낄 것입니다. 세상에는 참으로 많은 파도가 있고 사건들이 있지만 그러나 우리의 영혼은 흔들리지 않으며 주님 안에서 고요하고 깊은 평안을 누리고 있다는 것을 말입니다.

그것이 바로 감정의 자유이며 영혼의 자유입니다.
당신이 잔잔할수록
당신은 환경에 휩쓸리지 않게 될 것입니다.
당신이 잔잔할수록
당신은 주님의 임재를 쉽게 잃지 않게 될 것입니다.
주님은 당신 안에서 부드럽게 흐르시고
사람들은 당신에게서 주님을 느낄 수 있을 것입니다.
그리고 당신은 더 깊은 자유와 천국을
맛볼 수 있게 될 것입니다.

11. 우리의 미래는 어떻게 형성되는가

사람들은 미래를 두려워합니다. 운명을 두려워합니다.
그들은 자신에게, 주변의 사랑하는 사람들에게 나쁜 일이 생기지 않을까 걱정합니다. 그들은 자신의 삶에 아무 어려움이 없이 평탄한 삶이 이루어지기를 원합니다.
그러나 그러한 기대는 우리가 왜 이 땅에 왔으며 무엇을 위하여 살아가야 하는지에 대한 근본적인 목적을 잘 알지 못하고 있는 것입니다.
우리가 살아가는 가장 중요한 목적은 주님을 알아 가는 것이며 그것은 곧 우리 영혼의 발전과 진보를 통해서 가능한 것입니다. 그러므로 영성의 진보와 발전은 우리가 살아가고 존재하는 이유 자체입니다. 만일 우리의 삶이 단순히 평안하고 아무런 문제가 없이 진행된다면 우리의 영혼은 전혀 발전이 되지 않을 것입니다. 그리하여 낮은 차원의 영혼, 동물적이고 본능적인 수준의 사람에 머물러 있을 수밖에 없는 것입니다.

우리의 미래는 어떻게 형성될까요? 우리는 주님께서 우리를 훈련하시기 위해서 많은 것들을 준비하고 계심을 압니다. 우리에게 주어지는 어떠한 일들도 주님의 허락 없이는 우리에게 오지 않음을 우리는 알고 있습니다. 그런데 그것은 어떠한 원리를 통해서 이루어지는 것일까요?

그 해답은 우리의 영적 상태에 있다고 할 수 있습니다. 즉 우리 안에 있는 어떤 요소가 미래와 우리에게 다가오는 일들을 끌어당기는 것입니다.

그러므로 우리의 미래, 우리 운명의 열쇠는 각자의 영의 상태에 있는 것입니다. 우리에게 일어나는 모든 일들은 우리의 영이 그것들을 끌어당겼기 때문에 발생하는 것입니다. 마치 자석이 철을 끌어당기듯이 우리는 우리에게 필요한 것들, 필요한 사건들을 끌어당깁니다. 우리 안에 있는 정화가 필요한 부분들, 배워야 할 부분들을 우리는 끌어당기게 되며 우리 각자에게 필요한 사건들을 경험하게 되는 것입니다.

이것을 예를 들어 설명해보겠습니다.

매사에 분명하고 정확한 영을 가지고 있는 사람이 있습니다. 이 사람은 항상 맡겨진 일을 정확하게 하며 사람들과의 약속도 정확하게 지킵니다. 그는 시간 사용에 있어서도 철저합니다.

자, 그런데 문제가 생겼습니다. 그의 마음을 상하게 하는 일들이 자꾸 생기는 것입니다. 그는 가는 곳마다 약속을 지키지 않는 사람을 만나게 됩니다. 정확하게 일을 처리하지 않는 이들을 만나게 됩니다.

그는 그럴 때마다 속이 상하고 그러한 일들의 뒤치다꺼리를 하느라고 고생합니다. 그는 그를 피곤하게 만드는 사람들에 대해서 자꾼 화가 납니다. 자, 이러한 일들의 의미는 무엇일까요?

이것은 그 영혼의 정화와 성숙을 위한 것이라고 이해할 수 있습니다. 그는 자신이 정확하고 분명한 부분은 있지만 반면에 관용적이고 너그러운 면은 부족하다는 것을 알게 될 것입니다. 아니, 그 사실을 깨닫지 못하고 계속 상대방을 원망하거나 비난하며 자신을 항상 올바른 사람으로 여기고 있다면 그는 비슷한 훈련을 계속 경험하게 될 것입니다.

이러한 삶의 경험을 통해서 그가 자신이 가지고 있는 특성과 기질에 균형과 조화와 정화가 필요하다는 것을 깨닫게 될 것입니다. 삶의 훈련은 이렇게 우리 영혼에 정화와 균형을 이루어주기 위하여 다가오는 것입니다.

집착이나 인색함을 많이 가지고 있는 영혼의 경우는 어떨까요?

때가 되면 그는 영의 성장과 정화를 위하여 그가 집착하던 사람이나 대상에게 버림을 받거나 고통을 겪게 될 것입니다. 또한 그가 베풀기 싫어하며 인색함으로 가지고 있던 것을 잃어버리게 될 것입니다. 그것이 돈이든 아끼는 물건이든 말입니다. 그것은 그가 가지고 있는 집착이나 인색함이 영혼의 발전에 장애가 되기 때문이며 그러한 요소가 소멸되어야 그의 영이 좀 더 높은 영계로 나아갈 수 있기 때문입니다.

어떤 사람이 교활함을 가지고 있다면? 어떤 사람이 정죄가 많으며 남의 틀린 견해를 수용하지 못한다면? 어떤 사람이 남에게 오해를 받는 것을 견디지 못하며 남에게 싫은 소리를 하지 못하며 남에게 고개를 숙이는 것을 도저히 할 수 없다면? 역시 앞의 경우와 비슷하게 그가 싫어하는 일들이 일어나게 됩니다. 그가 가지고 있는 그러한 제한된 속성이 그의 성장과 정화를 위해서 고통의 기운을 끌어당기게 되는 것입니다.

결국 분명한 사실은 모든 훈련과 재앙을 일으키는 요소는 내 안에 있다는 것입니다. 그 모든 것들이 정화되기 전까지 결코 이 땅에 안식이란 없습니다. 우리의 삶은 우리가 인지하든 안 하든 영혼의 성장과 정화를 위하여 나아가고 있기 때문입니다.

이것은 헌신된 그리스도인이라면 좀 더 빠르고 분명하게 현실의 삶에서 나타나게 될 것입니다. 좀 더 빠르게 나타난다는 것은 영혼이 어린 사람이나 불신자들은 악한 행동을 하거나 다른 이들에게 불친절한 행동을 할 때 그 결과로 오는 고통의 시간이 오랜 후인 것에 비해서 헌신되고 주님께 가까이 있는 그리스도인들은 그러한 악의 결과를 곧 빠른 시간에 경험하게 된다는 의미입니다. 그것은 헌신되고 영이 예민한 그리스도인들의 영적 성장과 훈련은 좀 더 빠르게 진행되고 있기 때문입니다.

이것은 단순한 이론이 아닙니다. 이것은 앞서서 믿음의 여정을 걸어갔던 수많은 믿음의 선배들이 경험으로써 증거하고 있는 것이며 우리의 삶에서도 항상 나타나는 것들입니다.

우리에게 부딪치는 시련과 훈련은 우리가 깨달아야 할 것을 깨달으면 곧 끝나게 됩니다. 그리고 우리는 마음의 평화를 얻게 됩니다. 아직 불안이나 혼란스러움이 남아있다는 것은 우리가 시험을 통과하지 못했음을 보여줍니다. 이렇게 우리에게 다가오는 일들을 훈련과 정화의 각도에서 보게 되면 우리는 곧 문제들을 근본적으로 해결할 수 있음을 경험으로 알게 되는 것입니다.

이것은 우리가 살고 있는 우주에서 운행되고 있는 영의 법칙입니다. 우리가 그것을 좋아하든 말든 그 법칙은 우리가 성장할 수 있도록 우리의 안에 있는 낮은 차원의 기운을 정화시키기 위해서 움직이고 있습니다. 이 원리를 이해하고 깨닫지 못하는 사람은 오랜 시간을 그 법칙과 싸우며 항의하다가 비슷하게 반복되는 고통의 문제들을 10년, 20년, 계속해서 겪게 되는 것입니다.
어떤 사람은 용서를 배우지 못해서 평생 동안 어떤 대상을 미워하면서 삽니다. 어떤 이들은 관용을 배우지 못해서 가는 곳마다 무례한 사람을 만납니다. 어떤 이들은 물질에 대한 두려움을 극복하지 못해서 평생을 가난한 영들에게 시달리면서 삽니다.
어떤 이들은 영의 경직됨에서 벗어나지 못해서 평생동안 사랑을 표현하지 못하고 삽니다. 이러한 예들은 그들이 현실의 삶과 훈련에서 통과한 것이 별로 많지 않음을 보여주는 것입니다.
빨리 깨닫고 순응할 수 있다면 그들은 많은 세월을 아낄 수 있으며 별로 많은 고통을 겪지 않게 될 것입니다. 그리고 전에 알지 못했던 새로운 세계를 계속 경험하며 나아갈 수 있게 될 것입니다.

어린 영혼들은 항상 환경을 바라봅니다. 그리하여 평탄한 환경을 찾아서 도주합니다. 그것은 요나가 하나님을 피해서 다시스로 가는 것 만큼이나 어리석은 일입니다.

그러므로 문제의 근본적인 해결과 승리를 위해서 우리는 환경을 살피지 말고 자신을 살펴야 합니다. 자신의 안을 살펴야 합니다.
부디 당신의 안에 있는 정화되어야 할 부분을 발견하십시오. 그리고 주님께 의탁하십시오. 그러한 우리의 기도가 응답되어서 우리가 조금씩 정화되고 육성이 소멸되어 가면 환경의 문제들도 하나 둘 사라지게 될 것이며 점점 더 천국의 기쁨을 누리게 될 것입니다.
그러므로 환경의 평탄을 위하여 기도하는 것보다 우리의 정화를 위하여 기도하는 것이 훨씬 더 좋은 것입니다. 그렇게 되면 문제가 근원적으로 해결됩니다. 문제와 관련된 고통과 훈련이 필요 없기 때문에 환경의 문제가 저절로 사라지게 되는 것입니다.

훈련과 문제들은 그 사람의 영적 수준과 상태에 달려 있는 것입니다. 어떤 사람이 은혜를 원수로 갚는다고 합시다. 그런데 그러한 일이 이 사람에게 별로 상처가 되지 않으며 그에게는 상대방이 측은하게 보입니다. 그러한 상태라면 그는 그러한 문제에 대해서는 별로 더 이상 훈련을 받지 않게 될 것입니다. 비슷한 일을 당하지 않게 될 것입니다.
그것은 그가 용서에 대한 부분을 이미 통과했기 때문에 그것에 대해서는 더 이상 배우지 않아도 되기 때문입니다. 물론 다른 측면의 발전을 위해서 훈련이 있겠지만 분노의 처리와 용서에 대한 훈련은 그리 많이 받지 않을 것입니다.

어떤 이들은 물질이나 환경이 매우 어려운 상황에 있습니다. 사랑하는 이가 몹시 고통을 겪고 있습니다. 그런데 이 사람은 그것을 그리 힘들게 느끼지 않으며, 두려움이나 원망이나 불평이 없이 자연스럽게 주님을 바라보고 의뢰합니다. 이런 상태라면 그는 이제 그리 많은 훈련이 남아있지 않으며 지금의 어려움은 곧 끝이 나게 될 것입니다.

영적으로 많이 발전한 사람들은 고난이 더 이상 없는 것일까요? 물론 그렇지 않습니다. 우리가 사는 동안 훈련은 계속하여 다가옵니다.

성장한 이들도 고난을 여전히 겪습니다. 그러나 그들은 점점 더 다른 종류의 고난을 겪게 됩니다.

어린 영혼의 고난은 대부분이 자기 정화를 위한 훈련 차원의 고난이지만 성장한 사람의 고난은 남을 위하여 십자가를 지는 것이며 남에게 생명을 주기 위하여 피를 흘리고 한 알의 밀알이 되어 죽기 위한 고난인 것입니다. 이것이 바로 십자가입니다.

우리는 십자가를 진다는 말을 쉽게 꺼내지만 십자가는 자기의 죄와 약점으로 겪는 고통이 아닙니다. 주님이 십자가를 지신 것이 그분의 죄 때문이 아니었듯이 우리도 성장한 부분만큼 주님이 허락하신 십자가를 짊어지게 됩니다. 그리고 그 분량만큼 영광의 상급도, 주님과의 연합도 이루어지게 됩니다. 생명의 진전이 있게 됩니다.
그러나 우리가 지는 대부분의 고난은 십자가의 차원보다 자기 정화의 차원이 많은 것을 기억해야 합니다.
그러므로 평탄한 미래를 원한다면 우리는 우리의 성질을 버려야 합니다. 훈련과 고통이 싫다면 우리는 우리 안에 있는 악한 속성을 주께 맡겨야 합니다.
모든 고통과 재앙의 원인이 내 안에 있고 나의 성질에서 나온다는 사실을 이해해야 합니다.
인내하지 못하는 성질, 주님의 통제 없이 분노하는 성질, 아주 작은 질투, 험담… 그 모든 것들이 자기의 미래에 재앙을 쌓고 있는 것을 알게 되면 사람들은 좀 더 조심할 것입니다.

그러한 훈련을 받는 것이 나쁜 것이라고 할 수는 없습니다.
그러나 안타까운 것은 그러한 훈련 때문에 주님의 시간과 우리의 인생을 지나치게 낭비하게 되면 주님의 사역과 주의 나라를 위하여 십자가를 질 시간이 부족하게 됩니다. 그리고 그것은 아주 비극적인 일입니다.
주를 위하여 당하는 고난과 십자가의 영광을 우리가 조금이라도 안다면 우리는 그러한 십자가를 질 수 있는 자격을, 기회를 조금이라도 달라고 주님께 애원할 것입니다.
주를 위하여 욕먹고 버림받고 오해받고 멸시받게 해달라고 우리는 탄원할 것입니다.

가족의 구원을 위하여, 이웃을 위하여 십자가를 지고 피를 흘리게 해달라고 우리는 간구할 것입니다.

오늘날 사람들이 흔히 구하는 대부분의 것들이 사실은 그리 중요하지 않은 것들입니다. 진정 중요하고 본질적인 것에 사람들은 그리 신경을 쓰지 않고 있습니다. 그것은 영이 어려서 보화와 쓰레기를 잘 구분하지 못하고 있기 때문입니다.

사람의 성질을 볼 수 있다면 우리는 그의 미래를 볼 수 있을 것입니다. 우리의 성질과 수준을 볼 수 있다면 우리는 우리가 겪을 훈련의 내용과 질을 알 수 있을 것입니다.

그리고 훈련을 빨리 끝마치기 위해서 불필요한 원망과 불평, 도피, 책임전가, 비난들을 피하려고 할 것입니다. 그러한 것들은 훈련과 고통의 기간을 확장시키기 때문입니다.

오늘도 우리는 미래를 만듭니다.

정화와 성장과 십자가를 위해서, 주님의 뜻을 위해서 부디 순종하는 마음으로 기뻐하며 이 길을 걸어가십시오.

주님의 시간을 낭비하지 않도록 환경을 통한 그분의 가르치심을 거스르지 마십시오. 오직 주를 바라보고 구하십시오.

그리고 어서 주님의 뜻이 이루어져 우리의 영혼이 정화되고 새롭게 되어 주님을 더 깊이 알아갈 수 있도록 구하십시오.

그것이 우리의 인생이며 우리가 살아 존재하는 이유인 것입니다.

12. 주님은 우리를 조금씩 이끄십니다

우리는 주님을 더 깊이 알고싶어하며 영성과 삶에 대한 많은 의문점에 대하여 알고 싶어합니다. 그러나 우리의 수용 능력은 그리 크지 않으며 우리는 많은 진리와 체험을 잘 감당하지 못합니다.
어떤 이들은 당장 자기의 의문이 해결되지 않는 것에 대하여 몹시 답답해하고 안타까워합니다. 자신의 갈망과 열심이 채워지지 않는 것에 대하여 지나치게 안달을 하며 속상해합니다. 그러나 자신의 수준을 넘어서는 지식은 결코 영적 성장에 있어서 유익한 것이 아님을 우리는 기억해야 합니다.

태양의 온기와 열기는 지구의 생명을 풍성하게 하는 근원입니다. 그러나 그 태양을 가까이서 접하게 된다면 우리 인간은 그 순간 소멸하고 말 것입니다.
그러나 그 엄청난 태양의 빛과 영광도 하나님의 영광에 비하면 백만 분의 일만큼도 강력하지 않은 것입니다. 그러므로 우리가 아무런 제한 없이 하나님을 경험하게 된다면, 그리고 영적 지식을 경험하게 된다면 우리는 그것을 견딜 수 없을 것입니다.
우리는 하나님의 충만한 영광을 감당할 수 없습니다.
또한 우리는 정도 이상의 진리와 지식을 감당할 수 없습니다. 그렇기 때문에 하나님은 그 분의 영광을 가리우시며 우리가 감당할 수 없는 지식들을 은밀한 가운데에 두십니다. 선악을 알게 하는 나무를 먹고 지식을 얻게 되었을 때 인간이 멸망의 길을 가게 된 것은 우리에게 좋은 교훈을 주는 것입니다.

우리는 어느 정도의 영적 경험과 어느 정도의 영적 지식을 가지고 있습니다. 그러나 그것들은 온전한 것이 아닙니다. 그것은 각자의 영적 발전 상태에 맞게 주어지는 것입니다. 더 깊은 진리를 경험하고 우리의 깊은 상태를 주님이 보여주실 때 그러한 깊은 비췸과 깨달음 속에서 우리는 자신을 부끄럽게 여기게 될 것입니다.

흔히 말하는 애정에 빠졌을 때 우리는 우리가 상대방을 사랑한다고 생각할 것입니다. 그러나 많은 경우 우리의 사랑은 자기 중심의 사랑이며 육신에 속한 욕망일 수도 있습니다. 우리는 주님을 사랑한다고 생각하지만 많은 경우에 그것은 지식에 대한 즐거움이며 자신에 대한 애정일 수도 있습니다.

어느 순간에 주님께서 우리의 마음 중심을 보여주시며 우리의 영을 보여주시고 우리의 중심 동기를 보여주신다면 우리는 부끄러워질 것입니다. 우리는 우리가 주님을 진정으로 사랑한다고 생각하며 행했던 많은 일들이 오히려 주님의 마음을 아프게 하는 것임을 깨닫게 되어 몹시 비참해질 것입니다.

우리가 지금까지 주님을 얼마나 괴롭게 했는지 주님이 모두다 보여주시고 깨닫게 하시면 우리는 너무 고통스러워서 견디기 어려울 것입니다. 그러므로 그분은 우리가 감당할 수 있는 만큼만 조금씩 그것들을 보여주시는 것입니다.
왜냐하면 그분은 우리가 그분을 아프게 하는 순간에도 여전히 우리를 사랑하고 계시며 그렇기 때문에 우리가 감당할 수 없는 지식과 진리를 보이시지 않기 때문입니다.

우리가 어떻게 주님을 사랑할 수 있을까요.
우리는 그분을 알 수도 없으며 사랑할 수도 없습니다.
그것은 그분이 허락하시는 만큼만 가능한 것입니다.
그것은 우리 힘으로 할 수 있는 것이 아닙니다. 개미는 코끼리를 볼 수 없으며 사람은 하나님을 이해하지 못합니다. 그것은 자신의 한계를 넘는 일입니다. 그러므로 먼저 주님께서 우리에게 손을 내밀어야 합니다. 그래야만, 그 은총에 의해서만 우리는 주님을 알 수 있으며 사랑할 수 있게 됩니다.

우리는 우리의 필요에 의해서 주님께 나아갑니다.
그러나 그것을 사랑이라고 할 수는 없습니다.
어떤 이가 우리에게 찾아와서 밤이 새도록 그의 필요를 위하여 무엇인가를 구한다면 우리는 그 사람이 우리를 사랑한다고 생각할까요? 아닙니다. 그가 사랑하고 있는 것은 그의 필요이지 우리 자신이 아닙니다.
우리가 누군가를 너무 보고싶어하며 견딜 수 없다면 그것은 사랑일까요? 배고픈 사람이 밥이 먹고 싶어서 견딜 수 없으면 그것은

영성의 발전을 갈망하라

사랑입니까? 그는 밥과 사랑에 빠져있나요? 그것은 자기 안의 어떤 부분을 충족시키려는 욕구이지 사랑 자체는 아닙니다. 참된 사랑은 영혼의 속성이며 생명에 속한 것입니다.

이것은 그러한 그리움이 의미가 없다는 것을 말하는 것이 아닙니다. 그리움은 비교적 사랑의 본질에 가깝습니다. 다만 주님이 우리의 영혼을 깨우시고 우리의 눈이 열릴 때 우리는 참된 것들의 근원과 본질과 차원을 이해할 수 있다는 것을 이야기하기 위한 것입니다.

우리는 그분을 알 길이 없으며 우리 자신을 알 길이 없습니다. 다만 어느 정도 자라고 주님이 비추어주시면 우리는 그 분량만큼 조금씩 알게 되는 것입니다.

우리가 우리의 영의 수준을 넘어서는 지식을 가지게 될 때 우리는 그 지식을 감당할 수 없습니다. 우리는 기가 막히고 비참해집니다. 그러므로 주님께서 때가 될 때까지 우리 영혼을 어느 정도의 어두움과 무지 속에 머물러 있게 하시는 것입니다.

우리의 무지와 연약함을 주님께서 허락하신다면 우리는 그러한 무지와 연약함 가운데 가만히 앉아있어야 할까요?

물론 그렇지 않습니다. 우리는 주를 향하여 계속 나아가야 합니다. 착각하고, 알지 못하고 헤매면서도 우리는 계속 주님을 향하여, 진리를 향하여 전진해야 합니다.

지금 우리가 알고 있는 지식이 나중에 보면 착각이 될지도 모르지만, 그래도 지금 자기의 수준에서 진실이라고 믿고 있는 것을 가지고 나아가야 합니다.

나아가다가 주님이 한번 비추고 깨닫게 하시면 우리는 사도 바울처럼 그 빛 속에서 거꾸러질 것입니다. 그러나 그 후에는 다시 일어나서 계속 주를 향하여 가야합니다.

주님은 우리의 용량을 아시기에 조금씩 한 걸음씩 우리를 이끄십니다. 우리가 기대하는 대로 이끄시지 않고 우리에게 적당한 것을 허락해주십니다.

어떤 이는 강력한 영적 경험을 원하고 어떤 이는 입신을 하고 싶어합니다. 어떤 이는 모든 비밀을 알고 싶어합니다. 어떤 이는 강한 권능을 얻고 싶어합니다. 그러나 주님은 우리의 기대를 이루시지 않고 그분의 원하시는 것들을 우리에게 이루십니다.

그리하여 우리가 점점 더 주님에 속한 사람이 되어 조금 더 깊은 지식을, 빛을 감당할 수 있는 사람이 되도록 인내하시며 우리를 이끄십니다.

충분히 관용이 자라지 않았을 때 능력과 기적은 사람에게 해가 될 수도 있습니다. 충분히 사랑이 증가되지 않았을 때 은사와 지식은 본인과 다른 이들에게 해를 끼칠 수도 있습니다. 영적 이해가 부족할 때 영적 경험은 잘못 해석되고 사람을 혼란가운데 이끌어갈 수도 있습니다. 그러므로 주님께서는 우리가 지식에서 자라며 우리의 수용능력이 증가될 때까지 우리를 조금 씩 조금 씩 이끌어 가시는 것입니다.

우리는 주님의 손안에 있습니다.
주님은 무엇이 우리에게 가장 필요한 것인지 아십니다.
그분은 우리의 수준을 아시며 상태를 아십니다.
그러므로 때때로 주님은 때가 이를 때까지 그분을 감추시며
우리를 어둠 속에 내버려두십니다.
때가 이르면 그분은 부분적으로 자신을 계시하시고
빛을 허락하십니다.
어릴 때는 주님께 대하여 많은 요구가 있고
많은 답답함과 안타까움이 있지만
눈이 열려가고 그분에 대해서 알아갈수록
우리는 그분께 대하여 그분의 인도에 대하여
아무런 요구가 없어집니다.
주님의 판단은 언제나 항상 옳은 것이며
주님이 허락하시는 모든 것들은
당시에는 속이 상하고 답답하게 느껴질지라도
시간이 흐르면 우리에게 항상 유익이 되는 것이기 때문입니다.
그러므로 주님의 인도하심과 가르치심을 아는 이들은
그저 모든 삶에서 감사하고 복종하며
그분의 인도를 사랑하고 따르게 됩니다.
그리하여 그분이 인도하시는 곳이면
그 어느 곳이든 무엇이든
그저 묵묵히 따라가는
주님의 사람이 되어 가는 것입니다.

13. 빛과 어두움의 영들을 분별하십시오

사람은 몸과 영혼을 가지고 있습니다. 우리의 몸은 물질 세계와 접촉하지만 우리의 영혼은 항상 영계와 접촉하고 있습니다. 영계는 빛에 속한 영계와 어두움에 속한 영계가 있으며 우리의 영혼은 중립적인 상태에 있습니다.

우리의 위치나 운명은 몸에 의하여 결정되는 것이 아니라 영혼의 상태에 의해서 결정됩니다. 그러므로 우리가 받아들이는 영들에 의해서 우리 영혼은 영향을 받으며 우리는 빛에 속한 사람이 될 수도 있고 어두움에 속한 사람이 될 수도 있는 것입니다.

빛과 어두움의 영들은 서로 치열하게 우리의 영에 접근하여 우리의 마음과 영혼을 차지하고 우리를 그들이 있는 곳으로 이끌려고 노력합니다. 빛의 영들도 어두움의 영들도 같이 강력한 힘으로 우리를 이끌지만 그러나 두 힘은 1:1 이기 때문에 서로 상쇄됩니다. 빛이 부족하여 은혜가 약할 때는 적은 어두움의 기운이 다가옵니다. 또한 빛이 강력하고 은혜가 깊고 강하게 임할 때에는 역시 강력한 어두움의 영들이 와서 유혹과 시험의 전쟁이 시작됩니다.

그러므로 전쟁의 승리는 영들에게 있는 것이 아니라 우리의 선택으로 인하여 결정됩니다. 우리가 어느 한쪽을 선택할 때 그 영들은

2:1의 싸움이 되므로 한쪽이 우세해져서 우리에게 영향력을 행사하게 되는 것입니다.

어떤 사모님이 있었습니다. 그녀는 옆집에 살던 아이와 친하게 지냈습니다. 그런데 이 아이가 중한 병에 걸렸습니다. 사모님은 이 아이가 죽기 전에 주님을 영접하기를 원했습니다. 그래서 복음을 전하기 위하여 열심히 옆집의 대문을 두드렸습니다. 그러나 아주 부잣집이었고 그 집의 사람들은 복음을 극도로 싫어했기 때문에 그녀를 경계하여 문을 열어주지 않았습니다.

어느 날 밤 그녀는 꿈을 꾸었습니다. 그것은 너무나 생생한 꿈이었습니다. 그녀는 꿈속에서 옆집의 아이를 보았습니다. 그녀가 있는 곳은 밝은 빛이 가득한 곳이었습니다. 그런데 저 밑에는 칠흑 같은 어둠이 있었습니다. 아이는 그 중간에 있었습니다.
그런데 시커먼 옷을 입은 두 사람이 그 아이의 양쪽에서 아이의 팔을 단단히 잡고 그 어두운 곳으로 끌고 가고 있었습니다. 사모님은 너무나 놀라서 아이의 이름을 부르고 울면서 소리쳤습니다.
"얘, 안 돼! 안 돼! 거기로 가면 안 돼! 나 있는 데로 와!"
사모님은 목이 터져라 울면서 외쳤습니다.
그러나 그 아이는 그녀의 목소리를 듣고는 잠시 흘끗 그녀를 쳐다보더니 힘없이 돌아서서 시커먼 존재들과 함께 걸어가는 것이었습니다.

사모님은 울면서 아이의 이름을 부르며 소리를 지르다가 잠이 깨어났습니다. 그녀가 잠이 깬 것은 밖에서 부르는 소리를 들었기 때문이었습니다. 그녀가 눈을 뜨고 일어나니 밖에서 초인종이 울리고 있었습니다. 나가보니 옆집 사람이 와 있었습니다.
옆집의 부모가 와서 울면서 말하기를 지금 방금 아이가 죽었다고 와 달라고 하는 것이었습니다. 방금 그 사모님이 꾼 꿈은 단순한 꿈이 아니라 영계에서 생생하게 일어나는 현실의 일이었던 것입니다.

어떤 영들이 우리에게 올 때, 우리 몸의 눈은 그것을 보거나 느끼지 못합니다. 그러나 꿈속에서는 우리 몸과 의식이 잠을 자기 때문에 영혼이 눈을 뜨고 영들의 작용을 느끼게 되며, 그것이 꿈으로 나타나는 것입니다.
사람들은 대체로 영적인 세계를 잘 이해하거나 감지하지 못하며 어떤 신비하고 이상한 세계라고 생각합니다. 그들은 사람이 몸과 영혼으로 지음을 받았으므로 우리의 몸은 항상 물질계에 접촉하고 있으며 영혼은 항상 영계와 접촉하고 있다는 사실을 잘 모르는 것입니다. 그것은 영이 자라지 않아서 몸과 물질세계에 대해서만 느끼고 관심을 가지며 영의 세계에 대해서는 관심이 없기 때문입니다. 영이 발전하고 자라게 되면 점차로 영적 세계에 대한 이해와 인식능력이 증가하게 됩니다.
우리가 그것을 느끼지 못한다 하더라도 우리는 항상 영계와 접하고 있습니다. 우리는 항상 빛에 속한 영들의 접근을 받으며 어두움에 속한 영들의 유혹과 시험을 받고 있는 것입니다.

그것은 별로 특이하거나 신기한 일이 아닙니다. 생각과 감동은 영계에서 오는 것으로서 빛의 영들이 우리에게 양심과 아름다운 마음을 심기도 하고 악한 영들이 더러운 마음과 악한 생각을 넣어주기도 하는 것입니다. 우리는 우리의 의지에 의해서 그것을 선택할 수 있을 뿐입니다.

오늘날 많은 그리스도인들은 영들이 수시로 자기에게 접근하는 것을 잘 모릅니다. 실족케 하는 영들, 의심과 분노와 이간질의 영들.. 그러한 영들이 자기 안에 심어놓는 각종 악한 일에 대해서 알지 못합니다. 그들의 영은 너무 어리고 분별력과 지식이 부족하여 그것들을 잘 분별하지 못하고 속는 것입니다.

나는 어두움에 속한 악한 기운들이 사람들의 속에 들어가서 여러 가지 일들을 꾸미는 것을 많이 보았습니다. 하지만 대다수의 사람들은 그것을 잘 느끼지 못했습니다.

사도 바울은 고린도전서 5장에서 "내가 실로 몸으로는 떠나 있으나 영으로는 함께 있어서 거기 있는 것 같이 이 일 행한 자를 이미 판단하였노라"(고전5:3)고 말씀하였습니다. 영의 기능이 어느 정도 열리게 되면 멀리 있는 사람의 영의 상태나 상황을 느끼는 것은 별로 신기한 일이 아닙니다. 영은 물질과 육체를 초월하여 움직이기 때문입니다.

나는 어두운 영들에게 속고 있는 이들은 그들의 영혼이 어둠 속에 있으면서도 자신들이 옳으며 하나님의 뜻 가운데 있다고 생각하는 것을 많이 보았습니다. 그러므로 그들은 속이는 영과 연합이 되어서 그들의 속의 영은 몹시 고통을 느끼지만 그들의 겉 사람은 전혀 무감각하여 그것을 알지 못하는 것을 많이 보았습니다.

그것은 누구든지 어떤 것을 좋아하면 그것을 통하여 기쁨과 즐거움을 느끼게 되기 때문입니다. 그러므로 죄를 짓고 세상의 쾌락을 즐기면서도 아무런 고통도 느끼지 못하게 되는 것입니다. 그들의 속 사람은 괴로워하지만 이러한 이들은 속 사람의 감각이 거의 죽어있기 때문에 거의 아무 것도 느끼지 못합니다.

사람의 속에 있는 자유의지가 어떤 영을 반기고 환영할 때 영의 세계의 법칙은 그것을 제어할 수 없습니다. 어떤 사람이 어둠을 사랑하고 악을 받아들인다면 본인이 그것을 거절하기 전까지는 아무도 그들을 도울 수 없으며 어쩔 수가 없는 것입니다.

우리는 영을 훈련하고 영의 눈을 떠서 그것들을 분별할 수 있어야 합니다. 마귀는 항상 속이는 영으로 옵니다. 그들은 먼저 우리에게 즐거움을 주고 그 다음에 우리를 지배하기 시작합니다. 그것은 먼저 마약을 주고 그것에 빠지게 한 후에 그 사람을 사로잡는 마약상과 같습니다.

헌신되지 않고 영이 자라지 않은 미숙한 그리스도인들은 마귀가 주는 즐거움을 거절하지 않습니다. 그러므로 그들은 악한 영들에게 묶이며 벗어나지 못하게 되는 것입니다. 악한 자들에게서 받은 것들을 다 토하기 전까지는 그들은 묶여있을 수밖에 없습니다.

우리는 빛을 사랑하고 어둠을 미워해야 합니다.

원망, 불평, 판단, 자기 연민.. 그러한 모든 어두움의 생각과 마음을 거절해야 합니다. 그 생각들은 결코 빛의 세계에서 오지 않습니다. 그들이 당신의 팔을 잡고 끌고 가려고 할 때, 그 때 묵묵히 따라가서는 안 됩니다. 그 생각들을 받아들여서는 안 됩니다.
간절히 무릎꿇고 주의 이름을 불러야 합니다.

갑자기 마음에 번민이 들어올 때
갑자기 마음에 근심이 밀려들어올 때
갑자기 마음에 서운함이 들어오고
지나간 불쾌했던 기억이 불같이 일어날 때
믿음에 대한 회의가 일어나고
낙심과 실망이 솟구쳐 오를 때
제발, 제발 조심하십시오.
부디 깨어있으십시오.
눈을 뜨십시오.
그 영들을 따라 가지 마십시오.
주를 부르며
도움의 천사들을 구하십시오.
즉시로 주님은 임하시며
당신의 영을 어둠에서 끌어내실 것입니다.

우리의 눈이 열려 있다면
어두움의 영들이 주는 그 많은 고통을 겪지 않을 것입니다.

우리의 영이 깨어있다면
저주의 영으로 가득 차 있는 곳에 가지 않을 것입니다.
그러나 우리의 영이 어둡고 둔하기 때문에
우리는 많이 속고 또 속으며
세월과 생명을 낭비합니다.

부디 깨어서 주를 부르십시오.
자면서 걸으면서 꿈속에서도
주를 부르며 주를 구하십시오.
그것은 주님만이 온전하신 빛이시며
주를 구하고 부를 때 영계의 모든 빛들이
우리에게 임하게 되기 때문입니다.
주님이 임하실 때
우리 영혼은 맑고 밝아집니다.
어두움의 영들은 우리의 주위에서 사라지게 됩니다.
그리하여 우리의 마음과 생각은
사랑과 기쁨과 온갖 아름다움으로
가득하게 됩니다.
그리하여 우리는 항상 천국의 빛 가운데
거하게 될 것입니다.

14. 큐티, 예배, 기도, 교제, 그리고 실상

큐티를 하는 것, 예배를 드리는 것, 기도를 하는 것, 주님을 나누는 교제를 가지는 것.. 그 모든 것들은 은혜의 도구들이며 주님을 접촉하고 그 생명을 누리기 위한 것입니다.
그러나 자칫 잘못하면 주님을 누리는 실상은 없이 그 도구에만 매달려 있을 수 있습니다.

젊은 아가씨가 그녀의 남자친구와 데이트를 합니다.
모처럼 애인을 만난 남자 친구는 아주 기분이 좋습니다.
그는 신이 나서 인사를 합니다.
"잘 있었어? 보고 싶었지?"
그런데 여자친구는 그를 보고 아무 말도 하지 않습니다.
그녀는 말없이 앉아있더니 주머니에서 조그만 수첩을 꺼냅니다.
그리고는 그것을 열심히 들여다봅니다.
남자 친구는 짜증이 납니다.
"지금, 뭐 하는 거야? 나랑 모처럼 만났는데 무슨 공부하러 나왔어?"
그녀는 발칵 화를 냅니다.

"조용히 하고 있어! 지금 너의 이야기를 묵상하고 있잖아! 예전에 네가 했던 말들 말이야!"
남자가 놀라서 그녀의 수첩을 보니 그녀의 수첩에는 깨알같은 글씨로 예전에 자기가 했던 말들이 적혀있었습니다.
"나는 너와 평생을 함께 할 꺼야.. 나는 너를 잊지 않을 꺼야.." 그녀는 그 글들을 보면서 아주 기분 좋고 행복한 미소를 짓고 있었습니다.
남자 친구는 말했습니다.
"물론 좋아. 이것은 나의 이야기이고 내 마음의 표현이지. 하지만 나는 지금 네 옆에 있잖아. 왜 내가 예전에 했던 이야기만 생각하고 있어? 지금 너에게 하고 싶은 말이 많은데.."

남편이 일을 마치고 집에 귀가했습니다.
그의 아내는 누군가와 열심히 통화를 하고 있었는데 그가 와도 전혀 본 척을 하지 않았습니다.
남편은 피곤에 지쳐서 말했습니다.
"여보.. 나 왔어.. 배고파.. 밥 줘.."
그러나 그녀는 전혀 들은 척을 하지 않더니 텔레비전 시청에 몰두하기 시작했습니다. 마치 남편이 옆에 있지 않은 것처럼 말입니다.
할 수 없이 남편은 혼자서 밥을 차려 먹었습니다.
남편이 다음 날 아침 출근길에 그녀에게 인사를 해도 그녀는 집안 청소를 하면서 남편에게는 눈길도 주지 않았습니다.
남편은 날마다 슬프고 외롭게 살아갔습니다.

그러던 어느 날이었습니다.
갑자기 아내가 남편의 앞에 무릎을 꿇고 앉았습니다.
그리고 말했습니다.
"여보. 내가 당신을 얼마나 사랑하는지 알아요?"
남편은 너무 기가 막히고 행복해서 눈물이 나올 것 같았습니다.
아내는 계속 해서 말했습니다.
"당신을 위해서 노래를 불러 드릴게요."
남편은 문득 시간을 보았습니다.
일요일 오전 11시였습니다.
그녀는 노래를 마치더니 결혼 헌장과 남편에 대한 사랑의 고백을 하겠다고 했습니다.
그러더니 열심히 남편에 대한 마음의 고백을 외웠습니다.
너무 사무적으로 외우기는 했지만 그래도 남편은 몹시 기뻤습니다.

남편은 말했습니다.
"저.. 이제 되었으니까 우리 나가서 외식이라도 할까?"
아내는 말했습니다.
"좀, 조용하세요.. 지금은 당신의 말을 해석하는 시간이에요.."
그리고 그녀는 남편이 과거에 했던 말을 되새기고 남편이 지난날에 얼마나 힘들었으며 그녀를 사랑해주었는지.. 그런 이야기를 하면서 눈물을 닦는 것이었습니다.
남편은 좀 지루했지만 참았습니다. 그녀가 하는 것을 마칠 때까지 그녀를 기다렸습니다.

그런데 한참 그런 시간을 가지더니 그것이 끝났는지 아내는 일어나서 밖으로 나갔습니다.
남편은 놀라서 따라 나갔습니다.
"여보... 어디가? 나랑 같이 식사하러 가요.."
그러나 아내는 그를 본 척도 하지 않았습니다.
남편이 시간을 보니 12시 30분이 되었습니다. 그 시간이 되자 아내는 다시 남편을 본 척도 하지 않는 평소의 삶으로 돌아간 것이었습니다.
이러한 생활이 반복되면서 남편은 깨달았습니다. 그녀는 일주일에 1시간 30분만 그와 대화를 하기 원한다는 것을 말입니다. 그것도 서로 나누는 대화가 아닌 혼자서의 독백을 말입니다.

딸이 아빠의 방에 들어왔습니다.
그러더니 울면서 아빠 앞에 엎드렸습니다.
아빠는 놀래서 물었습니다.
"사랑하는 딸아.. 도대체 무슨 일이냐? 아빠가 도와주마."
그러나 딸은 엎드린 채 계속 울면서 무엇인가를 계속 하소연하는 것이었습니다.
아빠는 무척 답답했습니다.
"도대체 무얼 가지고 그래? 나를 보고 잘 이야기해보렴.."
그러나 그녀는 계속 칭얼거리기만 했습니다.
답답한 아빠는 같이 엎드려서 최대한 귀를 기울여서 딸의 이야기를 들었습니다.

딸은 자신은 죄인이며 아빠의 딸이 될 자격이 없다는.. 그리고 아빠는 자기에게 아무런 말씀도 하지 않는다는.. 아빠는 자신을 사랑하지 않는다는 그런 내용의 말들을 계속 쏟아 붓고 있었습니다.

아빠는 기가 막혀서 말했습니다.
"얘는.. 내가 너를 얼마나 사랑하는데.. 그리고 너에게 항상 이야기하고 있잖니.."
그러나 딸은 여전히 엎드려 울면서 같은 말을 반복하는 것이었습니다. 아빠는 딸아이가 아빠의 말을 듣는 데에는 관심이 없고 계속 그녀 혼자서 독백을 하는 것을 원한다는 것을 느꼈습니다.
그렇게 한참의 시간이 흐르고 여전히 딸은 울면서 방을 나갔습니다. 너무나 아픈 마음으로 아빠는 딸의 뒷모습을 보고 있었습니다.

여러 명의 제자들이 스승의 날을 맞이해서 선생님을 오랜만에 모시고 즐거운 시간을 가지기로 했습니다.
모두가 즐거운 마음으로 모였고 선생님도 같이 오셨습니다.
그러나 선생님은 오는 순간부터 몹시 당혹했습니다.
그는 앉을 자리도 없었습니다.
그리고 아무도 그에게 인사를 하지 않았습니다.
할 수 없이 선생님은 그 자리에 서서 제자들의 이야기를 들었습니다.
그들은 선생님의 은혜와 사랑에 대해서 이야기했습니다.
선생님은 아주 마음이 기뻤습니다.

선생님도 말씀하셨습니다.
"얘야. 나도 마음이 아주 즐겁단다."
그러나 그들은 선생님과 상관없이 그들의 대화를 계속했습니다.
선생님은 너무 좋은 분이라고, 우리들은 참 복 받은 존재들이라고.. 계속 그러한 이야기를 나누었습니다. 그러나 그 자리에 계신 선생님의 존재를 인식하는 제자는 한 사람도 없었습니다.
선생님은 결국 조용히 그 자리에서 바깥으로 나왔습니다.
너무 외롭고 슬프고 고독해서 도저히 그 자리에 머물러 있을 수 없었기 때문입니다.

위에 들었던 예화들은 하나같이 안타까운, 실제적인 교류가 없는 애정에 대한 가슴 아픈 이야기들입니다.
이것은 현실에는 없는 동화와 같은 이야기일까요?
유감이지만 나는 이것이 우리 신앙의 현실이라고 생각합니다.
나는 주님으로부터 "나는 고독하다.." 는 말씀을 무척 많이 들었습니다. 기도를 하는 가운데 주님께서 "누가 내 마음을 알지? 누가 나와 함께 삶을 나누기를 원하느냐?" 하고 말씀하시는 것 같은 감동을 많이 느꼈습니다. 이 시대의 신앙과 이 시대의 교회에서 주님은 몹시 고독을 느끼고 계시는 것입니다.

믿음의 실제는 무엇입니까?
그것은 주님과 동행하며 날마다 삶의 모든 것들을 주님과 함께 나누는 것입니다.

본질과 실제를 붙잡지 않고 외적인 도구만을 가지고 있으면 거기에는 진정한 풍성함이 없습니다. 그러한 이들은 외적인 환경과 문제 해결, 고민의 해결에 몰두할 뿐이며 주님이 주시는 환경을 초월하는 기쁨과 내적인 만족이 무엇인지 알지 못합니다.

그들의 영혼은 실제적으로는 아주 가난하며 주님과 아주 멀리 떨어져있으면서도 자기 최면에 걸린 것처럼 자신이 주님과 같이 있는 것으로 착각하며 외적인 신앙의 형식으로 만족하고 있는 것입니다.

오늘날 많은 이들이 신앙의 형식을 가지고 그것으로 만족합니다. 예배에 참석한 것으로 만족하며 그 날 하루 성경을 읽은 것으로 만족하며 기도를 드린 것으로 만족합니다. 기도의 시간을 억지로 늘이기 위해서 노력하는 이들도 있습니다.

그러나 그것 자체를 가지고 만족해서는 안 됩니다. 우리는 그러한 형식들보다 그러한 도구를 통해서 주님을 만지고 경험하기를 사모해야 합니다.

우리는 본질을 붙잡아야 합니다.

큐티, 예배, 기도, 교제..

그 무엇이든 그 자체를 붙잡지 말고

현존하시는 주님의 임재를 붙잡아야 합니다.

그러한 도구들을 통하여

그 자체로 만족하지 말고

지금 여기 계시며 지금 말씀하시는

그분의 실상을 붙잡아야 합니다.

주님의 임재와 영광은 너무도 아름다워
그것을 붙잡고 경험한 사람은
그분 앞에 엎드러지게 됩니다.
그러므로 그의 임재가 충만할수록
우리는 그의 사람이 되어 가는 것입니다.
우리는 나의 사람, 나의 꿈,
나의 행복을 구하는 사람이 아니라
주님의 사람, 주님의 마음, 주님의 뜻,
주님의 행복을 구하는 사람이 되어 가는 것입니다.
그리고 바로 그것이 진정한 기독교의 실제이며
천국의 향취이며
천국의 행복인 것입니다.

15. 부흥과 분열에 대하여

교회에 성령의 능력이 임하고 하나님의 권능이 나타날 때 사람들은 곧 그 교회에 부흥이 올 것이라고 생각합니다. 교회의 많은 성도들은 기뻐하고 감동하며 교회가 양적으로 질적으로 성장할 것이라고 믿습니다. 그것은 부분적으로 사실입니다. 그러나 부흥과 동시에 갈등과 분열이 또한 일어날 수 있습니다.

주님의 권능이 뚜렷하게 교회에 임하기 전에는 교회에서 크게 은혜 받는 사람도 없으며 크게 실족하는 사람도 없습니다. 그러나 하나님의 능력과 영광이 실제적으로 임하게 되면 교회는 선명하게 두 종류의 사람들로 갈라지게 됩니다. 대체로 그런 경향이 있습니다. 한 종류의 사람들은 매우 기뻐하며 주님께 사로잡히게 됩니다. 또한 다른 종류의 사람들은 분노하며 그것을 싫어하고 대적합니다. 그러므로 평온했던 교회는 대립과 긴장과 갈등이 생길 수 있게 됩니다.

사역자들은 대체로 이러한 분열을 두려워합니다. 그러므로 하나님의 역사가 충만하게 임하는 것보다는 이러한 갈등이나 후유증이 없이 안전하게 교회가 유지되는 것을 원하는 경향이 많이 있습니다.

도대체 왜 이러한 분열이 오는 것일까요? 왜 하나님의 역사가 임했는데 오히려 고통스러운 일들이 교회에서 벌어질까요?

물론 그 교회에 임한 은혜와 능력이 하나님의 역사를 가장한 혼란스러운 영들의 속이는 역사일 수도 있습니다. 그것이 거짓의 영들이 일으키는 역사라면 거기에서 생기는 갈등과 분쟁은 당연한 것입니다. 그러나 그러한 잘못된 영으로부터 오는 것이 아닌 성령님의 진실한 역사가 나타날 때에도 교회 안에 오히려 갈등과 분쟁들이 일어날 수 있다는 것입니다.

그러한 경우에 주님의 역사를 대적하고 방해하며 실족하는 사람들은 대체로 평소에 아주 신앙이 좋은 것으로 인정되는 사람들입니다. 그들은 인격적이고 헌신적이며 교회에서 지도적인 위치에 있는 사람들인 경우가 많습니다.

그들은 좋은 사람들입니다. 그러나 그들은 그러한 역사들이 일어날 때 그들의 속에서 이상하게도 분노와 거부감이 일어나는 것을 느끼게 됩니다. 그리하여 그들은 여러 신앙적인 이유를 들어 교회를 지키기 위해서, 자기 나름대로 신앙을 지키기 위해서 그것들을 공격하게 됩니다.

이러한 일들이 일어나는 이유는 하나님의 영이 강력하게 역사하실 때 평소에 사람들의 속에 숨어있었던 영들이 견디지 못하고 빛 가운데 드러나게 되기 때문입니다.

영적으로 예민하고 성숙하며 영의 기능이 발전하지 않은 상태에 있는 이들은 비록 교회에서 지도적인 위치에 있을지라도 영을 잘 분별하지 못합니다. 그러므로 오늘날의 교회 안에 얼마나 많은 세속의 영들이 섞여있는지 모릅니다.

교회 안에는 거듭나지 않은 많은 사람들이 있으며 심지어 거듭났다고 하더라도 주님의 영과 사람의 영을 분별할 줄 모르고 주님의 영으로 살지 않고 사람의 영으로 사는 사람들이 많이 있습니다.

그러한 이들은 주님의 감동과 사람의 감동의 차이를 알지 못합니다. 그러므로 그들은 신앙을 위하여, 교회를 위하여 나름대로 애를 많이 쓰지만 많은 경우에 자신의 자세나 행위들이 주의 영을 거스를 수 있다는 것을 거의 알지 못합니다.

유감스러운 것은 그러한 이들이 지도자의 역할을 맡고 있는 경우가 매우 많다는 것입니다.

교회의 지도자는 세상에서의 지도자와 다릅니다. 세상에서는 나이나 지식이나 경험이 아주 중요합니다. 그러나 교회에서 중요한 것은 그 사람의 영적 성숙도이며 그가 얼마나 주님을 가까이 알고 경험했으며 실제의 삶에서 주님과 동행하는가에 있습니다. 그러므로 세상에서는 풍부한 사회 경험을 가지고 있고 박식한 사람이 영적으로는 아주 미숙하고 분별력이 부족할 수가 있는 것입니다.

마태복음 13장의 천국에 대한 비유에서 주님은 가라지에 대한 말씀을 하셨습니다. 밭에 심지 않은 가라지가 나타나자 종들이 놀래서 "가라지를 뽑아버릴까요?" 하고 묻습니다.

그러자 주인은 "원수가 이렇게 하였구나. 하지만 추수할 때까지 내버려두어라. 괜히 가라지를 뽑으려다가 알곡까지 상한다."고 대답하셨습니다.

주님은 추수 때, 즉 심판의 날까지 가라지가 알곡들과 함께 섞여있는 것을 허용하셨습니다. 그러므로 우리는 교회 안에, 신앙의 교제 안에도 가라지가 있을 수 있음을 알아야 합니다.

가라지, 즉 잡초의 특성은 번식력과 생명력이 아주 뛰어나다는 것입니다. 그리하여 심지 않아도 자연적으로 잘 자라납니다. 또한 그 뿌리는 항상 보통의 채소보다 더 깊습니다. 사람에게 유익이 되는 식물들은 많은 공을 들여서 거름을 주고 관리해야 자라는 반면에 가라지들은 강한 번식력과 생명력으로 돌보지 않아도 스스로 잘 자라는 것을 알 수 있습니다.

이것은 신앙적인 아름다운 열매를 맺기 위해서는 많은 관리와 노력이 필요하지만 악성이나 죄악들은 노력을 하지 않아도 스스로 잘 번식한다는 것을 보여줍니다. 그것은 그 배후에서 가라지를 심고 그것에 생명을 공급하고 있는 악령들로 인한 것입니다.

가라지와 알곡의 관계를 교회의 인간 관계라는 측면에서 적용하여 보면 주님께 속하지 않은 사람들이 교회에서는 오히려 지도자가 되고 높은 위치에 서는 경향이 있음을 알 수 있습니다.

가라지는 뿌리가 깊은 것으로서 큰 세력을 가지게 됩니다.

대체로 주님께 속한 이들은 다른 사람들 앞에 서는 것이나 군림하는 것을 좋아하지 않습니다. 그들은 인정받는 것을 싫어하며 명예를 좋아하지 않습니다. 그러나 주님을 잘 모르는 이들은 명예를 아주 중요하게 여기며 다른 사람들의 위에 군림하려고 합니다. 그들은 자신을 드러내고 싶어합니다. 그러한 성향 때문에 이들은 교회 안에서도 지배적인 위치를 가지게 됩니다.

이것은 교회 안에서 위치를 가지고 있는 모든 이들이 가라지와 같다는 의미는 아닙니다. 분명히 신앙이나 모든 면에서 사람들에게 존경을 받고 많은 사람들의 인정과 추천에 의하여 지도자의 위치에 이른 사람들이 있습니다. 그러나 신앙인격과 삶을 갖추지 못했음에도 불구하고 교회에서 세력을 갖기를 원하며 으뜸이 되기를 원하고 권력을 행사하기 원하는 사람들이 있는 것도 분명한 사실입니다.

이러한 이들에 대하여 주님은 어떤 말씀을 하셨을까요? 주님은 그들을 제거하기 원하는 천사들에게 그것을 보류하라고 말씀하셨습니다. 왜냐하면 그들의 뿌리가 깊기 때문에 그들을 뽑으면 다른 곡식에게도 상처를 준다는 것이었습니다.

외적으로 교회나 신앙의 세계에서 어느 정도 위치에 있는 사람, 좋은 지도자로 알려져 있는 사람이 넘어진다면 그것은 많은 신실한 신자들에게도 피해를 주게 될 것입니다. 현실적으로 알곡과 가라지는 서로 섞여 있기 때문입니다. 그러므로 주님은 심판 때까지 그 둘의 분류를 보류하셨습니다.

오늘날 교회 안에 주님으로부터 오지 않은 영들이 돌아다닙니다. 그것은 오늘날의 교회가 세상의 영들과 많이 섞여있기 때문입니다. 하지만 사람들은 그 영들을 잘 분별하지 못합니다. 그래서 교회에서 열심히 활동하는 이들은 모두 신앙이 좋은 것으로 인정되며 주님께 속하였다고 생각합니다. 그러나 주님의 날에 각 사람의 영적 상태와 마음의 동기는 모두 드러나며 각 사람이 어떠한 영을 가지고 있는지 평가받게 될 것입니다.

교회에 주님의 영광과 임재가 나타났을 때 그것은 이러한 마지막 때의 심판을 앞당기는 것과 같습니다. 천국에서 악한 영들의 어두움이 드러나듯이 주님의 빛이 임할 때 빛과 어두움은 갈라지고 드러납니다. 마지막 날에 가라지가 드러나는 것처럼 주의 능력이 임하면 평소에 드러나지 않던 가라지들이 눈에 보이게 나타나게 됩니다.

특히 교회에서 세력을 가지고 위치가 있던 이들은 오히려 갈등하고 상처받고 힘들어하게 됩니다. 그들은 주님의 능력과 영광이 나타날 때 무엇인가 자기 속에서 불안하고 불편한 마음이 드는 것을 느끼게 됩니다. 그들은 능력과 부흥이 나타날 때 그들의 지위나 영향력을 잃지 않을까 두려워하게 됩니다.

그것은 부흥입니다. 그러나 또한 진통입니다. 그것은 교회의 정화 과정이기도 합니다. 평소에 주님을 사랑하는 줄로 알았지만 세상을 사랑하고 자아를 사랑하던 모습들이 주님의 영광스러운 빛 속에서 더 드러나게 되는 것입니다.

성령의 역사가 교회에 나타날 때, 대체로 단순한 이들, 젊은이들, 평소에 그다지 인정받지 못했던 이들에게 강력한 은혜가 임하는 것을 흔하게 볼 수 있습니다. 그리고 평소에 신앙이 좋다고 인정받으며 좀 더 지적이고 지도적인 위치에 있는 이들에게는 그러한 성령의 임재가 나타나지 않는 것을 볼 수 있습니다.

그것은 주님이 이 땅에서 사역하시던 당시에 세리와 창기를 가까이하시고 지도자급의 사람들은 멀리 하셨던 것과 같습니다. 당시에도 그러했던 것처럼 오늘날도 이 계층의 사람들은 분노하게 됩니다. 이들은 주님의 영이 자신에게 임하지 않는 것에 대하여 자신의 모습을 반성하기보다는 저것은 악령의 역사이거나 아니면 지나친 광신이라고 생각하게 됩니다. 이런 식으로 교회에는 두 그룹이 생길 수 있습니다. 한쪽은 점점 더 기뻐하고 한쪽은 점점 더 분노하게 되는 것입니다.

갈등들을 잘 통과하고 반성과 회개가 이루어지며 교회가 정화되고 주님께서 실제적으로 그 교회를 사로잡게 되었다면 그것은 아름다운 일입니다. 그리고 실제로 부흥입니다.

하지만 그 반대로 성령님의 역사로 인하여 교회가 갈등하고 분열되어 상처만을 남긴 채 갈라지게 될 지도 모릅니다. 주님의 임재와 역사하심을 알지 못하고 인간적인 열정으로 신앙생활을 하던 이들이 자신의 신앙 스타일을 재점검하고 반성하여 아름다운 새 출발을 할 수도 있습니다. 또한 자신의 신앙 스타일과 맞지 않음으로 인하여 주의 영을 대적하는 자로 남을 수도 있습니다. 그것은 본인의 선택에 의한 것입니다.

사역자는 이러한 결과가 나타날 수 있음을 인지해야 합니다. 교회에 성령님의 능력과 역사가 나타나는 것에 대한 반작용들을 이해하고 선택해야 합니다.

교회가 영적으로 복을 받을 때 그 때까지 알지 못했던 치열한 영적 전쟁으로 들어간다는 사실을 그는 알고 있어야 합니다. 그는 무난하고 문제없는 교회를 선택할 지, 아니면 전쟁이 있더라도 주님께 사로잡히는 사역과 교회를 선택할 지에 대해서 결정해야 합니다.

겉으로 교회가 무난하게 유지된다고 해도 속으로 문제가 있는 것이 어쩌면 더 불행할지도 모릅니다. 대부분의 교회 회원들이 세상을 사랑하고 편안한 삶을 사랑하며 주님에 대한 사모함도 간절함도 없이 그저 종교인, 교양인의 삶으로 만족하는.. 그러한 죽어있는 심령의 상태로 표면상으로만 무난하게 교회가 유지되는 것.. 그것이 더 불행한 일인지도 모릅니다. 그러한 비극적인 영적 상태가 마지막 날 심판 때에 드러나고 영원한 운명을 결정짓는다면 그것이야말로 정말 비극적인 일일 것입니다.

오늘날의 교회에는 주님으로부터 오지 않은 세상의 영들이 많이 있습니다. 영계에는 공백이 없으므로 교회에 주의 영이 가득하지 않으면 자연히 주님의 영을 대치하는 다른 영들, 세상의 영들이 들어오게 됩니다.

예를 들어 휴머니즘의 영이 있습니다.

오늘날 사람들은 감동적이고 선한 이야기를 좋아합니다. 101가지 이야기.. 이런 종류의 이야기들을 좋아하며 감동을 받습니다.

그러나 그러한 이야기들은 조심하지 않으면 오히려 사람들의 영혼을 주님과 멀어지게 하는 요소가 있습니다. 주님과 상관없는 사람의 인간적인 선행은 주님의 구속의 의미를 약하게 하며 자기 의를 세우게 합니다. 그러한 인간적인 감동과 아름다움의 배후에 어떤 영들이 운행하는지 어린 영혼들은 분별하지 못합니다.

베드로의 경우를 보십시오. 베드로는 주님이 십자가를 지신다고 했을 때 그것을 반대했습니다. 그는 주님의 고난과 죽음을 기뻐할 수 없었습니다. 상식적으로 생각했을 때 그것은 누가 보아도 당연한 이야기였습니다. 그것은 따뜻하고 인간적인 이야기이며 위로였습니다. 그러나 주님은 그에게 "사탄아, 물러가라"고 말씀하셨습니다. 왜냐하면 주님은 모든 말과 생각의 근원을 아시며 그의 배후에 역사하는 영을 아시기 때문입니다.

오늘날 교회 안에 따뜻하고 인간적인 마음과 동기로 움직이는 경향도 많이 있습니다. 그리고 그것은 주님으로부터 온 것이 아닙니다. 그들은 참 인간적인데 이상하게도 주님께 대한 그리움이 없습니다. 그들이 생각하는 신앙이라는 것은 선함 자체이지 주님이 아닙니다. 그 영은 어디에서 오는 것일까요? 그 영은 빛의 영들이 아니며 속이는 영들입니다.

사람들은 마귀를 뿔이 달리고 기괴하게 생긴 존재라고 생각합니다. 괴기 영화에 나오는 괴물 같은 존재라고 생각합니다. 그러나 그렇다면 마귀는 많은 영혼들을 사로잡을 수 없을 것입니다.

그는 "온 세상을 꾀는 자"입니다.

그에게 사로잡힌 많은 이들이 주님을 대적하고 교회를 대적하면서 자신은 주님을 위해서 일한다고 믿습니다. 그들은 평소에 어둠에게 속아서 살아왔기 때문에 그렇게 계속 속는 것입니다.

나는 이러한 이야기들이 자칫 많은 갈등과 혼돈을 일으킬 수 있음을 압니다. 그리고 어떤 이들은 이러한 이야기들을 감당할 수 없을 것입니다. 그러므로 중요한 것은 주님의 실제를 좀 더 많이 경험하고 영적으로 성장해서 분별이 증가되는 것입니다.
영이 자라면 자랄수록 우리는 주님의 영과 사람의 영을 분별하게 됩니다. 외적인 열심의 배후에 있는 사람의 동기, 육신적인 동기에 대해서 알게 됩니다. 주님께로부터 오지 않은 온갖 아름답고 감동적이며 사랑스럽게 보이는 것들에 대하여 분별할 수 있게 됩니다.

교회의 역사를 보면 주님께 깊이 사로잡힌 이들은 기존 종교의 세력들에 의하여 투옥되거나 공격을 받거나 죽임을 당한 경우가 많은 것을 볼 수 있습니다.
그것은 물론 그 배후에 있는 악한 영들로 인하여 일어나는 것입니다. 종교 안에 세력을 잡고 있는 가라지는 뿌리가 깊으며 권세를 잡고 있어서 교회에 세상의 기운을 심으며 영적 공기를 혼탁하게 하고 신실한 하나님의 종이 나타나면 공격하고 제거하려고 애쓰는 것입니다.
주님의 영은 온유하고 부드러운 것입니다. 그 영의 흐름에는 진정한 아름다움과 거룩함과 사랑스러움이 가득합니다.

그러나 세상의 영, 휴머니즘의 영은 아름다운 것 같으나 속에는 차가움이 있습니다. 그 차가움은 주님의 영과 생명의 영이 나타날 때 거부하고 대적합니다.

세상의 영들은 주님의 영과 세상의 영들을 묘하게 혼합시켜서 사람들을 혼동시킵니다. 그들은 주님도 인정하는 듯 하면서 결국은 복음의 진리를 뒤섞어 버립니다.

지금은 종교 다원주의가 득세하고 있는 시대입니다. 그들은 진리가 기독교에만 있는 것은 아니라고 가르칩니다. 그들은 이웃을 사랑하고 착하게 사는 것이 믿음이 좋은 것이라고 가르칩니다. 그것은 옳아 보이지만 옳지 않습니다. 그것은 사람의 영혼을 주님께로 이끌지 않습니다.

오늘날 교회 안에 많은 속이는 영들과 세상의 영들이 있습니다. 많은 사람들이 모이고 건물이 커지는 것을 부흥이라고 생각하는 이들은 사람들의 관심을 끌기 위해서 사람들이 좋아하는 온갖 세상의 방식을 끌어들이는 바람에 교회에는 혼미한 기운이 더 많아졌습니다. 그러므로 성령의 역사는 교회 안에서 자꾸 줄어들며 주님과 생명에 대한 갈망은 점점 더 식어가고 있습니다.

그러므로 천국의 역사, 성령의 능력이 나타날 때에 정화가 있게 될 것이며 갈등과 전쟁, 분열이 있을 수 있습니다.

그것은 고통일지 모릅니다. 하지만 정화를 위해 어쩔 수 없이 통과해야할 과정일 것입니다. 교회에 있는 세상적인 요소는 오직 성령의 권능이 교회에 임하게 될 때 소멸될 것입니다. 이 전쟁을 피해서는 안 됩니다. 교회는 무난하지만 비참하게 살아있는 것보다 전쟁이 있더라도 영적 갈망과 생명을 가지고 있는 것이 중요합니다. 이 땅에, 이 나라의 교회에 참다운 부흥의 기운이 와야 합니다.

교회는 눈이 열려서 보이지 않는 미혹의 세계를 분별하고 그것을 깨뜨려야 합니다. 순진한 백성들이 미혹의 영들에게 속아서 눌려 있는 것들을 드러내고 자유케 해야 합니다.

주님의 거룩한 빛이 오게 될 때 우리는 그 영과 세상의 영들을 분별하게 될 것입니다. 왜냐하면 그 영은 너무나 거룩한 영이기 때문입니다. 그 영은 너무나 아름답고 신실한 영이기 때문입니다.

그 영은 우리를 순수하게 해주고 우리의 자아적인 동기를 정화시켜 주님께 온전히 나아가게 하기 때문에 우리는 그렇지 않은 영들을 분별할 수 있는 것입니다.

주의 영이 오실 때 우리는 모두 다 그 거룩한 열망에 사로잡히게 될 것입니다.

주님께 대한 더욱 간절한 사모함을 가지게 될 것입니다. 그리고 그분이 모든 교회, 모든 성도들에게 오셔서 모든 이들을 사로잡게 되기를 간절한 마음으로 구하게 될 것입니다. 사람들의 속에 있는 어두움들을 드러내고 정화시켜서 모두가 온전한 주의 사람들이 되도록 역사 하실 것을 간절히 구하게 될 것입니다.

16. 교회의 선택기준과 세워짐에 대하여

나는 많은 성도들과 교회의 선택 기준에 대한 상담을 하였었습니다. 교회를 선택하는 문제를 가지고 고민하고 있던 많은 독자들이 나의 책을 읽은 후에 어떤 교회를 선택해야 하는지에 대해서 조언을 구하곤 하였습니다. 교회를 추천해달라고 부탁하는 이들도 많았습니다.

내가 목회를 하고 있을 때에는 여기에 대해서 객관적으로 이야기하는 것이 부담스러웠습니다. 또한 내가 사역하고 있는 교회에 오고싶다는 분들을 말리느라고 애를 써야 했었습니다. 나는 목회를 내려놓았지만 아직도 내가 목회를 하고 있는 줄 알고 근처에 와서 교회를 찾고 헤매다 돌아가시는 분들이 있다는 이야기를 나중에 듣곤 했었는데 그럴 때마다 너무 죄송한 마음이었습니다.

나는 목회보다 문서사역에 좀 더 집중해야 할 것 같아서 목회를 내려놓았습니다. 그렇기에 이제 조금 자유롭게 이 문제에 대하여 이야기할 수 있을 것 같습니다.

우리는 어떤 기준으로 교회를 선택해야 할까요?
많은 사람들이 여러 가지 이유로 교회를 선택합니다.
거리가 가깝다, 교회가 크고 건물이 멋지다, 유용한 프로그램이 많다, 주차시설이 좋다, 사람들이 많아서 교제나 사업에 유리하다, 말씀이 좋다, 친한 분들이 많다.. 등 다양합니다. 과연 어떤 것으로 교회를 선택하는 것이 바른 것일까요?

우리는 일생동안 많은 선택을 합니다. 오늘 점심은 무엇을 먹을까? 결혼은 누구랑 할까? 교회는 어디로 가지? 등등 많은 것들을 선택하게 됩니다.

어떤 선택은 아주 중요한 것이며 어떤 선택은 별로 중요하지 않은 것입니다. 점심에 무엇을 먹어야 하는지는 그리 중요한 문제라고 할 수는 없습니다. 그에 대해서 금식하며 기도하는 사람은 아마 없겠지요. 간절하고 처절한 목소리로 부르짖으며 "주님.. 제발 응답해주세요.. 뭘 먹어야 해요? 엉엉.. 순두부입니까? 떡볶이인가요? 그것도 아니면 청수냉면에 밥 말아먹을까요? 흑흑흑.. 제발 가르쳐 주세요.."

만약 정말 그렇게 기도한다면 웃기겠지요? 그건 그냥 먹고 싶은 것을 먹으면 됩니다. 시시한 문제로 그렇게 애를 쓴다면 그것은 어리석은 일입니다.

그런데 사실 신앙의 현실을 보면 그런 분들이 많이 있는 것 같습니다. 별것 아닌 것은 목숨을 걸고 기도하고 응답이 없으면 죽네, 사네.. 하나님이 자기를 미워하시네.. 하면서도 정작 중요하게 여기고 기도해야할 것은 별로 하지 않는 것입니다. 이것은 가치관의 문제이며 영적으로 어린 사람들의 특성이기도 합니다. 사소한 것을 가지고 대단하게 여기고 얻으려 애쓰며 우리의 인생에 있어서 정말 중요하게 여겨야 하는 것을 사소한 것으로 여기는 것입니다.
이것은 영이 자라서 눈이 열려야하는 문제입니다. 어린 사람에게는 보화를 아무리 보화라고 가르쳐도 보화의 가치를 알지 못하며 장난감을 아무리 사소한 것이라고 가르쳐도 보화로 여깁니다. 그러므로 그들은 자라서 눈이 열려서 일시적인 것과 영원한 것의 가치와 차이점을 볼 수 있어야 합니다.

결혼할 배우자를 선택하는 문제는 식사에서 무슨 음식을 먹을까 하는 문제보다 좀 더 중요할 것입니다.
어떤 사람이 결혼했습니다.
누가 묻습니다.
"왜 그 사람과 결혼하셨어요?"
그가 대답합니다.
"아, 그녀가 집이 가까워서요. 집이 멀면 데이트하는데 시간이 걸리잖아요. 그래서 우리 집에서 가장 가까운데 사는 사람과 결혼했어요."
혹은 이렇게 대답합니다.
"음.. 그녀의 집이 참 멋있게 생겼어요.. 인테리어가 훌륭했어요.. 그래서 바로 결정했지요.."
물론 이것도 코미디입니다. 결혼 문제는 식사문제보다는 신중한 선택이 필요합니다.

그렇다면 교회의 선택은 어떨까요?

그것은 사람의 인생 중에서 가장 중요한 선택입니다. 그것은 배우자의 선택과 직업의 선택과 진학할 학교의 선택보다 훨씬 더 중요한 선택입니다.

그것은 자신의 운명과 영원과 모든 것에 막대한, 엄청난 영향력을 끼칩니다. 그것은 영원을 바꾸어 놓는 것입니다.

집이 가까워서, 교회의 건물이 예쁘게 생겨서.. 이런 정도의 이유로 결정할 문제가 아니라는 것입니다.

그렇다면 그 선택의 기준은 무엇일까요?

다른 많은 요인이 있고 예외의 경우도 있겠지만 나는 교회의 선택에 있어서 가장 중요하게 고려해야 할 사항은 사역자의 영적 수준과 성숙도에 관한 것이라고 생각합니다.

주님은 우리의 목자이며 인도자이십니다. 그리고 우리는 그분의 양입니다. 바로 이 사실, 주님이 우리의 인도자이시며 목자라는 사실 때문에 우리는 구원을 받으며 천국으로 인도되는 것입니다. 우리가 주님이 아닌 다른 이를 인도자로 여기고 따른 다면 우리는 구원을 얻을 수 없을 것입니다. 즉 우리는 바른 인도자를 알 때에 구원과 성장으로 나아갈 수 있을 것입니다.

사역자는 우리를 참된 인도자인 주님께로 이끄는 사람입니다. 주님을 보여주고 주님의 마음과 주님의 뜻을 보여주며 주님께로 가까이 나아가도록 돕는 사람입니다. 그렇기 때문에 사역자는 무엇보다도 주님을 가까이 알고 경험하는 사람이어야 합니다. 그러한 사람이 사역자입니다. 그가 주님을 가까이 알아야만 그 주님을 소개하고 가르칠 수 있기 때문입니다. 이것은 사역자의 기본적인 조건이며 이러한 사역자를 찾는 것이 교회 선택의 기본적인 요소라고 할 수 있습니다.

어떤 이들은 주님께로부터 "너는 이 교회를 지키고 중보하라. 사역자를 위하여 기도하라"는 명령을 받습니다. 영적으로 성숙하고 영적 전쟁에 대하여 아는 분들에게 주님께서 그러한 명령을 주시는 경우가 있습니다. 그러한 경우에 그들은 사역자의 영적 수준이나 상태나 비전과 상관없이 주님의 명령을 따라야 할 것입니다. 그러나 그것은 예외적인 케이스이며 일반적인 교회 선택의 원칙이라고는 할 수 없습니다. 보통의 경우 자녀들은 성숙한 부모로부터 양육을 받아야 하며 자녀가 부모를 키우는 것은 바람직한 것이 아닙니다.

교회를 선택할 때 우리는 사역자의 영적 수준을 보아야 합니다.
사역자의 수준은 어떠합니까?
그는 주님의 임재를 알고 있습니까?
그는 주님께 대한 뜨거움, 목마름, 추구를 가지고 있습니까?
그는 죄에서의 해방과 승리의 삶이 무엇인지 아는지요?
그는 영적 전쟁에 대하여 아는가요?
그는 성도의 영적 상태와 수준을 분별할 수 있습니까?
그리고 성도에게 어떠한 훈련과 연단이 있을 것인지 분별하고 인도할 수 있습니까?
그의 삶의 열매는 어떻습니까?
그는 자기 부인의 열매를 맺고 있습니까?
그의 가정은 천국입니까?
그는 아내와 자식들을 잘 섬기고 돌보고 있습니까?
그러한 것들이 사역자를 선택하는 기본적인 분별의 기준이 되는 것입니다.

오늘날 적지 않은 성도들이 주님을 믿고 교회에 다니면서도 10년, 20년, 오랜 세월 동안 인생에서 각종 의미 없는 고생을 하는 중요한 이유는 그들이 하나님의 뜻을 모르며 자신들의 사명이 무엇인지, 자신들의 영의 수준이 어떤 상태에 있는지 무슨 훈련을 받는지 알지 못하며 배우지 못하기 때문입니다.
그들은 자신들이 무엇이 처리되고 있는지 모릅니다.
그래서 부도, 이혼, 대인관계의 재앙.. 등 많은 시련들을 겪으면서 왜 그러한 것들이 오는지 그 의미를 알지 못하고 고생을 하면서 세월을 보냅니다.
그러나 고생을 많이 한다는 사실보다 더 무서운 것은 이들이 주님의 의도에 대하여 알지 못하고 배우지 못하며 인생의 가장 근본적인 존재의 이유인 영혼의 성장에 대하여 배우지 못한다는 것입니다. 그리하여 주님의 뜻을 알지 못하고 수 십 년의 세월을 낭비한다는 것입니다. 그러한 것들을 사역자에게서 배워야 하는데도 말입니다.

그들은 세상에서는 과학자이며 박사이며 지혜로운 사람일지도 모릅니다. 그러나 영적인 세계는 세상지혜와 전혀 상관이 없는 것입니다. 그들은 거듭나는 순간부터 하나님의 뜻과 섭리와 인도하심에 대하여 처음부터 하나하나 배워야 합니다. 앞서서 길을 걸어간 영성의 선배로부터 하나님 체험과 하나님의 임재와 하나님의 뜻에 대하여 배워야 합니다. 그리고 그것을 교회에서 사역자에게 배우고 경험해야 하는 것입니다.

교회에서 그것을 얻지 못하면 사람들은 영혼의 허기를 채우기 위하여 여기저기 얻어먹으려 돌아다니게 될 것입니다. 그러면 사역자들은 자기의 조직을 유지하기 위하여 그것을 필사적으로 막게 됩니다. 그리고 그것은 서로에게 비극이 됩니다. 성도들은 갈등하게 될 것이며 사역자들은 주님을 대적하는 자의 역할을 하게 되는 것입니다. 그것은 몹시 비참한 일입니다.

사울이 하나님의 기름부음을 받아 왕이 되었으나 나중에는 자신의 왕국을 지키기 위하여 혈안이 되었고 하나님을 대적하여 그가 경쟁자로 느끼는 다윗을 죽이려고 애썼습니다. 이와 같이 주님의 실제적인 임재를 경험하지 못한 사역자들은 나중에는 자신의 교회, 단체, 조직을 지키기 위하여 하나님을 대적하게 되어 가는 것입니다.

그것은 무서운 일입니다. 그렇게 자신의 조직을 위하여 주의 영을 거스르고 대적하는 것보다는 처음부터 사역의 길을 가지 않는 것이 훨씬 더 나을 것입니다.

사역자든 성도든, 영이 자라지 않아서 영의 세계와 전쟁을 이해하지 못하면 얼마든지 사단의 도구로 쓰일 수 있으며 이것은 하나도 이상한 일이 아닙니다. 신실하고 충성스러운 사역자가 자기보다 나아 보이는 사역자나 사역을 대적하고 거스르는 일은 흔히 볼 수 있는 일입니다. 그리고 그 과정에서 주의 영을 대적하는 경우도 많습니다. 그런 면에서 사역자로 부름 받는 일은 아주 두렵고 무서운 일이 될 수도 있는 것입니다.

많은 사역자들이 선량하고 착합니다. 그들도 처음에는 순수하고 열정적으로 사역을 시작했습니다. 그들은 처음부터 청중의 확보와 기득권의 유지를 위해 몸부림치는 자신의 모습을 상상하지는 않았을 것입니다.

많은 사역자들이 열정적이며 최선을 다합니다. 그러나 중요한 것은 주님의 실제입니다. 주님의 실제를 경험하는 것입니다. 문제는 많은 아름다운 사역자들이 주님과의 실제적인 교제를 알지 못하며 주님의 실상을 알지 못한다는 것입니다.

오늘날 많은 사역자들의 영이 너무 어리고 사람의 냄새를 많이 풍깁니다. 그들의 소명과 사명은 확실하겠지만 그들의 영은 좀 더 자라야 합니다. 많은 사역자들이 열정은 있지만 영의 성숙과 분별이 부족하여 성도들의 속에 있는 아담의 요소를 발견하고 제어하며 둘째 아담으로 세우기 위한 생명적인 사역을 하는 것에 대하여 잘 모릅니다.

자연히 그러한 사역자가 있는 곳에는 시기와 질투와 아집과 무관심, 냉랭함, 형식주의.. 각종 나쁜 기운과 열매들이 생산되며 성경이 가르치고 있는 교회와는 너무나 다른 모습들이 형성되는 것입니다. 그리고 그 원인의 시작은 사역자의 수준입니다.

그들은 아름답고 착합니다.

그들은 성도들을 돕기 원합니다.

그들은 바른 교회를 세우고 싶어합니다.

문제는 그들의 눈이 열려있지 않으며 주님의 실상을 모르며 성도들의 영을 보지 못하며 자신의 상태도 알지 못하고 무엇을 어떻게 이끌어야 할지 모른다는 것입니다. 그러므로 방황하는 사역자들은 여기 저기를 다니면서 이것저것을 배우고 그 배운 것들을 적용하기도 하지만 얼마 가지 않아서 다시 방법을 바꾸게 되고 본질적인 방향을 잡지 못하여 방황하게 됩니다.

영이 눈을 뜨여져서 신앙의 분명한 진리를 발견하고 방향을 잡지 못했을 때 그들은 시대의 유행을 따라 유명하거나 눈에 띄게 나타나는 교회의 운동이나 사역을 성공이라고 생각하고 목표로 삼고 따라가게 될 것입니다. 그러므로 그들은 방황을 반복할 수밖에 없습니다.

많은 사람들이 인정하고 따라가기 때문에 그것이 바른 사역이라고 할 수는 없습니다. 주님은 우리에게 좁은 길로 가라고 말씀하셨습니다. 진리와 생명으로 나아가는 길은 그리 많은 사람들이 가는 길이 아닙니다.

영이 어느 정도 자라지 않으면 그는 바른 것들을 분별할 수 없으며 그의 의도의 순수함과 상관없이 그는 사역의 도구로 쓰이기 어렵습니다. 그러므로 그는 주님의 원하시는 것이 무엇이고 어떻게 나아가야 하는지에 대하여 잘 알지 못하는 것입니다.

성도들은 일반적으로 사역자의 수준 이상으로 성장하기가 어렵습니다. 사역자가 영적으로 애굽의 수준에 있는데 성도들이 가나안에 있을 수는 없습니다.
애굽은 의식의 수준이 아직 물질적인 것에 있고, 외적인 환경의 요소가 크게 보여 거기에 지배를 받는 수준의 단계입니다.
거기에 있는 이들은 영성과 주님의 깊은 것에 대하여 아무리 많이 이야기해도 알아듣지 못합니다. 그것은 세 살짜리에게 박사 학위 논문 내용을 설명하는 것과 같습니다.
영적으로 애굽에 있는 이들은 아직 육성이 가득하며 그들의 관심과 목표는 세상적인 것으로만 가득합니다. 그들은 영혼의 발전과 주님의 실제에 대한 가르침을 이해는 할지 몰라도 그들의 중심에서 그것을 받아들이고 사모하지는 않습니다. 그것은 그 단계를 벗어나야 알 수 있고 볼 수 있는 것입니다.

자녀는 부모에게 인생에 필요한 모든 것들을 배워나갑니다.
사랑, 순종, 예의, 성실함, 인내.. 등 귀중한 가치를 배우면서 자랍니다. 만일 부모에게 배우지 못하면 그들은 자신의 삶에서 많은 고통을 지불하면서 배우게 됩니다. 그리고 이것이 오늘날 성도들이 삶에서 고통을 겪는 중요한 이유인 것입니다.

한 교회 안에 있는 사람들의 영적인 수준은 대체로 비슷합니다. 어느 정도 앞서있는 사람들도 있지만 크게 뛰어넘지는 못합니다. 각 교회는 그 교회가 속해있는 수준의 영계와 연결되어 있으며 그 영계로부터 비슷한 영적 파동, 비슷한 영적 에너지를 같이 수신하고 있기 때문입니다.

외적으로 보기에도 한 교회에 속한 사람들은 서로 비슷한 면을 가지고 있습니다. 사역자가 혈기가 많고 활동적이면 성도들도 대체로 비슷합니다. 그것은 그들이 같은 영계에 속해있기 때문에 영적 수준이나 상태가 서로 비슷해지며 닮아가기 때문입니다.

만약 어떤 사람의 영에 파격적인 변화가 생겨서 성장하거나 떨어져서 그 교회가 속한 영계의 파장과 일치하지 않게 되면 그는 현실의 교회에서도 떨어져 나가게 됩니다.

교회에 다니면서 고통을 많이 겪고 있는 사람은 그 사람이 소속한 영계와 그의 교회가 속해있는 영계의 파장이 서로 맞지 않고 있기 때문입니다.

전에는 어떤 교회나 단체에서 은혜를 많이 받다가 나중에는 별로 은혜를 받지 못하고 시큰둥해지는 경우도 있는데 이것은 그의 영혼의 소속이나 위치에 변화가 생겨서 영적 상태가 달라졌기 때문입니다. 그의 영이 성장해서 그런 변화가 생기기도 하고 반대로 떨어져서 그러한 변화가 생기기도 합니다.

오늘날 영적 세계의 원리에 대해서 이해나 경험이 부족한 많은 사역자들은 교회에서 일어나는 각종 문제의 영적 근원을 보지 못하고 교회의 개혁을 위하여 외적인 제도를 바꾸려고 애를 씁니다.
하지만 중요한 것은 사람의 영이며 외적인 제도가 아닙니다. 그런 것은 비본질적인 것입니다. 사역자의 독재를 제어하기 위해서 정년을 제한하고.. 그런 식으로 근본적인 문제가 해결되지 않습니다. 제도는 악을 없애는 것이 아니라 외부에서 억지로 누르고 있는 것입니다. 사람의 변화는 그 영혼 자체에 변화가 생겼을 때 내면으로부터 성향이 바뀌는 것입니다.

그러므로 개혁보다 중요한 것은 영적인 변화입니다. 사역자의 영적 수준의 변화입니다. 영적 수준의 향상이 무엇보다 중요합니다. 사역자의 영이 주님을 만나고 알게 되면 모든 문제가 해결됩니다. 완전한 이상적인 교회가 세워진다는 것이 아니고 바른 방향이 세워지는 것입니다.

바른 방향이라는 것은 교회가 주님을 추구하고 주님을 알아가기 위해서 존재한다는 그 기초가 분명해시는 것이며 사역자와 싱도들의 영이 자라는 것이 무엇보다도 중요하다는 것이 교회의 기본 전제로서 세워지는 것을 의미합니다.

오늘날의 교회들은 대부분 사역을 참 많이 강조합니다. 사명, 일하는 것을 아주 강조합니다.

사역은 교회의 중요한 존재목적이기도 합니다. 그러나 그 사역의 기초가 되는 것은 영의 성장입니다. 주님의 생명을 모르며 주님의 생명의 통로가 되지 않는 사람은 사역의 열매를 맺을 수 없습니다. 바퀴벌레가 어떻게 사람을 낳겠습니까? 열심히 봉사를 하고 일을 하고 사명을 감당해야 하지만 더 중요한 것은 본성이 바뀌어 벌레가 사람이 되는 것입니다. 그것이 생명입니다. 그러한 생명의 기초 위에서 사역은 이루어져야 합니다.

이것은 충분히 자랄 때까지 아무런 사역도 봉사도 하지 말라는 의미는 아닙니다. 성장하는 만큼, 주님의 임재와 기름 부으심의 분량만큼 그 안에서 일하는 것에 익숙한 체제가 되어야 한다는 것입니다.

나는 해외에서 선교를 하던 가정이 아내에 대한 지나친 남편의 구타로 결국 사역을 중단하고 귀국한 경우를 보았습니다. 또한 적지 않은 목회자의 가정이 지옥과도 같이 사는 것을 보았습니다.

그들은 사역할 때가 아닙니다. 그들에게는 치유와 안식이 필요하며 그들의 영은 좀 더 자라야 합니다. 그러한 상태에서 사역하는 것은 사역자나 성도나 피차에 고통스러운 것이며 열매도 별로 얻기 어렵습니다.

목회자의 가정이 천국이 아니라면 그들은 성도들의 가정을 천국의 가정이 되도록 인도할 수 없습니다.

그들이 아내와 남편을 섬기고 자식을 사랑하며 순종시키지 못한다면 그들은 별로 가르칠 것이 없는 것입니다. 아직 그들은 주님을 개념으로 알고 있을 뿐 실제의 주님은 모르기 때문입니다.

영으로 주를 알며 실제의 주님을 경험하게 되면 그들은 사랑하게 되며 삶이 달라지게 되며 그들의 가정들은 자연스럽게 천국과 같이 변하게 됩니다.

목회자의 아내나 목회자들의 사이트에 들어가면 여러 가지 비참한 상황들에 대한 호소가 많이 올라옵니다. 부사역자가 담임사역자의 비리를 많이 알게 되자 잘리지 않으려면 조심하라고 협박을 당하는 경우.. 등 교회 내의 비리, 성적 불륜, 가정불화, 물질적인 범죄 등 많은 비참한 일들이 언급됩니다.

그러한 종류의 악이나 미숙함에 대하여 나는 그들을 판단하고 정죄할 입장에 있지 않습니다. 죄와 연약함에도 불구하고 그들은 사랑스러운 주님의 사람들이며 교회는 아름다운 곳입니다.

그러나 그러한 사역자들은 자라야 합니다. 그들은 주님을 좀 더 경험해야 합니다. 그들은 그러한 상태로 성도들에게 주님의 임재와 사랑을 공급하는 통로가 될 수 없습니다. 그들은 주님의 품에 안겨서 그 아름다우심 속에서 자라나며 죄에서의 해방과 자아에서의 해방을 배워나가야 합니다.

드러난 죄는 별것이 아닙니다. 그러나 겉으로 보기에 윤리적 도덕적으로 문제가 없이 사는 것이 중요한 것이 아니고 주님을 알며 주님과 친밀한 관계를 누리며 사는 그러한 영적 수준이 더 중요한 것입니다. 영이 발달하지 않고 주님의 임재와 실제를 모르는 이들의 윤리적 선함은 악행보다 그리 나을 것이 없습니다.

선이든 악이든 선악과는 생명이 아닙니다. 그것은 주님으로부터 나오는 것이 아닙니다. 중요한 것은 선하냐 악하냐의 문제가 아니고 그가 주님께 속해있고 주님의 지배 가운데 있느냐 하는 것입니다. 그것이 바로 생명의 문제입니다.

영이 어린 사람들이 열심히 자기의 충동을 눌러서 죄를 억제한다고 해도 그것은 그리 대단한 것이 아닙니다. 억지로 버티는 것은 그리 오래 가지 않으며 근본적인 승리가 아닙니다. 용수철을 오래 동안 누르고 있어도 그것은 언젠가는 다시 튀어 올라올 것입니다. 그것은 넉넉히 승리의 삶을 사는 영적 수준과 근본적으로 많은 차이가 있는 것입니다.

사람들은 교회가 건물이 아름답고 사람들이 많이 모이면 그것이 성공적인 교회라고 생각합니다. 사람들에게 많이 알려져 있으면 성공적인 교회라고 생각합니다.
그러나 그러한 인식은 물질적이고 세상적인 인식일 뿐입니다. 그것은 이 땅에서는 통하지만 영원한 곳에서는 결코 통용되지 않을 것입니다. 영계에서는 눈에 보이는 외형이 아닌 내면의 중심 동기가 드러나는 곳이기 때문입니다.

오늘날 이 땅의 많은 교회들은 병들어 가고 사역자들은 지쳐있습니다. 그들은 지치고 피곤하고 고통스럽지만 무엇이 문제인지 어떻게 해야 하는지 알지 못합니다.
여기 저기에서 사역자를 돕는 많은 세미나들이 행해지고 사역자들은 실낱같은 희망을 가지고 그리로 몰려듭니다.
그러나 많은 세미나들이 교회의 외적 성장의 방법론을 제시할 뿐 주님과의 연합과 관계회복과 사역자의 영을 성장시키고 이끄는 본질적인 부분을 다루는 곳은 많지 않은 듯이 보입니다.

그러나 사역자가 주님의 실상을 접하고 그분의 영광에 사로잡히지 않는 한 결코 문제는 끝이 나지 않을 것입니다.

진정한 성공이란 열매를 통해서만 알 수 있는 것입니다. 진정한 성공과 부흥에는 열매가 나타납니다. 주님께 대한 사모함과 그리움이 일어납니다. 잃어버린 영혼에 대한 주님의 마음의 인식이 증가됩니다. 기도와 예배에 대한 끝없는 사모함과 열망이 일어납니다. 주님의 뜻에 대한 순복과 사모함, 주님의 나라에 대한 열망, 주를 사랑하는 신실한 사람들과의 아름다운 교제, 공동체에 대한 사랑, 삶 속에 나타나는 순결함과 온유, 겸손, 아름다움.. 그러한 열매들이 나타나게 됩니다. 그리고 그러한 열매가 있을 때 그것을 참된 부흥이라고 할 수 있는 것입니다. 부흥이란 모인 사람들이 변화되는 것이지 그저 단순히 많이 모이는 것이 아닙니다.

나는 진정 아름다운 교회들이 이 땅에 많이 세워지기를 소원하고 또 소원합니다. 현대 교회의 수준은 너무 낮으며 육신적이어서 성도의 교제 안에서 주님의 향기를 경험하기가 어렵습니다. 대부분의 교회들은 서로 분리되고 찢겨져 있으며 서로 경쟁하고 시기하며 자기의 조직에 대한 충성만을 가르칩니다.
주님의 몸 된 교회들의 찢김과 경쟁을 보면서 나는 주님의 마음을 생각합니다. 이 땅의 교회와 사역자들을 생각하면 나는 자주 가슴이 찢어지도록 아픕니다. 나는 주님께서 그렇게 아파하시며 슬퍼하신다고 느낍니다.

나는 어느 자매의 눈물어린 말을 기억합니다.
"목사님.. 교회에 가는 게 지옥 가는 것 같이 괴로워요.. 하지만 저는 죽어도 우리 목사님을 배반할 수 없어요.."
그녀는 영적으로 많이 눌려 있었고 힘든 상태였지만 목사님이 실망하실 까봐 억지로 교회에 다니고 있었습니다.
그 자매는 아주 선한 사람일 것입니다. 하지만 그녀가 느끼는 부담감이 주님의 인도하심인지, 아니면 인간적인 의리나 휴머니즘인지 기도해보아야 합니다. 우리가 순종해야할 대상은 오직 주님이시기 때문입니다. 오늘날 많은 중요한 가치가 있지만 주님의 마음과 주님의 뜻보다 중요한 것은 없기 때문입니다.
우리는 사람의 종이 아닙니다. 마지막 날에 우리를 심판하실 분은 사역자나 사람이 아니라 오직 주님이십니다. 그리고 교회는 사역자를 위해서 세워지는 것이 아니라 주님을 위해서 세워지는 것입니다.

그 무엇보다 생명보다 더 중요한 것은 주님입니다. 이 중심이 분명해야 합니다. 그러나 나는 믿으면서도 이러한 순위가 분명하지 않은 신자들을 많이 보았습니다. 부부가 같이 신앙생활을 하면서도 아내가 신앙에 빠진다고 싫어하는 남편들을 보았습니다. 그것은 그가 주님보다 자신을 더 중심에 놓고 있기 때문입니다.
나는 믿는 부모들이 자녀들이 부모를 사랑하는 것보다 예수에 빠진다고 화를 내는 것을 많이 보았습니다. 그것도 자신을 주님보다 더 중요하게 여기기 때문입니다.

우리의 영은 자라야 합니다. 그보다 더 중요한 일은 없습니다.
우리는 더 주님을 깊이 알아가야 합니다.

나는 성도들이 주님보다 사역자를 두려워하고 눈치를 보는 것을 많이 보았습니다. 그들은 사역자가 저주를 하면 어떡하나 걱정하고 있었습니다. 나는 또한 사역자가 성도들을 두려워하고 눈치를 보며 사역을 하는 것을 많이 보았습니다.
성도든 사역자든 심령이 약한 사람은 다른 사람들의 종이 됩니다. 그들은 주님을 따를 수도 없으며 사람들을 주님께로 인도할 수도 없습니다.
그렇게 사역을 할 바에는 사역을 그만두고 다른 직업을 가지고 복음을 전하며 사는 것이 주님나라의 확장에 도움이 될 것입니다. 영이 눌려있는 사람은 사람들을 주님께로 이끌며 양육을 할 수 없기 때문입니다.

교회의 선택.. 그것은 정말 중요한 문제입니다. 우리가 변화 받기를 원한다면 우리는 좋은 선택을 해야 합니다. 성장하기 원한다면, 주님을 더 깊이 알기를 원한다면, 우리는 지도자와 인도자를 구해야 합니다.
우리에게는 안내자가 필요합니다. 우리보다 조금 더 앞서서 우리에게 영적인 길, 주님의 길을 제시해 줄 안내자가 필요합니다. 그것은 우리의 인생의 성패를 좌우하는 중요한 요소입니다.

나는 평소에는 자신이 큰 교회를 다닌다고 자랑스럽게 생각하는 분들이 막상 해결하기 어려운 일에 부딪치면 풀이 죽어서 작은 교회의 사역자들에게 인도와 도움을 구하는 것을 많이 보았습니다.
그들은 참으로 불쌍하게 보였고 마치 부모 없는 자식들이 고아원에서 원장 밑에 있는 것처럼 애처로웠습니다.
모든 아이들에게는 단체로 규율을 지도하는 선생이 아니고 한 사람씩 안아주고 씻겨주는 엄마 아빠가 필요합니다. 모든 성도들은 쉽게 만나고 삶을 나누고 조언을 구하고 교제할 수 있는 목회자, 사역자가 있어야 합니다.
성도의 숫자가 수 천, 수 만 명이라고 긍지를 느끼는 이들도 있지만 그것이 성경에 나타나는 교회의 모습이라고 보기는 어렵습니다. 그것은 이 시대의 유행일 뿐입니다. 대형 마켓이 등장하여 구멍가게가 문을 닫는 이 세대의 성향일 뿐입니다.
숫자가 몇 천명이면 그것은 조직의 힘으로 유지되지 인격적인 관계로 유지되지 않습니다.

오늘날 유명한 사역자들은 일종의 스타와 같습니다. 성도들은 그들의 삶을 모르며 그들과 개인적인 교제를 갖지 못하며 그의 설교와 무대에 선 모습만을 봅니다. 그것은 10대 소녀들이 그들이 좋아하는 스타에 열광하는 모습과 흡사합니다.
이 시대의 산물이라 어쩔 수 없기는 하지만 나는 대형교회에 다니는 분들을 안쓰럽게 생각합니다. 그런 면에서 작은 교회에 다니는 분들은 복 받은 분들이라고 생각합니다. 작은 교회에서 주님을 배우고 서로 교제하며 영적으로 성장해 가는 것은 참으로 복스럽고 아름다운 일입니다.

나는 알려져 있지 않은 많은 순수하고 아름다운 사역자들이 이 땅에 숨겨져 있고 존재하는 것을 믿습니다. 현재의 교회에 많은 어두운 모습들이 있지만 사람의 왕국이 아닌 주님의 아름다운 교회를 세워나가려고 노력하는 많은 사역자들이 있는 것을 믿습니다. 주님을 사모하며 추구하고 그분을 향하여 나아가기를 원하는 많은 사역자들이 일어날 것을 나는 믿고 기대합니다.

나는 기성의 전통적인 대형 교회들에 그다지 많은 희망을 가지고 있지 않습니다. 주님이 영이 아닌 세상의 영, 세상의 흐름이 교회 안에 많이 들어와 있다고 생각합니다.

그러므로 나는 앞으로 순결하고 신선한 영을 가진 주님의 사람들, 젊은 사역자들이 많이 일어나기를 기대하고 사모합니다. 그들을 통하여 이 땅에 주님을 진정 사모하는 아름다운 교회들이 많이 세워지기를 간절히 기도합니다.

부족하지만 오직 주님을 더 깊이 알기를 원하며 그분만을 사모해 가는 사역자.. 외적 성공을 추구하지 않고 오직 주님을 맛보며 나누기를 원하는 사역자.. 그리고 주님을 그리워하고 더 자라기를 원하며 자기를 깨뜨리고 영의 더 깊고 아름다운 세계로 나아가기 위하여 몸부림치는 아름다운 성도들.. 그러한 만남과 모임들.. 교회들이 많이 세워지기를 소원합니다.

초대 교회와 같이 서로의 마음에 그리움과 사랑이 가득하며 서로 보고있기만 해도 행복하고 각자의 삶 속에 사랑으로 임재하시고 역사하시는 주님을 나눔으로써 더욱 행복해지는 만남들이 있는 그러한 교회들이 많이 이 땅에 세워지기를 간절히 소원합니다.

교회를 선택하는 것, 자신이 삶을 나누고 교제를 나눌 성도들의 선택은 너무나도 중요한 것입니다. 그것은 우리의 영원한 운명과 미래를 결정짓는 가장 중요한 요소입니다.
그러니 그저 발길이 닿는 대로 가고, 집에서 가깝다고 가고, 아는 사람이 있다고 가고, 목사님과 가깝다고 가고.. 그러한 선택은 얼마나 자신의 영혼을 소홀히 여기는 것이겠습니까!
자신의 영원을, 영혼의 성숙을 결정짓는 중대한 요소를 그저 한끼의 식사 메뉴를 결정하듯이 결정하는 것은 얼마나 어처구니없는 행동일까요..

눈이 열리지 않는 어리석은 영혼은 여성을 선택할 때 외모를 중하게 여기며 자기 눈에 좋은 대로 결정합니다. 남성을 선택할 때 학벌과 자기 취향과 재력을 중시해서 인생과 영원을 망칩니다.
그러나 여성의 외모보다 100만 배나 더 중요한 것은 그 여성의 영적 성숙도이며 주님을 사모하는 분량입니다. 남성의 재력이나 외적 매력보다 중요한 것은 영적 성숙도이며 그가 주님께 사로잡힌 정도입니다.
이 세상에서 가장 아름다운 여성은 주님께 사로잡힌 여성이며 이 세상에서 가장 멋진 남성은 주님께 빠진 사람입니다. 그러나 영적으로 충분히 성숙된 사람들만이 그러한 배우자의 가치를 알 수 있게 될 것입니다.

신앙생활을 열심히 하며 기도에 힘쓰는 어떤 자매가 믿지 않는 남자친구를 사귀는 것을 보았습니다. 어처구니가 없어서 이유를 묻자 그 사람은 리더십이 있고 멋지다고 하는 것입니다. 나는 이렇게 대답해주었습니다. "믿지 않는 영혼은 그 영혼이 아직 죽어있는 것과 같은 것인데 죽은 사람이 멋지고 리더십이 있으면 뭐하지?" 편안한 삶을 보장할 것 같은 돈 많은 사람과의 만남, 자기를 사랑해주고 잘해주는 사람을 만나는 것보다 몇 천 만 배나 중요한 것은 영적인 것을 추구하고 사모하는 사람과의 만남입니다. 그러한 사람의 가치를 알지 못하기 때문에 사람들의 영혼은 이 땅에서 너무도 낮고 비참한 영역에 머물러 있는 것입니다.

결혼과 배우자의 선택은 아주 중요합니다. 하지만 그보다 더 중요한 것이 교회의 선택이며 영적 교제의 선택입니다. 그것은 우리의 영원에 영향력을 행사합니다.
혈연의 만남은 우리가 사는 동안 우리에게 영향을 끼칠 것입니다. 그러나 영적 교제와 만남을 통하여 우리가 어떤 신앙을 가지고 어떻게 영적으로 발전해 가는가 하는 것은 우리의 영원에 중요한 영향을 끼치게 될 것입니다.
가족들은 일시적으로 같이 있더라도 사후에는 그 믿음과 영혼의 발전 상태에 따라 영원히 헤어질 수도 있습니다. 그러나 주안에서 같은 주님을 추구하는 영적 교통과 만남은 영원히 헤어지지 않을 것입니다.

우리는 아름다운 교회를 이루어가야 합니다. 그리고 소망해야 합니다. 만약 당신이 아직 교회를 정하지 못한 분이라면, 교회의 이전 문제로 갈등하고 있는 분이라면, 교회의 외형을 보지말고 진정 주님을 사랑하고 그분께 나아가기를 원하며 그분께 사로잡히기를 원하는 아름다운 종들을 찾으십시오.
당신의 심령 속에 주님에 대한 사모함의 뜨거운 불을 일으키는 종을 찾으십시오. 진정 당신이 원한다면 주님은 당신을 그러한 만남으로 인도하실 것입니다. 교회의 문제는 거의 사역자에게 달려 있는 것입니다.
인생의 시시한 문제들을 가지고 씨름하지 말고 주님을 더 깊이 알아가기 위하여 목숨을 거십시오. 그렇게 주님을 알 수 있는 교회를 찾도록 힘쓰십시오.
주님께서 당신을 통하여 이 땅에 그분의 원하시는 아름답고 귀한 교회들을 세워나가시기를 간절히 소망합니다.

오, 주님.. 이 땅에 주님께 사로잡힌 많은 사역자, 주님을 갈망하는 많은 교회들이 일어나게 해주시옵소서. 그리하여 이 땅의 교회에 충만하게 임하시는 주님의 영광을 볼 수 있게 해주시옵소서. 간절하게 기도 드립니다. 아멘..

17. 오직 예수뿐입니다

오늘날 각박한 현실의 삶 속에서 지치고 피곤한 사람들은 신선한 감동을 받고 싶어합니다. 그리고 그런 사람들을 위하여 제공되는 많은 감동적인 이야기들이 있습니다.
사랑, 그리움, 용서에 대한 이야기.. 가족, 하나됨, 화해의 이야기.. 절망에서 힘을 얻은 이야기.. 사람들은 그러한 이야기들을 읽으며 눈물을 흘리고 공감하며 감격하고 힘을 얻기도 합니다.

총탄이 빗발치는 전쟁터에서 뛰쳐나가 전우를 업고 달리는 전우애, 고통과 실망 속에서 인생을 포기하려다가 아주 작은 사건을 통하여 다시 힘을 얻고 일어선 이야기, 평생을 기다리고 그리워했던 흩어져 있었던 가족들의 눈물어린 상봉의 장면, 정말로 비극적인 조건 속에서 놀라운 정신력으로 이를 극복하고 결국은 귀한 열매를 성취하는 인간 승리의 이야기, 미움과 반목을 거듭하다가 어떤 고통의 순간을 계기로 화해와 용서를 경험하게 된 가정의 이야기 등 감동적이고 아름다운 많은 이야기들이 있습니다.
그러한 이야기들은 분명히 감동적입니다. 감동적인 메시지를 담고 있습니다. 우리는 그러한 이야기를 읽으며 가슴이 뭉클해지는 것을 느끼게 됩니다.

가까이 있는 사람들의 소중함을 다시 느끼기도 하고 사랑의 가치에 대해서, 살아있는 기쁨에 대해서 새롭게 인식하기도 합니다.
그러나 분명한 사실이 있습니다. 그러한 감동적인 이야기에 예수와 복음이 들어있지 않으면 그것은 우리의 겉 사람을 자극하고 흥분시키는 것에 그칠 뿐 우리의 영원한 생명에는 아무런 변화를 줄 수 없다는 사실입니다.

그것은 하나의 바벨탑과 같은 것입니다.
바벨탑은 사람의 노력으로 하늘까지 쌓아올린 탑입니다. 당시에 모든 사람들은 그것을 보고 감동하며 "오, 우리의 능력은 얼마나 대단한가!" 하고 외쳤습니다. 그러나 바벨탑은 결코 하늘에 닿을 수 없었으며 결국 그것은 파멸의 결과를 낳았을 뿐입니다.
우리는 이 사실을 직시하여야 합니다.
그것은 사람에게서 나온 것은 하늘까지 닿지 못한다는 사실입니다. 사람에게서 나온 것은 인간 영혼을 구원에 이르게 하지 못합니다. 일시적인 감동이나 충격을 줄 수는 있지만 근본적으로 사람의 영혼을 변화시키거나 새롭게 할 수 없습니다.

따뜻하고 감동적인 이야기에 중독이 된 사람들은 그러한 이야기를 찾아 헤매며 자신도 그렇게 따뜻한 사람이 되려고 합니다.
그러나 그것은 구원이 아니며 성숙도 아니며 하늘에 닿고 하늘에 오르려고 하지만 오를 수 없는 하나의 바벨탑을 쌓고 있는 것뿐입니다. 결국에는 파멸에 이르는 하나의 바벨탑을 말입니다.

구원은 사랑이 아닙니다.
구원은 따뜻함이 아닙니다.
구원은 감동이 아닙니다.
구원은 용서가 아닙니다.
그것을 찾아다니는 이들은
결코 진정한 진리에 이를 수 없습니다.
구원은 예수입니다.
예수는 생명입니다.
예수는 사랑입니다.
예수는 자유입니다.
예수는 용서입니다.

예수 안에는 모든 것들이 다 포함되어 있습니다.
우리는 감동을 찾지 않으며 사랑을, 따뜻함을 찾지 않으며
오직 예수를 찾습니다.
그것은 하늘로 오르는 유일한 길입니다.
땅에서는 하늘로 오를 수 없으며
오직 하늘에서 하늘을 향한 구원의 길이 내려오는 것입니다.

감정은 영이 아닙니다.
헤어진 연인으로 인하여 가슴이 찢어지는 젊은이들..
그들은 아픈 마음으로 시를 쓰고 소설을 씁니다.
감정은 달콤합니다.

그러나 그것은 구원이 아닙니다.
그 감정이 채워져도 그의 영혼은 곤고합니다.
예수로 영이 채워지지 않은 사람은
일생동안 신기루를 좇으며
영혼의 무지 속에서 어둠 속에서 방황하면서
헛된 바벨탑을 쌓는 것입니다.

이 땅에는 예수가 없는 많은 감동이 있습니다.
그것들은 마치 마약과도 같습니다.
그리고 사람들은 그것을 찾아 방황합니다.
이 땅에는 예수가 없는 많은 즐거움이 있습니다.
예수가 없는 사랑이 있고
예수가 없는 연애가 있으며
예수가 없는 행복이 있고
예수가 없는 성공이 있으며
예수가 없는 단란하고 행복한 가정이 있습니다.
그 모든 것은 바벨탑이며
결코 구원과 생명에 이르게 하지 못합니다.

우리는 행복을 찾지 않으며
우리는 사랑을 찾지 않습니다.
우리는 평화를 찾지 않으며
감격을 구하지 않습니다.

우리는 오직 예수를 구합니다.
우리는 사랑의 사람이 아닌
오직 예수 사람이 되려 합니다.
아름답고 따뜻하고 부드러운 사람이 아닌
오직 예수의 영으로 사로잡힌 사람이 되고자 합니다.
우리는 기쁘나 슬프나
오직 예수를 찾습니다.
우리는 즐거우나 괴로우나
오직 예수를 구합니다.
가난해도 부유해도
우리는 오직 예수뿐입니다.
사람들이 칭찬하든 욕하든
우리는 오직 예수가 필요합니다.

사람들은 즐거움을 찾고 행복을 구하며
감격을 구하고 사랑을 구하지만
우리는 오직 예수를 알기 원하며
오직 그분께 소유되기 원합니다.
사람의 사랑에는 독이 있으며
사람의 따뜻함에는 어두움이 있으나
예수의 사랑은 생명이 있고
예수의 따뜻함은 참된 빛을 줍니다.
사람의 사랑은 잠시 신기루의 몽상 속에 사람을 가두지만 예수의 사랑은 영원한 생명과 참된 해방을 우리에게 선사합니다.
어느 할아버지에게
손자가 물었습니다.
"할아버지. 하나님이 정말 계세요? 할아버지는 하나님이 보이나요?"
할아버지가 대답했습니다.
"얘야. 나는 하나님 외에는 아무 것도 보이지 않는 단다."

예수를 사랑하는 예수의 사람은
오직 예수 외에는 아무 것도 보이지 않습니다.
길을 걸어도, 하늘을 보아도
그는 오직 예수만이 보입니다.
음악을 들어도 소리를 들어도
그는 오직 예수만이 들립니다.
말할 때 그는 예수를 말해내고
침묵할 때 그는 예수를 생각합니다.
깨어있을 때 그는 예수께 함께 걷고
잠이 들면 꿈속에서 예수에게 경배합니다.

누군가 그에게 이렇게 물을지 모릅니다.
"하나님의 음성을 어떻게 듣지요? 그 방법이 뭔가요?"
그는 아마 대답할 것입니다.
"어떻게 하나님의 음성을 안 들을 수 있지요? 이 우주 안에 가득한

데.. 하나님의 음성이 들리지 않는 곳도 있나요?"
물고기가 물이 없는 곳에서 살 수 없듯이
그에게 예수 없는 삶이란 상상도 할 수 없는 것입니다.

마음의 생각이 예수로 가득할 때
모든 의식과 관심이 온통 예수로 채워져 있을 때
우리는 진정 행복한 사람이 됩니다.
그러한 사람은 이 세상에 있는 많은 허황된 사랑을
추구하지 않을 것입니다.
그는 자신의 안에 남아있는 모든 바벨탑을 무너뜨리고
주님에 속한 생명의 사람이 되어
하늘에 이르는 유일한 생명의 길을 걸으며
그분을 먹고 마시고
그 생명을 나누어주는
생명의 통로로서 살아가게 될 것입니다.

18. 감동적인 이야기를 사용하는 것에 대하여

앞장의 글을 읽고 어느 전도사님이 질문을 하셨습니다. 이 질문과 이에 대한 답을 소개하려고 합니다.

인간적인 감동에 대하여 －N전도사－

목사님께
귀한 글 감사 드립니다.
요즘 인간적인 감동의 이야기들이 참으로 많은 것 같습니다. 그리고 그런 감동의 이야기를 예화로 인용하는 목사님들이 굉장한 인기를 얻고 있습니다. 부끄럽지만 저도 사용하고 있습니다. 그래서 가끔씩 성령의 감동과 인간적인 감동이 헷갈릴 때도 있습니다.
그리고 때론 인간적인 감동은 하나님의 일반은총으로 인간생활에 필요한 것이 아닌가 생각도합니다.
그리고 믿음이 없는 자들에게 믿음을 갖게 하기 위해 그들과 접촉점으로 그런 감동을 사용해야 하지 않나 생각해 보기도 했습니다.

재미없고 감동이 없으면 초신자들은 교회에 아예 나오지 않거든요. 그래서 인간적인 감동과 재미가 수단이 되어서 예수님을 만나게 하는 것이 복음의 전략이 아닌가도 생각합니다.
마치 연예인들이 간증하면 많은 사람이 오는 것 처럼요.

유명하신 K 목사님이 인간적인 감동의 설교로 수많은 사람들을 주님께 인도하였고, C 목사님도 복을 강조함으로써 사람들을 주님께 인도하지 않았나 생각도 해봅니다. 그것도 하나님이 주신 지혜가 아닌가 저는 그렇게 생각했습니다.
복에 관심 있는 사람들에게 인간적인 복을 이야기 하다가 결국 예수님의 복을 이야기하는 것..
어떤 사역자는 철저히 혼과 영을 분리하더군요. 우리의 인간적인 감동은 혼의 부분이고 그 혼이 영을 방해한다고 하더군요.
여기에 대해 목사님의 명쾌한 설명을 기다립니다.
정말 중요한 부분인 것 같군요. 초보 전도사로서 아주 궁금합니다.
이렇게 물을 수 있는 선배님이 계시니 너무 좋아요. 감사합니다.

안녕하세요. 반갑습니다.
항상 예리하고 날카로운 질문을 하시는 군요.
좋은 질문을 주셔서 감사합니다.
간단하게 정리를 해 보겠습니다.

1. 타락한 이후에도 사람의 영은 아주 죽은 것이 아닙니다.
그래서 아직 거듭나지 않은 사람도 기본적인 영의 기능은 남아있습니다. 예를 들면 양심의 기능 같은 것이 있지요. 그래서 불신자라 하더라도 나쁜 짓을 하면 마음이 괴롭습니다.

2. 그 영의 기본적 기능 중의 하나가 바로 종교적인 기능입니다.

동서고금을 막론하고 인간이 있는 곳에는 귀신을 믿든지 미신을 믿든지 우상을 섬기든지 아무튼 뭔가 종교를 추구하게 되어있습니다. 그것은 그들의 속에 있는 영의 기능, 하나님을 찾고 진리를 구하는 기능 때문이지요.

3. 잘 아시겠지만 그 영을 깨우고 살리는 것은 하나님의 말씀의 전파에 따른 복음의 이해와 주님과의 인격적인 관계를 맺는 것 밖에는 없습니다. 그리고 이를 통하여 성령께서 그에게 임하시고 그의 영은 거듭나고 살게 됩니다.

4. 그런데 그렇게 영이 깨어나기 전의 사람이 추구하는 것 중의 하나가 그러한 종교성과 선함입니다. 그래서 선하게 살고 남을 돕고 자선 사업을 하고.. 그러한 것들을 통하여 우리 안의 어떤 부분을 만족시킵니다.
물론 그것은 구원과 영의 삶과는 상관이 없지요. 그것은 조금 고상한 것이기는 하지만 사람을 온전하게 자유롭고 깨끗하게 할 수 없으며 하나님으로부터 나온 생명적인 것이 아닙니다.

5. 우리의 영이 깨어났을 때 우리는 죄란 곧 주님의 뜻대로 살지 않는 것이며 자기의 생각과 마음대로 사는 것이 곧 악이라는 것을 알게 됩니다. 죄란 악을 행하는 것 자체가 아니며 주님의 통제를 벗어나 있는 것입니다. 그러한 근원적인 죄를 통해서 현실적으로 죄를 짓게 되는 거지요.

6. 죽음이란 우주의 주재가 되시는 하나님과의 관계의 단절입니다. 그러므로 생명이란 하나님과의 관계의 회복을 통해서 이루어지는 것이지 선한 삶이나 희생적인 삶을 통해서 이루는 것이 아닙니다.
사람을 구원하고 변화시키는 것은 십자가의 보혈과 하나님의 은혜지 결코 사람의 노력이나 애씀이나 선행의 결과가 아닙니다.

7. 유감스럽게도 오늘날 이 복음의 진리는 심각하게 훼손되고 있는 것 같습니다.
많은 이들이 선하고 감동적인 이야기가 담겨있는 책을 읽으면서 "아, 이 사람은 신앙인 인가보다." 하고 생각합니다.
따뜻하고 감동적인 예화를 읽으면서 어떤 이들은 "아, 이게 바로 복음이다. 바로 이거야.." 하고 생각합니다.
그것은 진정 무서운 일이지요. 그들은 선함을 바라보지 주님을 바라보지 않습니다. 구원은 주님으로부터 오는 것이며 선함에서 오는 것이 아닙니다.

8. 사람은 생명이 아닙니다. 생명을 담을 수 있는 그릇이지요.
사람이 생명이라면 그는 독자적으로 살 수 있을 것입니다.
그러나 사람은 독자적으로 살 수 없습니다.
공기를 받아서 폐에다 넣어야 하고 음식이 받아서 위장에다 넣어야 합니다. 주의 영을 받아서 우리의 영에 넣어야 하지요.
달이 스스로 빛을 내지 못하듯이 사람은 스스로 빛을 낼 수 없고 살아갈 수 없습니다. 사람은 오직 생명을 받을 수 있을 뿐입니다.

9. 생명은 오직 주님이십니다.

사람은 그 생명을 받을 수 있을 뿐입니다. 주님을 접촉할 때 하늘과의 막혔던 교통이 다시 시작되는 것이지요.

생명과 거룩과 진리와 사랑과 은혜와.. 그 모든 끊어진 것들이 다시 회복되는 것입니다.

10. 그러므로 어떤 사람이 주님의 인도와 감동 속에서 어떤 선한 일을 행하였다면 이는 주님과의 연결 속에서, 생명 속에서 이루어졌으므로 그것은 사람의 영혼을 살립니다.

그러나 어떤 이가 주님과 상관없이 자기 혼자 독자적으로 선한 일을 했다면 그것은 아직 죽음에 속한 것입니다.

거기에는 사람의 선함과 의가 나타나며 그것은 주님을 대적합니다. 전도사님도 선하고 의롭게 사는 분들이 주님을 거절하는 것을 많이 경험하셨을 것입니다.

주님과 상관없는 인간적인 선행 – 그 배후에는 속이는 영들이 있습니다.

11. 질문에서 조금 비약한 것 같군요.

사람에게는 일반 은총이 있습니다. 복음 외에도 우리가 즐길 수 있는 많은 아름다운 것들을 주님은 우리에게 주셨습니다. 감정도 그 중의 하나지요.

어떤 사역자들은 그러한 것들을 대부분 악하다고 보았습니다. 그래서 감정도 억누른 경향이 많이 있지요. 그러나 잘 아시다시피 그것은 우리의 영혼과 삶을 창백하고 어둡게 만듭니다. 선이나 감정이 주님의 지배를 벗어나는 것이 악한 것이지 그 자체가 잘못된 것은 아니기 때문입니다. 그러므로 그것을 억압하는 것은 좋지 않은 것입니다.

12. 저도 감동적인 이야기를 인용하기도 하고 사람의 마음을 여는 데 사용하기도 합니다. 그리고 전도사님이 말씀하셨듯이 그것은 지혜라고 생각합니다. 어떤 사람이 영적인 세계에 대하여 전혀 준비되지 않았을 때에 그 사람에게 깊은 영의 세계에 대하여 이야기하는 것은 지혜로운 것이 아닐 것입니다.
주님께서도 고기를 잡고 있던 이들에게 "얘들아, 고기가 있느냐" 하고 물으셨습니다.
물을 길으러 온 사마리아 여인에게 "물 좀 다오" 하고 말씀하셨습니다. 그들의 하고 있는 일과 관심사에 대하여 말씀을 나누신 것이지요. 그렇게 시작하여 점점 복음의 핵심적인 진리로 접근해 가셨습니다. 그러므로 저도 그러한 예화나 방법을 사용하는 것이 나쁜 일이라고는 생각지 않습니다.

13. 그러나 중요한 것은 그것을 사용하는 사람의 영적인 의도와 통찰력입니다. 그 사람은 과연 복음과 생명을 제대로 이해하고 있는지요? 방금 이야기했듯이 어떠한 선행도 독립적인 것이면 그것은 죽은 것이며 그 선행과 감동적인 이야기로 시작하여 주님께로 이끄는 것이라면 그것은 생명의 도구가 될 수 있는 것입니다.

어떤 사람이 어떤 감동적인 이야기를 그 자체만을 위한 독립적인 것으로 사용하는가? 아니면 그것을 주님께로 이끄는 도구로 사용하는가? 거기에 따라서 그것의 옳고 그름을 판단할 수 있는 것입니다.

14. 저도 글을 쓰면서 아내나 아이들의 이야기를 합니다. 삶에서 경험하는 여러 가지 이야기를 쓰지요. 그러한 이야기들은 어떤 이들의 마음을 여는 데 도움이 됩니다. 그러나 그 모든 이야기들의 결론은 오직 주님을 사랑하고 추구하는 것에 있습니다. 그분께로 이끌기 위해서 그 모든 이야기들을 사용하는 것입니다. 그러한 동기가 없다면 그것은 생명적인 것이 아니며 그저 개인적인 감상주의나 환상에 지나지 않을 것입니다.

15. 아무리 감동적인 이야기라도 우리는 그 책의 저자의 사상을 주의해서 살필 필요가 있습니다.
그는 거듭난 그리스도인인가? 그가 이 책에서 말하고자 하는 사상은 무엇인가? 그는 어떠한 신앙관을 가지고 있는가? 그런 것들을 살펴야 하겠지요. 어떤 사람이 하나님을 말한다고 해서 그것이 성경이 말하고 있는 하나님이라고 무조건 믿어서는 안 됩니다.

16. 저는 사람들이 그것을 살피면 함부로 예화를 사용하는 것에 대하여 조금 조심을 하게 되지 않을까 싶습니다.
예를 들어 그러한 이야기의 붐을 일으킨 베스트셀러 작가 A씨의 경우 그는 뉴에이저 입니다. 그는 모든 사람이 내부에 신성을 가지고 있으며 예수도 그러한 내부의 신성을 개발시킨 인류의 많은 스승 중의 하나라고 생각합니다.

이런 분이 왜 그렇게 감동적인 이야기시리즈를 개발하고 보급시켰을까요? 그 이유는 간단합니다.

예수의 구원이 아닌 인간적인 구원, 인간적인 감동의 종교를 전파하기 위한 것입니다. 불행하게도 많은 사역자들이 그러한 운동에 같이 끌려 들어가는 느낌입니다.

기독교에서도 비슷한 종류의 글을 내서 인기를 끌거나 이익을 얻으려는 이들이 많지요. 그러나 그것은 어려울 것입니다. 왜냐하면 뉴에이지에 관한 책들이 성공하는 것은 배후에 그 영들이 도와주고 있기 때문입니다.

어떠한 사상이나 성공에는 항상 배후에 어떤 영들이 있습니다. 그 영을 받고 기운을 받은 사람이 유명해지고 명예와 부와 권세를 얻게 됩니다. 단순히 유행을 따라가고 흉내낸다고 같이 뜨는 것이 아닙니다. 하지만 영의 눈이 열리게 되면 그러한 세상의 영들의 도움을 받아서 세상의 명예와 권세를 얻는 것이 나중에 어떠한 대가를 지불해야 하는지 알게 되고 두려워하게 될 것입니다.

17. 전에 어떤 영성 잡지에서 영성운동을 하신다는 어느 목사님이 쓰신 영적 성장의 단계에 대한 글을 읽어본 적이 있었습니다.
그런데 그 내용을 보니 이 분은 영적 성숙의 단계와 수준을 사람의 의식수준에 따라 구분을 했는데 그 수치를 1부터 1000의 의식수준으로 잡고 100은 [두려움]의 수준, 125는 [욕망], 175는 [자존심], 200은 [용기], 350은 [포용].. 이런 식으로 정확하게 수치를 구분해놓았습니다. 일리가 있는 면도 있지만 황당하기도 했습니다. 이러한 분명한 수치의 표현은 어떤 텍스트에서 인용한 것일텐데 어디서일까.. 하고 궁금한 상태에서 접어두었었습니다.

그러다가 최근에 그 내용이 뉴에이지의 교과서적인 책에 실린 것임을 알게 되었습니다. 그 책의 저자와 책은 소개하지 않는 것이 좋을 듯 합니다. 나는 어처구니가 없었습니다.

나는 그 영성사역을 하시는 목사님께서 그 책의 내용을 다 받아들이시는 것인지 아니면 그냥 일부분만을 편리하게 인용한 것인지가 궁금했습니다.

그 책을 보면 의식의 레벨이 700-1000의 수준은 거의 신적인 수준까지 개발된 사람이며 이 단계에 이른 사람은 예수, 부처, 크리슈나무르티 단 3명이라고 주장했는데 과연 그 목사님은 그러한 주장까지 수용하고 있는지 의아스러웠습니다.

이러한 이야기를 하는 이유는 뉴에이지의 영들, 사단의 미혹은 이 시대에 광범위하게 증가되고 있으며 적지 않은 사역자들도 거기에 마음을 열고 받아들이고 있다는 것을 말하기 위해서입니다.

뉴에이지는 사랑과 평화를 강조하며 황홀경의 체험이 있고 기독교와 같이 영적 성장을 강조하고 있으며 많은 매력을 가지고 있기 때문에 지금처럼 기독교가 껍데기만을 가지고 있을 경우에 그들의 매력과 속임에 사람들이 빠져 가는 것을 막기는 쉽지 않을 것입니다.

18. 나는 최근에 유행하는 많은 감동적인 이야기들의 배후에는 사단의 술수가 있다고 생각합니다.

그들은 주님이 아닌 인간주의, 휴머니즘에 빠지게 합니다. 그들은 그러한 이야기에 기름을 부으며 그 작가들에게 많은 명예와 돈과 권세를 줍니다. 그리고 분별하지 못하는 많은 사람들이 그의 뒤를 좇고 있습니다.

19. 결론을 내리겠습니다.

주님은 감정을 억압하지 않으십니다. 그리고 우리의 삶 속에는 많은 감동적이고 아름다운 이야기들이 있으며 우리는 그것들을 사용할 수 있습니다. 다만 우리는 그러한 아름다운 이야기들을 사람들을 주님께로 이끄는 데 사용하고 있는지, 잠시의 도취가 아닌 생명되신 주님을 만나고 참되고 영원한 삶을 추구하도록 이끄는 데에 사용하고 있는 지에 대하여 살펴봐야 할 것입니다.

20. 나는 분명히 믿습니다. 주님을 발견한 사람은 오직 복음과 주님의 생명을 전하기 원할 것이며 감상적인 위안을 전하고 싶지 않을 것이라는 사실을 말입니다.

그 어떤 화려하고 감동적인 이야기라도 그것이 주님께 대한 굶주림을 일으키는 것이 아니라면 그것은 별로 깊은 이야기가 아닙니다. 진정 주님의 깊은 임재와 은총을 경험한 이들은 세상적인 감동과 아름다운 이야기보다 그가 경험한 주님의 깊은 것을 이야기하고 싶어할 것입니다. 왜냐하면 이 우주 안에서 가장 감동적인 이야기는

하나님이 사람이 되셨다는 것
그분이 우리를 사랑하신다는 것
그래서 우리를 위하여 죽으셨다는 것
바로 그것이기 때문입니다.
나는 그보다 놀라운 이야기를
아직까지 들어본 적이 없습니다.
앞으로도 영원히 없을 것입니다.
그렇기 때문에 나는 한 평생
오직 그 이야기만을 하면서
살아갈 것입니다.
감사합니다.
이 귀한 사역을 위하여
더 수고해주십시오.
정원 드림.

귀한 답변 글 감사 드립니다.   -N전도사-

목사님께.. 주신 귀한 답변 감사 드립니다.
선무당 사람 잡는다고 늘 정리되지 아니한 생각들을 가지고 순간적인 마음으로 말씀을 나누었던 과거가 부끄럽습니다
그러나 주님은 그런 연약한 중에서 사용하셨음을 감사 드릴 뿐입니다.
이제 영성의 원리를 잘 알아 주의 일을 감당하고 싶습니다.
목사님께서 많이 도와 주십시오. 늘 감사 드립니다.
N 전도사 올림

19. 은혜 후의 실족.. 그 이유는?

우리의 영혼이 전에 없었던 새로운 은혜의 세계를 경험하게 되면 우리는 아주 즐거워합니다. 그러나 유감스럽게도 그 은혜와 감동의 순간은 오래 지속되지 않는 것이 보통입니다. 지속이 안 되는 정도가 아니라 때로는 은혜를 경험하기 이전보다 더 깊은 수렁과 절망 속에서 헤어 나오지 못하는 경우도 많습니다.

나는 영성 집회를 인도하고 난 후 사람들이 새로운 주님의 풍성하심과 은총을 경험하고 누린 후에는 그 감격이 사라지기도 전에 거의 예외 없이 시험을 겪는 것을 오랜 경험을 통해서 확인하게 되었습니다.

그 이유는 무엇일까요? 왜 은혜의 경험 후에 그러한 시련이 오는 것일까요? 그리고 그러한 고통은 반드시 겪어야만 하는 것일까요? 어떤 이들은 그 은혜 후의 시련을 두려워하여 그냥 은혜의 세계에 들어가지 않고 평범한 그리스도인으로 살기를 원하기도 합니다. 마귀의 비위를 거슬리지 않고 영적 전쟁에 휩쓸려 들어가지 않고 조용히 살겠다고 하기도 합니다. 천국에서 큰 상급이나 면류관을 기대하지 않고 그저 먹여주고 재워만 주면 되니까 이 땅에서 갈등이나 어려움 없이 조용히 살게 해달라는 것이지요.

하지만 그들이 아무리 원해도 이 땅에 그런 평안은 없습니다.

아무리 마귀하고 타협하고, 마귀가 싫어하는 전도나 기도에 열심을 내지 않는다고 해도, 깊은 은혜의 세계에 들어가지 않아도, 그는 주기적으로 시험을 겪으며 땅 밑바닥에 떨어지게 되어 있습니다.

그 이유는 무엇일까요? 왜 우리는 주기적으로 넘어지게 되어 있는 것일까요? 그것은 우리가 이 땅에 살 동안 천국과 지옥이 비슷한 힘을 가지고 우리를 잡아당기기 때문입니다.

그러므로 어떤 이의 영이 현재 자신이 속해있는 영적 수준에서 어느 정도 상승하게 되면 그 올라간 높이만큼 지옥의 영들은 그를 힘껏 잡아당기게 되는 것입니다.

그 반대도 마찬가지입니다. 우리가 자신이 속한 영계보다 더 낮은 곳으로 떨어지게 되면 천국에서 우리를 열심히 끌어당기게 됩니다. 이것이 죄와 악함이 있는 곳에 치유와 은총이 전해지며 은혜가 있는 곳에 실족과 시험이 있는 이유입니다.

그렇기 때문에 사람은 영적으로 상승하다가도 어느 수준에서는 다시 하강을 시작하게 되며 또한 영적으로 떨어지다가도 어느 수준에서는 다시 올라가게 됩니다.

그렇게 계단형의 포물선을 그리면서 우리의 영혼은 성장해가게 됩니다. 그래서 한 순간에 어느 분량까지 이상은 떨어지지 못하게 되며 또한 갑자기 어느 수준 이상으로 성장하지 못하는 것입니다.

사람들은 흔히 생각하기를 영적으로 어느 정도 깊은 곳으로 성장하게 되면 더 이상 유혹 받지 않고 실족하지 않으며 주님의 음성도 분명하게 듣고 시험도 흔들림도 없는 상태로 들어간다고 생각합니다. 그러나 그것은 사실이 아닙니다.

우리가 이 땅에 살 동안에는 결코 완전한 확실함과 안정성은 보장되지 않습니다. 우리는 많은 은혜를 경험하지만 그에 비례해서 지옥의 영들의 공격과 미혹의 분량도 증가하며 아무리 영적으로 발전해도 주님은 그 자신을 우리에게 완전히 계시하지 않으십니다. 그렇게 넘어지지 않을 정도로 확실하고 온전한 단계가 있다면 그의 영은 더 이상 자랄 수 없습니다.

우리가 주님을 사모하고 추구할 때 주님은 우리를 보호하실 것입니다. 그러나 주님을 의지하지 않아도 되는 안정된 단계란 이 땅에는 없습니다.

천국과 지옥이 우리에게 항상 작용을 하는 것처럼 우리는 우리의 영적 수준이나 상태에 따라 천국과 지옥의 도구로 쓰이게 됩니다. 우리는 이 땅에서 좋은 상태에 있는 사람들을 어둠으로 떨어뜨리는 도구로 쓰여지든지 아니면 어둠 속에 있는 사람들을 빛으로 끌어올리는 도구로 쓰이게 되든지 하는 것입니다.

우리가 빛의 경험이 부족하고 빛으로 충만하지 않다면 우리는 사람들을 실족시키는 도구가 될 것입니다. 우리의 영적 상태가 나쁘다면 우리는 그만큼 어둠의 기운을 가지고 있기 때문에 우리가 원하든 원치 않든 우리는 어둠의 도구가 되는 것입니다.

한 예를 들어보겠습니다. 우리는 지금 기분이 좋지 않은 상태입니다. 주님이 나를 사랑하신다는 것을 머리로는 믿지만 심령에 별로 다가오지 않는 상태입니다.

그런데 내가 잘 알고 나보다 늦게 믿고 있는 사람이 기쁨이 충만합니다. 그리고 주님의 사랑과 은혜를 열심히 간증하고 그분의 은총을 마구 전하고 있습니다.

그럴 때 우리는 어떻게 될까요? 기분이 나빠질 수 있습니다.

그리고 왠지 그의 기쁨에 초를 치고 싶어집니다.

그리고 주님께 '왜 누구에게만 은혜를 베풀고 차별하십니까?' 그런 식으로 항의하고 싶은 마음이 드는 것입니다.

우리는 그에게 퉁명스러운 반응을 보일지도 모릅니다.

그에게 "너무 감정에 들떠 있는 것 아니야?' 하는 반응을 보일 수도 있겠지요.. 물론 그 말 자체는 옳지만 그 말을 하는 동기는 옳지 않습니다.

자, 이것이 무엇일까요? 우리의 영혼이 어둠 속에 있을 때 우리는 다른 사람들을 우리가 속해있는 어둠으로 같이 떨어뜨리기를 원하게 된다는 것입니다.

우리 교회의 영적 상태는 아주 메마르고 썰렁한데 우리 교회의 어느 성도가 어디에서 은혜를 받고 왔다고 합니다. 이런 경우 다른 성도들은 불쾌해질지도 모릅니다. 사역자라면 더 심해질 수 있습니다. 그래서 사역자들은 그들의 기쁨을 방해할 수도 있습니다. 그들이 더 이상 그러한 기쁨을 누리지 않기를 원하며 내가 지금 어두운 곳에 있다면 그들도 그러한 상태에 같이 있기를 원하게 되는 것입니다. 이것이 무엇일까요? 우리가 빛 가운데 있지 않을 때 우리는 좋든 싫든 어둠의 도구가 된다는 것입니다. 우리가 빛 되신 주님 자신보다 교회나 소속 단체에 더 애착을 가지고 있다면 그런 가능성은 더욱 높아집니다.

마음이 외로운 상태에 있는 사람은 즐거운 표정을 지으며 기뻐하는 사람들을 보면 마음이 더 외로워집니다. 크리스마스와 같은 날, 명절에 혼자 있는 이들은 그래서 외로움을 더 느끼는 것입니다. 애인이 없는 이들은 애인과 같이 즐거운 데이트를 하는 사람들을 보면 속이 상합니다. 마음이 슬픈 이들은 즐겁게 지내는 이들을 보면 화가 나고 더 슬퍼집니다. 어두움의 상태는 빛을 보면 속이 상하고 불편하게 느끼게 되는 것입니다.

억지로 술집에 끌려간 신자들에게 불신자들은 술을 마시게 하려고 무진 애를 씁니다. 그들은 왜 그렇게 할까요?
그것은 그들이 지옥과 어두움 속에 있기 때문입니다. 그들이 있는 어두움 속에 사람들을 떨어뜨리기 원하기 때문입니다.
그들 자신은 알지 못하지만 혼자서 지옥에 가는 것이 너무나 외롭기 때문에 그 길로 다른 이들을 이끌어들이고 싶어하는 것입니다. 자신이 어둠에 속한 사람들은 어찌하든지 그것을 전파하고 싶어합니다.
지옥은 끝없이 사람들을 그 어둠 속으로 끌어들입니다. 그리고 그 도구로 사람들을 사용합니다. 이용당하는 사람들은 자신이 지옥의 도구로 쓰이는 것을 알지 못하지만 빛을 모르는 사람은 영혼들을 지옥으로 인도하는 지옥의 도구가 될 수밖에 없습니다. 어두움에 속한 사람이 다른 이들에게 빛을 줄 수는 없는 것입니다.

이런 면에서 볼 때 신자와 불신자의 사랑이나 결혼은 어떨까요? 어떤 불신자가 있습니다. 물론 그는 지옥과 어둠에 속해 있습니다. 그가 어떤 신자를 사랑한다고 합시다. 그러면 그의 사랑은 어떻게 이루어질까요? 그는 최선을 다하여 그가 사랑하는 사람을 그가 속한 지옥계로 끌어당기는 것입니다.

그는 마음이 따뜻한 사람일지도 모릅니다. 그리고 그의 연인이나 배우자에게 진실한 애정을 가지고 있을 지도 모릅니다. 그리고 좋은 것을 주고 싶어합니다. 하지만 그의 바람과 상관없이 그는 그의 연인이나 배우자를 지옥의 어두움으로 끌어당길 것입니다. 그것은 그가 어두움의 왕국에 속해있기 때문입니다.

그리스도인은 그를 빛의 세계로 끌어당길 것입니다. 그가 좀 더 힘이 강하고 빛을 많이 가지고 있다면 그는 자기가 있는 곳으로 상대방을 강하게 끌어당길 것입니다. 두 사람은 서로 빛과 어두움의 전쟁을 하며 한 사람은 다른 사람 쪽으로 끌려갈 것입니다. 만약 어느 한쪽으로 통일되지 않는다면 그러한 만남이나 삶에는 끊임없는 전쟁이 계속될 것입니다.

그리스도인들의 모든 삶은 근본적으로 빛을 위한 것입니다. 그의 먹는 것, 입는 것, 일하는 것, 말하는 것은 모두가 주님과 빛과 천국을 위한 것입니다. 물론 명목상의 그리스도인 가운데는 빛과 주님의 경험이 없어서 실제적으로는 세상과 어두움의 영계 속에 거하고 있는 경우도 많이 있습니다. 그러한 이들은 실제적인 그리스도인이 아닙니다.

비그리스도인들은 근본적으로 지옥을 위해서 말하고 일하고 생각하고 사랑하는 사람들입니다. 그의 사랑도 선함도 의리도 정도.. 사실은 모두 지옥을 위해서 존재하는 것입니다. 그는 알지 못하겠지만 그의 모든 재능이나 선행, 지성, 감정, 열정들은 영혼들을 지옥으로 끌어들이는데 쓰이게 됩니다.

우리는 눈을 뜨면 뜰수록 현실 삶의 배후에 있는 영적인 치열한 전쟁을 인식하게 될 것입니다. 거기에는 휴전도 없습니다. 일분 일초.. 오직 주님을 바라보지 않는 순간 어둠의 영들은 움직이며 덤벼듭니다. 사람을 통하여 사람을 실족시키고 주님의 사랑과 천국에서 멀어지도록 온힘을 다하여 공격합니다.

당신이 진정 주님을 사랑하고 추구한다면 당신은 지옥을 대적하고 지옥의 어둠 속에 있는 영혼들을 당신이 속한 빛의 세계에 이끌려고 하게 될 것입니다.

당신이 그러한 상태에 있다면 어둠의 세력으로부터 공격을 받지 않으리라고 마음을 놓지 마십시오. 그들은 바보가 아닙니다. 그들은 누가 가장 방해가 되는 사람인지 아니면 별로 위협이 되지 않는 사람인지에 대해서 잘 압니다.

교회사를 보면 진정으로 주님을 사랑하고 따르는 사람들이 많은 핍박을 받으며 종교 지도자들에 의해서 비참한 죽임을 당한 것을 볼 수 있습니다. 그것은 결코 우연이 아니며 그 배후에는 어두움의 공격이 있는 것입니다.

사역자들이 빛의 실제와 영적 세계의 실제를 모르는 피상적인 그리스도인이라면 그들은 어둠의 세력들이 사용하는 도구가 될 수 있습니다.

교회 안에도 사람의 영광을 얻는 것이나 권세를 가지는 것, 세상을 사랑하는 마음이 가득하다면 그들은 악한 영들의 역사를 분별할 수 없으며 이길 수 없습니다. 순결하지 않은 교회는 영적 전투에 대하여 너무나 무기력하기 때문입니다.

기독교 역사를 보아도 많은 종들의 경우를 보아도 나의 경험으로 보아도 주님께 속한 사람을 많이 어둠 속으로 떨어뜨리고 고통스럽게 했던 이들은 결코 불신자들이 아니었습니다. 대부분은 자신이 주님을 사랑한다고 믿으며 주님을 향하여 열심이 있다고 믿던 이들이었습니다.

이들을 악한 사람으로 여길 수는 없습니다. 그러나 그들은 영적으로 어린 것입니다. 우리는 우리의 영이 주님의 빛으로 충만하지 않고 우리의 영과 우리의 삶 속에 어두움을 가지고 있을 때 얼마든지 어둠의 영들이 우리를 사용할 수 있다는 사실에 대하여 경고를 받아야 합니다.

이 땅에서 우리가 살고 있는 동안에 우리는 항상 영적 상승과 하강을 경험하게 됩니다. 은혜 후에는 시련과 공격이 찾아오며 넘어짐

후에는 위로와 은총이 찾아옵니다.
그러므로 우리는 실족을 두려워해서는 안 됩니다. 우리는 겸허한 마음으로 계속 은혜를 사모하며 나아가야 합니다. 그리하여 주의 은혜와 빛으로 우리를 가득 채워야 합니다. 그렇게 빛에 속한 사람이 되어야 합니다.
우리가 빛에 속한 사람이 될 때 우리는 빛의 통로가 될 것입니다. 그리하여 천국과 주님의 은총을 나누어주는 도구가 될 것입니다. 그러나 우리가 낮고 어두운 영역에 속하여 있다면 우리는 사람들에게 상처를 주며 실족시킬 것입니다. 그것은 아주 비참한 일입니다.

우리는 주님의 실제와 은혜에 더 가까이 나아가야 합니다. 우리는 주님의 사랑과 영광의 실상을 알아야 합니다.
바리새인들은 종교적 열심이 있었으나 그 실제를 가지지 못하자 자기의 세력을 잃지 않기 위해서 사람들을 빼앗기지 않기 위해서 주님을 죽였습니다. 그들은 그렇게 행하면서도 아무런 느낌이 없었습니다. 실제가 없다는 것은 그처럼 무서운 일입니다.
이 땅에 사는 동안 빛과 어두움의 영적 전쟁은 끝이 없습니다. 우리의 영은 때로는 상승하고 때로는 떨어집니다. 그러므로 올라간다고 느껴질 때 조심하고 넘어져 있다고 느낄 때 너무 낙심하지 마십시오. 지옥도 우리를 끌어당기지만 천국에서도 많은 능력과 은총이 우리를 둘러싸고 응원하고 있습니다.
오늘날 이 시대에 교회는 많고 신자들은 많으나 실제적인 천국과 주의 임재를 누리는 이들은 많지 않습니다. 어둠의 영들이 많이 역사하고 있어서 신자들의 영성이 많이 혼탁하고 둔감하고 어두우며 주님의 임재와 거룩한 영광에 잠긴 이들을 보기가 점점 어려워집니다.

그러나 보이지 않는 곳에 천국의 역사, 빛의 역사도 꾸준히 이루어지고 있는 것을 나는 믿습니다.

우리 모두는 그 빛의 영광으로 충만해져야 합니다. 우리 모두 주님의 영광과 빛으로 가득하여 그 영광의 세계를 공급하는 실제적인 도구가 되어야 합니다. 그리하여 천국이, 주님의 영광이 이 땅에 가득하게 임하기를 나는 간절하게 기도하고 사모합니다.

주님..
이 땅에
당신의 빛,
당신의 사람,
당신의 사역이
충만하고 또 넘치게 해 주십시오.
주의 풍성하신 자비와 은총을 나는 신뢰하며 찬양합니다.
할렐루야..
주의 이름으로
아멘.

20. 주님의 실제와 충만, 사역에 대하여

최근에 이 카페에 와서 여러 가지 다양한 경험을 하시는 분들이 많아지고 있습니다. 저는 메일이나 개인적인 고백을 통해서 간증을 많이 듣게 됩니다.

감격이 넘치는 그들의 고백을 듣고 있으면 마음이 즐거우면서도 또한 이들이 체험 자체에 몰두하게 되지 않을까 다소 걱정이 되기도 합니다. 체험 자체에만 몰입하다가 주님을 잃어버릴 수도 있으니까요.

나는 교회사역을 하면서 교회에서 체험이 많이 나타나게 되면 그로 인하여 문제가 생길 수 있음을 보았습니다. 각 사람의 영적 수준이나 상태에 따라서 체험의 차이가 있기 때문이었습니다.

사람의 기질은 다 다릅니다. 영적인 체험은 각 사람의 영적 발전 상태에 따라 다르게 나타나기도 하지만 또한 사람의 기질에 따라 다르게 나타나기도 합니다. 그런데 사람들은 쉽게 눈에 띄는 영적 체험을 선호하며 부러워하는 경향이 있습니다.

주님을 개인적으로 깊이 경험하는 영적 체험을 갈망하지만 잘 경험하지 못하는 사람들이 있습니다. 그것은 기질적인 면에서 기인하기도 합니다. 예를 들어 지나치게 이성적이며 생각이 많은 이들은 영이 활성화되기가 어렵습니다. 또한 그 사람의 안에 어두움에 속한 요소, 주님을 제한하는 요소가 있으면 주님은 그에게 임하시기가 어렵습니다. 그러므로 그러한 이들은 주님의 실제적인 임하심을 구하기 전에 자신을 돌아보고 자신의 안에 주님을 방해하는 것이 있는지를 살펴보고 반성하며 정화를 구해야 합니다.

그러나 주님을 잘 경험하지 못하는 이들은 자신을 돌아보는 것보다는 은혜의 경험을 하는 이들을 시기하고 사역자에게 분노하며 주님을 원망하는 것을 나는 많이 보았습니다.

그것은 몹시 안타까운 일이었습니다. 그러한 경향은 더욱 더 영적인 빈익빈 부익부 현상을 일으키기 때문입니다. 그렇게 되면 풍성한 이들은 더욱 더 풍성해지지만 어두움 속에 있는 이들은 더욱 더 어둡고 비참해집니다. 주님께서 말씀하신 것처럼 없는 자는 그 있는 것까지 빼앗긴다는 말씀과 같았습니다.

"무릇 있는 자는 받아 풍족하게 되고 없는 자는 그 있는 것까지 빼앗기리라"
(마25:29)

마음 속에 어두움이 있을 때 주님이 임하실 수 없다는 것은 영계의 한 법칙입니다. 빛과 어두움은 영의 세계에서 서로 공존할 수 없습니다. 그것은 서로 성질이 다르기 때문입니다. 그러므로 주님을 얻기 원하는 자들은 어두움에서 나와야합니다. 그리고 마음 속의 어두움을 버려야 합니다. 그래야 만이 주님의 빛이 올 수 있습니다.

분노와 판단, 열등감, 좌절, 원망.. 마음 속에 이러한 어둠의 기운을 가지고 있을 때 영적 체험을 추구하는 것은 위험한 일입니다. 왜냐하면 그가 가지고 있는 성질과 비슷한 영들이 그에게 가까이 다가오기 때문입니다.

먼저 그러한 악함을 버리고 회개하지 않으면 그는 구하면 구할수록 오히려 더 비참해지고 악한 영들에게 눌릴 수 있습니다. 그러므로 잘못된 동기로 은혜를 구하며 욕심으로 구하고 시기를 가진 채 은혜를 구하면 그 영의 상태가 더 비참해질 수 있는 것입니다.

어떤 이들은 성경 말씀을 많이 이해하고 암기하고 있으면 그것이 좋은 상태라고 생각합니다. 그러나 더 중요한 것은 그 말씀이 자기 안에서 실제로 이루어지고 체험되어 변화와 승리와 능력의 역사를 이루었느냐 하는 것입니다.

말씀을 많이 알고 가르치기도 잘 하지만 마음이 편협하고 일방적이며 부정적이고 어두우며 냉정한 이들도 많이 있습니다. 그것은 그들이 말씀을 이론적으로만 접하고 말씀의 영을 실제로 먹고 경험하지 않았기 때문입니다.

그래서 그들의 영은 말씀의 빛이 주는 생명과 풍성함을 알지 못하며 아직도 영적으로 어두운 상태에 있기 때문에 그들의 주변에는 아직도 어두운 영들이 둘러싸고 있어서 생각과 감정을 자극하여 괴롭힙니다. 그러므로 그러한 이들은 실제적인 하나님의 나라의 자유와 행복을 잘 모르고 여전히 묶여있습니다. 그래서 그들은 삶과 인격에서 자유와 능력과 변화를 누리지 못하고 있는 것입니다.

그러므로 우리는 말씀을 복잡하게 이해하는 것보다 쉽고 단순하게 먹고 마시며 체험하는 것이 필요합니다. 아주 간단한 말씀이라도 우리가 그것을 실제로 경험하고 먹게 되면 우리 자신에게 엄청난 역사를 일으키게 됩니다.

체험 자체를 우상시하고 거기에 지나치게 몰두하지만 않는다면 체험은 유익합니다. 그것은 주님의 살아 계심과 실상을 누리게 해줍니다.
지적인 사람들은 지식 자체를 추구하기 때문에 한 두 개의 지식으로 만족하지 않고 계속 새로운 것과 새로운 깨달음을 구합니다. 그래서 그들은 많은 것들을 알고 있지만 실제적으로 누리고 경험하는 것들은 많지 않습니다. 그러나 단순한 사람들은 한두 가지를 배우면 그것을 꾸준하게 적용하고 훈련해서 실제적인 것들을 많이 누리고 경험하게 됩니다.

호흡기도 하나만을 훈련하더라도 그것은 우리의 영혼에 무한한 복을 줍니다.
우리는 단순히 주님을 호흡하고 마시는 것으로 가슴이 벅차 오르는 것을 느끼게 됩니다. 우리의 심령에 주님의 감격이 벅차 오르기 때문에 우리는 죄악이나 세상의 여러 가지 즐거운 것들에게 별로 유혹을 받지 않게 됩니다.
그렇게 단순한 한 가지의 기도를 통해서도 우리는 주님의 실상이 얼마나 놀랍고 아름다운 것인지 알게 됩니다.

아이들이 잘못을 저지르고 그래서 화가 날 때 그저 조용히 숨을 통하여 주님을 들여 마셔 보십시오. 우리는 곧 우리의 내부에서 아름다운 움직임이 일어나는 것을 느끼게 됩니다. 그렇게 조용히 주님을 부르고 마시기만 해도 조금 전까지 속상하던 마음이 사라지고 아이들이 사랑스럽게 보여 잘 대해주게 됩니다.

호흡기도를 하는 초기에는 주님의 영이 임하면서 속의 나쁜 기운이 드러나기 때문에 구토와 가래, 침, 하품, 구역질.. 등이 많이 나오기도 하지만 계속 꾸준히 반복하여 기도할 때 나중에는 그런 것들이 차츰 사라집니다. 그리고 주님의 말로 표현하기조차 힘든 향기로움과 달콤한 사랑이 가슴에 채워지는 것을 느끼게 됩니다. 그 후에는 자신의 언어가 자신이 듣기에도 향기롭고 아름답게 들려지고 자연스럽게 흘러나오는 것을 느끼게 됩니다.

호흡기도가 더 발전되면 뇌가 열리는 것 같은 경험도 하게 됩니다. 그러한 과정에서 영적 세계에 대한 이해와 체험이 깊어지기도 합니다. 영적 세계를 보거나 빛이나 여러 현상을 보기도 하고 느끼기도 합니다. 그러한 경험을 하는 초기에는 많은 통증과 악몽에 시달리기도 하기 때문에 선배의 지도 없이 혼자서 가는 것이 조금 위험한 면도 있습니다. 어지러운 현상, 머리가 묵직한 느낌, 또는 시원한 느낌이 자주 나타나기도 하고 마치 이마가 터지는 것 같은 팽창감을 느끼기도 하고 큰 바위가 머리를 짓누르는 것 같은 느낌을 받기도 합니다.

그러한 경험들은 내적인 감각이 열리는 과정에서 나타나는 것으로 영적 감각이 예민해질수록 사람들의 상태를 분별하는 데 도움이 되고 사람들이 멀리 있어도 그의 영의 상태를 알 수 있기 때문에 사람들을 돕는데 유익할 수 있습니다.

호흡기도나 부르짖는 기도, 대적 기도, 그리고 각종 영성 훈련과 집회를 통하여 우리는 다양한 영적 경험을 하게 됩니다. 신체에 임하는 기름 부으심을 경험하기도 하고 뇌에 빛이 임하고 뇌가 열리는 경험을 하게 되기도 하며 심령에 강력한 은총과 기름 부으심을 경험하기도 합니다. 몸에는 권능이 임하고 뇌에는 빛이 임하며 심령에는 깊은 달콤함과 사랑의 영이 임하기도 합니다.

그러한 경험들은 우리를 충만하게 합니다. 그것은 우리에게 주님의 은총이 입력되는 것과 같습니다. 뇌에 들어오는 빛의 경험과 코로 마시는 생명의 기운도 입력에 대한 것입니다.

우리는 그렇게 입력된 것을 바깥으로 내보낼 수 있습니다. 그러한 출력 기관이 입입니다. 우리가 입으로 말을 할 때 입에서 기운이 흘러나옵니다. 그러므로 말은 출력과 같은 것입니다.

설교와 찬양과 같이 입으로 영을 표현할 때 그 사람의 영적 기운이 출력됩니다. 또한 손으로도 영적 기운이 출력될 수 있습니다. 치유 사역을 할 때는 손에서 영적 기운이 나오는 것입니다.

중요한 것은 입력과 출력의 관계입니다. 우리는 주님의 영과 능력으로 충만될 때 그것을 출력할 수 있습니다. 그러므로 입력이 부족하면 출력을 할 때에 능력이 나타나지 않습니다. 그렇기 때문에 우리는 주님의 일을 하기 전에 먼저 주의 영으로, 주님의 능력으로 충만하게 입력되어야 합니다. 그것이 영적 충만입니다. 그리고 그것이 바로 사역에 있어서의 중요한 원리입니다.

모든 그리스도인들이 주님을 그의 안에 모시고 있습니다. 그러나 모든 그리스도인들이 주님의 영으로 충만한 것은 아닙니다.
그러므로 그렇게 충만하지 않은 이들은 주님의 사람인 것은 분명하지만 그가 모시고 있는 주님의 구원과 빛의 역사가 다른 사람들에게까지 흘러나가거나 영향을 주지는 못합니다. 그러므로 사람들은 충만의 분량, 흘러 넘침의 분량만큼 사역을 할 수 있는 것입니다.
목회사역이든 어떤 사역이든 집회에서든 교제에서든 이 주님으로 가득한 흘러 넘침이 있어야 합니다. 그것이 천국이며 풍성함입니다. 그러나 현실에서는 충만함이 부족한 고갈된 이들이 많은 사역을 하고 있습니다. 교회에서도 그러한 이들에게 일을 맡깁니다. 그래서 사역은 부담이 되고 집회는 지루하고 고통스러우며 성도들은 예배의 감격과 기도의 영광 속에 들어가지 못하고 그 영혼이 시름시름 앓고 병드는 것입니다.

잔의 눈금이 100까지 되어있는데 어떤 이가 50정도로 채워져 있다고 합시다. 그는 사역하는 것이 싫고 부담스러울 것입니다. 사람을 만나는 것도 부담이 되고 말씀을 전하고 기도를 해도 그 심령이 후련하지 않을 것입니다.
그런데 그러한 상태로 억지로 사역을 하게 되어 10의 에너지가 바깥에 나가버렸습니다. 그러면 그는 어떤 상태가 될까요?

그가 새로 충전하지 않는 한 그는 40이 됩니다. 그는 의욕이 떨어지고 더 탈진 상태가 됩니다. 심하면 모든 것이 귀찮아지고 사는 것도 피곤해집니다. 갑자기 인생은 너무 허무한 것이라는 생각이 떠오릅니다. 자기는 더럽고 위선자라고 생각합니다.

이것이 무엇일까요? 바로 영적 배터리가 떨어진 상태입니다.

이렇게 영적으로 에너지가 떨어진 상태에서도 막상 기도하고 찬양을 하는 가운데 힘을 얻는 경우도 있습니다. 그러나 그것도 어느 정도의 영적 힘이 있어야 가능합니다. 완전히 영이 떨어진 상태에서는 그러한 회복도 기대하기 어렵습니다.

자, 이것과 반대가 되는 상황을 생각해보십시오.

어떤 사람의 영적인 잔의 눈금이 50 상태에 있었을 때 누군가 이 사람을 찾아왔습니다. 그리고 그를 격려해주고 위로하며 기도해주고 그의 충만함을 나누어주어서 이 사람의 영적 에너지가 증가되었습니다. 그래서 그의 눈금이 80이 되었습니다.

그는 어떻게 되었을까요? 그에게 희망이 생겼습니다.

그러다가 90이 되었습니다. 그에게 기쁨과 즐거움이 일어나기 시작했습니다. 그가 100이 되었습니다. 그는 주님을 너무나 사랑한다고 고백합니다. 그는 이제 120이 되었습니다. 100이면 다 가득 차는 눈금인데 120이 되었으니 잔이 넘치게 된 것입니다. 그는 어떻게 되었을까요? 그는 가만히 앉아있을 수가 없어서 전도하고 격려하기 위해서 밖으로 나가게 됩니다.

바로 이런 것이 사역의 원리입니다. 즉 배터리가 부족한 사람은 채워져야 하고 넘치는 사람은 움직이고 일해야 합니다. 그래서 그의 영적 풍성함을 나눠주어야 합니다. 충만한 사람이 움직이지 않으면 영적 비만이 되어 문제가 생깁니다. 또한 에너지가 부족한 사람이 움직이고 일을 한다면 거기에는 열매도 없이 탈진을 일으킬 뿐입니다.

바다에서 배가 난파해서 오랫동안 떠돌고 있습니다. 사람들은 먹을 것이 없어서 오랫동안 굶고 있습니다. 음식을 공급받지 못하고 굶고 있을 때는 몸에 축적되어 있는 지방분이 그들의 에너지가 됩니다.
사람은 음식을 먹고 그 에너지로 충전되어서 활동하여야 하는데 음식을 먹지 못하는 상황에서는 자신의 생명을 깎아먹으며 살아가게 되는 것입니다. 물론 그러한 상황이 언제까지나 계속되지는 못할 것입니다. 그렇게 자신의 생명을 깎아 먹으면서 버티는 것은 한계가 있으며 계속하여 음식을 먹지 못할 때 그는 언젠가 죽게 될 것입니다. 아무튼 음식을 공급받지 못하고 평소에 축적된 에너지로 간신히 버티어 나간다는 것은 비참한 일이 아닐 수 없습니다.

발성기도나 호흡기도, 주님의 임재와 기름 부으심을 통하여 실제적으로 주님의 영으로 충전되는 것을 알지 못하고 사역을 하는 이들은 그처럼 자신의 생명을 깎아먹으면서 사역하고 있는 것과 같습니다. 그들은 자신의 안에 가득한 넘치는 생명을 나누고 공급하는 것이 아니라 간신히 버텨나가는 것뿐이며 세월이 흐를수록 한계에 이르게 되고 나중에는 심각한 탈진 상태에 이르게 되는 것입니다.

영의 흐름과 충만과 충전에 대하여 잘 모르고 의지적 노력과 지적 훈련에만 몰두하는 이들은 나중에는 거의 회복하기 어려울 정도로 탈진하게 됩니다. 탈진이 오기 시작할 때 이들은 다른 방법을 찾게 됩니다. 그러나 근원적인 원리를 이해하고 경험하지 못한다면 그들은 어떠한 방법으로도 해결될 수 없는 상태에까지 이르게 됩니다.

잔에 가득하여 흘러내리는 거품을 보십시오. 그것은 사람들에게 마시고 싶은 충동을 일으킬 정도로 멋지게 보입니다. 그것은 충만한 것이며 흘러 넘치는 것입니다. 그처럼 주님의 체험과 충만과 흘러나옴은 사람들에게 어떤 영향을 줍니다.

호흡기도로 주님의 영을 많이 마실 때 우리는 몸에 묵직한 느낌, 전기와 같은 현상, 전율.. 등을 많이 경험하게 됩니다. 그리고 점차 우리 안에 무엇인가가 가득 차는 느낌을 얻게 됩니다.

그러한 상태에서 우리가 사람들에게 어떤 말을 할 때에 우리는 우리의 언어가 상대방에게 흘러 들어가는 것을 느낄 수 있습니다. 우리는 부드럽게 말하더라도 상대방이 우리의 말에 영향을 받는 것을 알 수 있습니다. 그것은 우리의 속에 있는 영적 기운이 흘러나와서 상대방에게 들어가는 것입니다.

사역자가 이러한 충만함과 흐름을 경험한 후에 설교를 하면 그 설교를 듣는 이들은 어떤 능력이나 감동이 그들을 접촉하는 것을 느끼게 됩니다. 사역자가 아주 쉽고 평범한 말을 해도 사람들은 그 말씀이 강력하게 자신에게 역사하는 것을 느끼는 것입니다.

기도를 하다가 충전을 경험하는 사람들 중에 손에 짜릿하게 전기가 오는 것을 느끼는 사람들이 있습니다. 그러한 이들은 아픈 사람에게 안수를 해보면 상대방이 낫거나 호전되는 것을 많이 경험하게 됩니다. 그것은 그의 손을 통해서 영적 기운이 넘쳐서 흘러가기 때문입니다.
어린 아이들이 열이 나거나 아플 때 아이의 어머니가 그러한 영의 흐름을 조금 경험했다면 그녀는 무조건 병원을 찾기 전에 먼저 믿음을 가지고 사랑의 마음으로 조용히 아이의 아픈 곳에 손을 얹을 때 그것이 효과를 발휘하는 것을 느끼게 될 것입니다.

사역이란 목회자만이 하는 것이 아닙니다. 사역자라고 하더라도 그가 영의 충만함을 경험하지 못하고 영의 흐름을 누리지 못한다면 그는 사람들에게 도덕적인 권면을 하고 요구를 할 수는 있지만 실제적으로 사람들에게 자유와 능력과 힘을 줄 수 없습니다. 그는 사람들의 동의를 얻을 수 있고 설득할 수 있지만 상대방들의 영적인 묶임을 풀어줄 수 없습니다. 영적 감동과 생명을 공급할 수 없습니다. 그것은 피상적인 사역에 그칠 뿐입니다.
그러나 어떤 평신도라도, 초신자라도 그가 주님의 풍성함과 영의 충만함과 흘러나옴을 경험하게 되면 그는 자신이 의식을 하든 못 하든 사역을 하게 됩니다. 그가 움직이는 것, 말하고 행동하는 그 모든 것이 사람들에게 영적인 영향을 주기 때문입니다. 그가 아주 충만한 사람이라면 그의 지식이 별로 많지 않아도 그가 조용히 있기만 해도 그의 주위에서는 악한 영들이 소멸되고 주님을 믿고 사모하는 열망들이 일어나게 될 것입니다. 그것이 충만함과 흘러나옴의 효과입니다.

우리는 언젠가 때가 되어 주님의 나라에 갔을 때 사역의 결과에 대하여 우리의 예상과 전혀 다른 주님의 평가를 받게 될지도 모릅니다. 우리는 주님께 이렇게 말합니다.
"주님. 저는 평생 주님의 복음을 위해서 일했습니다."
주님은 이렇게 대답하실 지도 모릅니다.
"정말이냐? 나는 너를 통해서 거의 움직이지 않았단다."
어떤 평범한 평신도가 말합니다.
"주님. 죄송합니다. 저는 평생 주님을 별로 증거하지 못했습니다.."
주님은 이렇게 대답하실 지도 모릅니다.
"나의 종아. 너를 통해서 많은 사람들의 영혼이 고양되고 나를 사랑하게 되었는데 네가 그것을 모른단 말이냐? 네가 가는 곳마다 나에 대한 사모함이 일어나고 어둠의 영들이 물러갔는데 네가 그것을 알지 못한다는 말이냐?"

누가 과연 충만한 주님의 사역자이며 도구가 되는지는 오직 주님만이 아실 것입니다. 다만 우리는 외형적이고 부분적인 사역에 그치지 말고 우리의 전 인격이 주님을 충만하게 경험하여 우리의 모든 삶에서 주님의 능력과 역사가 나타나는 것을 사모해야 합니다. 어떤 이들은 설교할 때만 충만합니다. 기도할 때만 충만합니다. 그러므로 그들은 부분적으로 일하고 부분적으로 사역합니다. 그들이 기도하지 않고 설교하지 않을 때 주의 영광은 그들을 통해서 나타나지 않을 것입니다.

그러나 우리의 영혼이 전적으로 주님으로 충만케 될 때 우리는 삶의 모든 부분이 바로 사역이 될 것입니다. 단순히 우리가 물을 마시기만 해도 그것은 사람들에게 주님의 풍성하심을 보여주게 될 것입니다.

우리는 주님을 경험하여야 합니다. 아주 충만하게 주님을 경험하고 주님의 영으로 충만해야 합니다. 그리고 그 영이 우리 안에서 갇혀있지 않고 자유롭게 흘러나올 수 있도록 해야합니다.
사역은 충만입니다.
충만의 결과는 사역입니다.
주님의 체험, 그 충만함이 흘러나올 때
우리는 주님의 부흥을 보게 될 것입니다.
신학교를 나왔느냐 아니냐는 별로 중요하지 않습니다.
오직 우리는 주님의 사람이 되어야 합니다.
주님이 자유롭게 사용하실 수 있도록
주님의 충만하심이 우리 안에 거해야 합니다.
그러한 충만함이 우리 안에 거하고 흘러나올 때 우리는 이 땅에서 천국의 확장, 그 영광의 풍성함을 보게 될 것입니다.

21. 우리가 접촉하는 영계

사람은 영적인 존재입니다. 사람의 본질은 영혼이며 몸은 영혼이 입는 옷으로 영혼의 표현일 뿐입니다.
사람들은 영계가 우리가 사는 물질 세계와 아주 멀리 떨어져 있는 줄로 알고 있지만 물질계와 영계는 동전의 양면과 같으며 우리는 날마다 영의 세계와 접촉하고 있습니다.
우리는 몸을 통하여 물질계와 접촉하는 것처럼 의식을 통하여 영의 세계와 접촉합니다.
어떤 사람이 속한 영계를 알고 싶으면 그 사람이 평소에 하는 주된 생각이 무엇인가를 보면 됩니다.
음란한 사람은 음란한 영계에 속하여 있어서 날마다 음란한 생각이 떠오르게 됩니다. 억울한 사람은 억울한 영계에 속해 있어서 모든 것이 억울합니다. 분노의 사람은 분노의 영계에 속해있기 때문에 사소한 것에 대하여 분노하며 항상 그 심령 속에 분노의 기운이 움직입니다.
그것은 그 사람이 그러한 환경을 만났기 때문에 그렇게 분노하거나 억울해하거나 하는 것이 아니라 그 사람이 그러한 영계에 속했기 때문에 분노하고 억울해하고 하는 것입니다. 그들은 어디에 가서도 어떤 상황을 만나게 되어도 분노하고 억울해하게 됩니다.

그러므로 우리가 사람을 만날 때 우리는 하나의 영계를 만나는 것입니다. 그 사람이 속한 영계, 즉 분노의 세계, 또는 거룩함의 세계, 아름다움의 세계, 더러움의 세계를 만나게 됩니다.

육체를 가지고 살아있을 때 우리는 다른 차원의 영계에 속한 이를 만날 수 있으나 사후에는 만날 수가 없습니다. 나사로와 부자는 같은 곳에서 살았지만 그들은 사후에 같이 있을 수 없었던 것입니다. 그러나 우리는 육체를 가지고 살아있는 동안에도 본질적으로 영의 감각을 가지고 있기 때문에 우리와 다른 영적 속성을 가지고 다른 영계에 속한 이를 만나면 불편해집니다. 서로 다른 영들은 서로에 대하여 불편함을 느끼게 되는 것입니다.
예를 들어 악성과 혈기를 가지고 악의 영계에서 에너지를 많이 받고 있는 사람이 거룩하고 사랑하며 아름다움 속에 거하고 있는 이를 보게 되면 화가 치밀고 꼴이 보기 싫어집니다.
또한 주님을 사랑하고 추구하는 이가 서로 미워하고 험담하는 사람들의 모습을 보면 그 영이 몹시 고통을 느끼게 됩니다. 그것은 롯이 소돔과 고모라에서 고통을 느끼던 것과 같습니다. 그러한 이들은 그들과 비슷한 사람들, 사랑과 아름다움을 추구하는 이들의 곁에 있으면 감동과 기쁨과 만족을 느끼게 됩니다.

오늘날 많은 그리스도인들은 천국과 지옥에 대하여 매우 피상적인 이해를 가지고 있습니다. 그래서 자신의 마음 속에 지옥의 에너지들이 침투하여 교만과 미움과 우울함과 두려움 등이 자리를 잡고 있어도 그것을 대단하게 여기지 않으며 자신은 여전히 천국에 속해있다고 생각합니다.

그것은 주님을 피상적으로 알며 영계에 대하여 복음에 대하여 피상적인 관념만을 가지고 있기 때문입니다. 주님은 천국이 너희 마음 속에 있다고 하셨습니다. 그 말씀과 같이 우리 마음에 실제적으로 천국이 임했을 때 그것은 우리 마음의 상태를 천국적인 것으로 바꾸어주는 것입니다. 천국에 속한 것은 사랑과 희락과 평안이며 미움과 분노와 두려움은 천국에서 오는 것이 아닙니다. 그것은 지옥에서 오는 것입니다.

물론 잠시 그러한 감정이나 생각에 빠졌다고 해서 그의 구원이 순식간에 소멸되는 것은 아닙니다. 그러나 지속적으로 그가 그러한 마음을 가지고 있을 때 그는 천국에서 점점 더 멀어지게 됩니다. 항상 불평하고 남을 미워하며 자주 분노하고 근심하면서 자신이 천국에 속하여 있다고 생각한다면 그 사람은 실제적인 영계에 대해서 잘 모르고 있는 것입니다.

영의 통로는 의식입니다. 의식을 통하여 우리는 영계와 접촉하고 영계의 에너지를 받으며 영들이 우리에게 오게 됩니다.

의식이 형성되는 일반적인 통로는 눈으로 보고 귀로 듣는 것입니다. 그것이 생각을 자극하고 일으키게 됩니다. 그러므로 우리는 보고 듣는 것, 생각하는 것을 얼마나 조심해야 하는지 모릅니다.

사람들은 텔레비전이나 영화, 비디오를 볼 때 그것이 자신의 영혼에 미치는 영향에 대하여 별로 신경 쓰지 않습니다. 멍청하게 아무 생각 없이 그것들을 쳐다보고 있을 때 어둠의 영들이 자신에게 들어올 수 있으며 자신을 지배하고 영적인 생명을 죽이고 영적 에너지를 빼앗아 가는 것에 대하여 아주 무지하고 관대합니다.

우리가 어떤 좋지 않은 영화, 예를 들어 괴물이 나오는 괴기 영화를 본다고 합시다. 그것은 단순히 우리의 눈이 그것을 보고 잠시 놀라다가 즐거워하다가 끝나면 사라져버리는 그러한 오락으로 그치는 것이 아닙니다.

그것은 우리의 영혼이 그 괴물이 속한 지옥으로 내려가서 그의 에너지와 기운을 접촉하는 것입니다.

사람들은 영화나 소설은 허구에 지나지 않은 것이므로 상관이 없다고 생각합니다. 그러나 그것은 알지 못하고 있는 것입니다.

영의 세계에는 허구가 없습니다.

생각하고 느끼는 것은 바로 실체입니다. 그 생각과 느낌과 관련된 영들이 가까이 오는 것입니다. 얼마나 가까이 오는가 하는 것은 그 생각이나 느낌이 얼마나 생생한가에 달려 있습니다.

영화 제작자가 어떤 괴물에 대한 착상을 한다는 것.. 그것은 단순한 상상이 아닙니다. 그러한 아이디어는 그 제작자가 창조한 것이 아닙니다. 그것은 지옥의 영계에서 귀신들이 그러한 영감을 작가에게 주고 작가가 그것을 받아들였기 때문에 가능한 것입니다.

사람은 창조주가 아닙니다. 사람은 어떤 생각도 스스로 창조할 수 없습니다. 사람은 단지 영계에서 오는 것을 수신할 뿐입니다. 그러므로 모든 사람은 자기가 좋아하는 관념과 영을 선택하고 받아들여서 자기의 영역을 확정짓고 영원한 운명을 만들게 됩니다.
오, 나는 사람들의 영적인 시각이 뜨여지기를 기대합니다. 연속극이든 무엇이든 그 모든 창작은 영계에서 오는 것입니다. 노래든 드라마든 인기가 높은 것은 그것이 속한 영계에서 오는 능력과 기름부음이 많기 때문입니다.

물론 그러한 기름부음은 빛의 기름부음이 아닙니다. 빛의 세계, 천계에서 오는 아름다운 감동과 아이디어도 있지만 어두움의 세계, 지옥계에서 오는 악하고 더러운 아이디어도 많이 있습니다. 그러한 것들을 사람들이 받아들이고 실제화 시킬 때 실제적인 지옥의 영역이 이 세상에서 확장되는 것입니다.
영화인들은 흔히 영화를 제작할 때 전 배우와 스탭들이 모여서 고사를 지내곤 하는데 그것은 단순한 형식적인, 장난 같은 관례가 아니고 그 영화에 악령들의 힘과 기름부음이 임하기를 기원하는 것이며 실제로 그것은 악한 영들이 임하는 통로가 되는 것입니다.

폭력 영화나 드라마는 지옥에서 오는 것입니다. 그리고 그러한 것에 접할 때 우리의 영혼은 그 악이 속한 지옥의 영계에 내려갑니다. 그리고 거기에서 우리의 영혼은 엄청난 고통을 겪습니다.
왜냐하면 우리 영혼은 주님을 사랑하고 예배하며 교제하기 위하여 지음 받은 것이지 지옥에 거하기 위하여 지음 받은 것은 아니기 때문입니다.
오늘날 신실한 많은 그리스도인들이 세상의 문화의 배후에 거하는 악령의 존재를 잘 알지 못합니다. 폭력과 음란과 분노와 거짓과 탐욕의 영과 기운으로 가득한 영화나 드라마나 책이나 사상을 접하면서 그것은 단지 문화일 뿐이라고 생각합니다. 하지만 그것은 그리 단순한 문제가 아닙니다.

영이 예민하고 얇은 사람은 그러한 세상의 영들과 접하는 즉시 고통을 느끼게 됩니다. 영이 두껍고 무딘 사람들은 그러한 접촉을 통하여 더럽고 악한 영들이 자기 안에 들어와도 잘 못 느낍니다.

그러나 느끼지 못하는 것일 뿐 그 영들이 침투하지 않는 것은 아닙니다. 그것은 그의 영 안에 쌓이고 있습니다.

독약을 먹은 사람이 그것에 대한 느낌이 없을 지라도 독약은 그의 안에서 움직입니다. 그러한 악한 기운이 들어왔을 때 그의 영혼은 점점 더 마비되고 둔탁해지며 혼미함과 어두움으로 가득해지고 점점 더 주님과 천국과 멀어지게 됩니다.

그러한 이들은 텔레비전의 좋지 않은 프로그램을 시청하고 있거나 노래방과 같은 곳에 갔을 때 즐거운 느낌을 가질 지도 모릅니다. 그러나 그들이 그런 상태로 교회에 가서 예배에 참석하여 기도를 하고 찬양을 하려고 하면 입이 열리지 않는 것을 느끼게 될 것입니다. 소리를 내는 것이 몹시 힘들고 답답하며 기도를 해도 기쁨이나 감동을 느낄 수 없을 것입니다.

그것은 그의 안에 들어온 악한 영들 때문입니다. 이러한 상태에 있는 이들은 주님의 능력이 그들에게 임할 때 속에서 미식거리며 구토와 발작이 일어나게 되는 데 그것은 그의 속에 있는 악한 기운이 바깥으로 빠져나가는 과정에서 일어나는 것입니다.

세상이나 문화의 접촉뿐 아니라 사람들의 만남도 곧 영의 접촉이며 영계의 접촉입니다.
사람들이 만나는 것은 서로의 영들이, 영계가 충돌하는 것입니다. 그들이 만나서 대화를 나눌 때 이를 통해서 그 사람의 속에 있는 영의 기운이 나옵니다. 그러므로 주님을 추구하며 사모하는 사람이 주님의 은총과 그의 영광에 대하여 이야기할 때 그 영의 흐름이 실제로 그 공간에 임하게 됩니다.
주님을 기쁘시게 하는 이야기를 하고 사랑을 고백할 때 주의 영이 임하게 됩니다. 천사들이 오며 그 영들은 사람들의 머리 위에서 노래하고 기뻐하며 천국의 은총과 에너지를 부어줍니다. 그러므로 주님을 사모하며 추구하는 이들의 영적 교제에는 주님의 빛과 천국의 은총이 가득하게 임하는 것입니다.
어떤 영혼이 순결한 마음으로 주님을 높이고 그의 은총에 대한 감사와 찬양을 고백한다면 그 입에서는 아름다운 영의 기운이 흘러나오며 주변에는 영의 권능과 흐름이 강하게 나타나게 됩니다.
그러나 그의 고백이 입술 뿐이요, 중심에서 우러나는 것이 아니라면 거기에는 실제적인 영의 흘러나옴이 없습니다. 그러므로 언어와 함께 중심의 간절함과 순결함이 바로 능력인 것입니다.

책을 접할 때도 우리는 영계를 접촉합니다.

영계에서 영감과 에너지를 받아서 기록한 책에는 그러한 에너지가 흘러나오게 되며 그 책과 접하는 영혼을 빛의 영계로 이끌어갑니다. 그러나 실제로 빛의 영계와 교통하지 않은 상태에서 오는 책에서는 실제적인 영의 흐름이 나오지 않기 때문에 그것은 단순한 지식의 전달에 그치게 됩니다. 또한 저자가 묶여 있는 어떤 부분들이 책을 통해서 흘러나올 수도 있습니다.

지식에는 영의 흐름이 없습니다. 지성은 잘 흘러가지 않습니다. 그러나 정서와 느낌에는 흐름이 있으며 경험에도 흐름이 있습니다. 그러므로 책을 읽을 때 저자가 전달하는 지식은 별로 흘러가지 않으며 저자의 영적 수준이나 상태, 저자의 경험은 흐르게 됩니다. 그것은 독자에게 영향을 미칩니다.

그러므로 많은 책들을 읽는 것은 어떤 면에서 위험합니다. 어떤 이들은 아무 책이나 많이 읽으라고 다독을 좋아하며 권면하기도 합니다. 그러나 나는 책을 보면서 그 저자가 속한 영계를 분별할 수준이 되지 않는 그리스도인들에게는 별로 다독을 권하고 싶지 않습니다. 오늘날 지적으로 훌륭하고 예리하지만 영의 수준과 상태는 아주 어두워서 그러한 책을 접할 때 독자들의 영혼도 어두운 곳으로 떨어지게 하는 저서들이 아주 많기 때문입니다.

분별하지 못하고 다독을 하는 사람의 영혼은 그야말로 짬뽕이 되어서 혼미해지고 영은 무거워져서 영적 자유와 풍성함을 누리는 것이 어렵습니다.

단순히 지식만을 얻기 위한 독서라면 상관이 없을 것입니다. 그러나 그리스도인들이 주님을 얻기 위해서, 은혜를 얻기 위해서 독서를 하는 것이라면 그에게는 조심스러운 독서법이 필요합니다. 함부로 책을 읽는 것은 영혼을 혼란스럽게 할 수도 있습니다.

영적인 유익을 얻기 위한 아주 쉽고 단순한 독서법은 고전이나 신앙 위인전을 읽는 것입니다. 고전은 오랜 세월동안 많은 이들에게 영감과 영적 에너지를 주었던 것이며 입증된 것입니다. 그것은 지금 반짝하고 잠시 인기를 얻는 책들과 다릅니다. 어떤 것이 진정한 고전이 되는 가는 시간이 결정할 것입니다. 또한 일생동안 주님과 동행하고 주님의 실제를 경험한 사람의 글을 읽는 것은 영적 유익이 아주 큽니다.

그 저자가 주님을 얼마큼 경험했는가 그것은 독서의 중요한 기준이 되어야 합니다.

나는 썬다싱이나 하이드와 같은 분들의 책, 로렌스 형제나 여러 신앙 위인들의 고전을 읽는 것을 좋아합니다. 그러한 글들에는 충만한 영감이 있으며 반복하여 읽을 때마다 신선한 영적 에너지로 채워지는 것을 느끼게 됩니다. 그러한 신앙의 선배들이 일생동안 씨름하고 간절하게 투쟁하여 주님 곁으로 가까이 나아가서 얻은 영적인 능력과 깨달음을 책을 읽는 간단한 방식으로 간접 경험한다는 것은 정말 놀라운 은총입니다.

그러한 분들의 책을 한 두 번 읽은 후에 다 이해했다고 생각하고 덮어놓는 것은 어리석은 것입니다. 그들의 영성은 평생에 걸쳐 형성된 것이기 때문이며 또한 우리가 그러한 것을 소화하는 데에도 많은 시간이 필요할 것입니다.

나는 이 시대에 유행하는 베스트셀러에서 별로 유익을 얻은 기억이 없습니다. 어느 시대이든 많은 사람들이 추종하고 가는 길은 영혼의 깨어남에 그다지 유익을 주지 않습니다.

어떤 이들은 머리가 영리하여 정리를 잘 합니다. 그리하여 개인적인 경험이 없이도 유명한 이들의 말을 인용하고 정리해서 책으로 내기도 합니다. 그러나 그러한 것들도 우리 영혼에 별로 유익하지 않습니다. 할 수 있으면 우리는 직접 주님을 경험한 저자의 책을 읽는 것이 좋습니다. 그러한 책에 영적인 권능과 흐름이 있기 때문입니다.

우리는 영적인 존재입니다. 우리가 보고 듣고 접촉하는 모든 것들은 우리를 만들어 갑니다.

어떤 이가 한 두 번 포르노와 같은 영화를 보았다가 오랫동안 더럽고 음란한 생각에 사로잡혀 고생을 하였습니다. 그는 끊임없이 떠오르는 더러운 생각을 도저히 그의 힘으로는 떨쳐버릴 수가 없었습니다.

그는 왜 그렇게 시달리는 것일까요? 그것은 그의 영혼이 악한 영화를 통하여 음란한 영들과 접촉하여 음란한 영계와 연결되었기 때문입니다. 그는 이미 더러운 곳으로 떨어졌기 때문에 거기에서 벗어나기 위해서는 많은 고통의 대가를 지불해야 할 것입니다.

그는 여럿이 있을 때는 괜찮지만 혼자 있게 되면 다시 그 영들에게 시달림을 받고 또한 그도 그러한 더러움을 즐기게 되어 더 깊은 어두움으로 떨어져 가게 되는 것입니다.

영혼의 힘이 약하고 영이 얇은 이들은 영적 감각이 예민하기 때문에 은혜도 쉽게 받지만 악하고 더러운 영들에도 쉽게 영향을 받기 때문에 듣고 보고 접하는 것을 더욱 조심해야 합니다.

사람은 영혼입니다. 느끼든 느끼지 못하든 우리는 날마다 영계와 접촉합니다. 우리는 그 영향에서 결코 벗어날 수 없습니다. 악한 세력의 영들과 접하게 될 때 우리는 잠시 육체의 쾌락을 즐기지만 조금 후에는 각종 번민과 불안과 고통과 상처로 인하여 신음하게 됩니다. 그것은 우리의 책임이며 우리가 우리의 영을 바르게 관리하지 않았기 때문에 오는 것입니다.

많은 사람들이 생각하기를 자신의 상태가 가장 어렵고 아무도 이런 고통을 모를 것이며 남들은 그저 팔자가 좋을 것이라고 생각합니다. 그러나 누구든지 자기에게 속한 십자가가 있고 전투가 있습니다. 그 투쟁에서 자기를 지키며 이기는 자들만이 천국의 빛과 영광을 누릴 수 있습니다.

우리는 순결함을 위하여 투쟁해야 합니다. 우리는 더러운 영들이 가져다주는 일시적인 즐거움들을 거절해야 합니다. 우리가 우리의 자유의지로 그것을 거절할 때 그들은 다가오지 못합니다.

우리가 중심으로 주의 이름을 부르며 간절하게 주의 도우심을 구할 때 그분은 다가오시며 우리를 도와주십니다.

유혹을 이기는 것은 쉬운 일이 아닙니다. 자기를 다스리는 것은 영계를 다스리는 것과 같습니다. 그러나 지금 비록 어려운 중에 있어도 지금 한번 승리하면 다음이 쉬워지며 점점 빛 가운데 거하는 것이 쉬워지게 됩니다.

하루아침에 높고 깊고 아름다운 영계로 들어갈 수 있다고 생각하지 마십시오. 그것은 매일 매일 매순간 끝없이 주를 바라보고 영의 싸움을 싸우며 자신을 부인하고 자기 생각을 십자가에 못박는 삶의 결과적인 열매입니다. 아름다움은 결코 하루아침에 이루어지지 않습니다.

집회에 가서 은혜를 받는 것도 좋습니다. 그것도 은혜의 영계를 접촉하는 좋은 방법입니다.

사람들은 다른 이들이 집회에서 강력한 은혜의 경험을 할 때 그것을 아주 부러워합니다. 그러나 중요한 것은 일시적이고 충격적인 영적 경험이 아닙니다. 중요한 것은 그러한 영적 경험을 통하여 주님께 좀 더 가까이 나아가는 것이며 이를 통하여 의식과 가치관이 근본적으로 바뀌는 것입니다.

어떤 이들은 외적인 요란한 체험을 많이 하지만 여전히 육신적이고 자아적이며 세상 중심인 의식수준을 가지고 있습니다. 그것은 좋은 것이 아닙니다. 일시적으로는 흥분하고 은혜의 세계를 경험하지만 평소에는 여전히 어두운 영계와 접촉하게 되기 때문입니다.

어떤 이들은 외적으로는 별로 능력이나 은혜를 경험하는 것 같지 않습니다. 그러나 평소의 삶 가운데 주님께 대한 사모함과 갈망이 많이 나타나며 항상 마음과 생각을 지키어 아름다움과 거룩함과 사랑스러움 가운데 거합니다. 그것은 그가 주님의 실제를 경험하고 있으며 아름다운 영계와 접촉하고 있는 것을 보여줍니다. 왜냐하면 실제의 영계의 접촉은 반드시 그러한 의식과 영의 변화를 가져오기 때문입니다.

아름다운 영계와 접하기 위하여 날마다 일정한 시간에 기도를 드리는 것도 좋은 것입니다. 기도는 우리의 영혼이 하늘의 은총을 경험하는 가장 일반적인 방법입니다.
어떤 이들은 단순히 기도의 물리적인 그 시간을 늘리기 위하여 애를 씁니다. 하지만 외적인 기도 시간의 증가보다 더 중요한 것은 기도 중에 하늘의 은총을 경험하는 것이며 기도가 끝나고 일상의 삶으로 돌아오더라도 하루종일 자신의 마음과 생각을 지키며 살아가는 것입니다. 주님을 바라보며 기도하는 자세로 살아가는 것입니다. 말과 생각이 기도가 되며 예배가 되도록 하는 것입니다.

순간 순간 떠오르는 부정적인 생각, 두려움의 생각, 짜증, 원망.. 자기 연민, 자포자기, 서운한 마음, 정죄의 생각들.. 그 모든 것들은 영계의 전쟁이며 지옥의 영들의 공격입니다. 우리는 그때마다 주를 바라보며 자신의 마음을 지키고 그분의 빛으로 자신을 채워야 합니다. 그것이 천국의 빛을 잃어버리지 않는 길입니다.
어느 새 그 빛을 잃어버린 사람들은 마귀의 포로가 되어 함부로 화를 내고 짜증을 내고 미워하고 불평하며 자신의 영을 죽이고 사람에게 상처를 주며 어두운 영계 가운데 속하여 살게 됩니다.
그들은 자신이 마귀가 주는 생각을 선택하고 받아들여서 마귀에게 눌린 것은 생각하지 않고 원망하고 푸념하여 '주님.. 너무 힘들어요.. 차라리 저를 데려가 주세요..' 합니다. 그것은 정말 어리석은 것입니다.
그러므로 그렇게 눌리기 전에 자신의 의지로 주님을 선택하고 빛의 마음을 선택하여 자신의 마음, 생각을 지켜야 합니다. 그것이 곧 능력이며 영의 깨어있음인 것입니다.

우리는 날마다 우리의 운명을 만들어 갑니다.
우리는 날마다 우리가 접촉하는 영계를 선택할 수 있습니다.
우리의 선택에 따라 빛과 영광이 올 수도 있고
어두움과 더러움이 올 수도 있습니다.
부디 거룩하고 영광스럽고
아름답고 존귀한 세계를 선택하십시오.
세상과 나를 잊어버리고
오직 주만 바라보고
주만 의식하고
그분만을 구하십시오.
그것이 천국에 이르며
그 영광의 세계에 날마다 가까이 가는
아름답고 행복한 삶의 비결인 것입니다.

22. 영을 끌어들이는 것에 대하여

21장의 [우리가 접촉하는 영계]를 읽고 어느 회원님이 아래와 같은 이야기를 해주셨습니다.

회원님들께 도움이 될까해서 저의 경험담을 올립니다. -P집사-

목사님의 귀한 글에 늘 감사 드립니다.
목사님의 글을 보며 회원님들에게 우리가 접촉하는 영계에 대한 조금의 경각심을 주기 위해 전도 간증 간단히 할게요.
2년 전에 글을 쓰시는 여자 분을 만났습니다. 글을 쓰시며 학원을 운영하시는 분이었지요.
이분은 주로 시를 쓰기를 좋아했고 밝은 시보다는 우울함과 어두움을 찬미하는 시를 썼고 시를 쓰기 위해서 그러한 우울함과 어두움을 즐기고 사색하였습니다.
이분은 막내로 사랑을 많이 받고 자라서 돌아가신 아버지에 대한 사랑이 너무 애틋하였습니다. 그는 늘 아버지를 그리워하는 슬픔 속에 빠져 있었고 그 슬픔과 우울함 속에서 시구를 떠올리며 즐기고 있었습니다.
저는 이분에게 주님을 전하였습니다. 이 분이 복음을 받아들여서 주님을 영접하는 기도를 하게 되었습니다.
그러나 몇 번 교회를 나오더니 다시 방학으로 들어가는 것이었습니다. 그러다 저도 어느새 그분을 잊고 있었는데 하루는 어느 분을 통해서 그분한테

가보라는 연락이 왔습니다. 그래서 가보니 아주 심각한 상황이었습니다.
이 분이 TV에서 사건 25시라고 하는 프로를 자기 아들과 함께 보고 있었답니다. 그런데 거기에서 살인하는 장면이 나왔는데 그것을 보고 있는 순간에 갑자기 심한 충격이 오더니 무엇인가가 자기 속으로 확 들어오더라는 것입니다. 그 순간 '큰일났다. 이것이 악한 영이구나..' 하고 느껴졌는데 그리고 나서는 정신을 잃고 응급실로 실려갔다는 것입니다. 나중에 의식이 돌아 왔는데 그때부터 잠도 자지 못하고 밥도 먹지 못하고 계속하여 그 살인 장면이 자꾸 떠오르고 고통스러웠다는 것입니다.
그래서 이것이 마귀인 것을 알고 자기가 이것을 물리치고 이기려면 정말 하나님을 믿고 교회를 가야겠다는 생각밖에 나질 않았답니다.
그러면서 내 생각이 간절하게 났지만 전화를 할 경황도 없었답니다. 비몽사몽으로 의식의 세계와 무의식의 세계를 넘나드느냐고 탈진할 대로 탈진한 상태였으니까요.
그러던 중 제가 전화를 하게 되었고 심방을 하고 일주일 동안 계속해서 집에 가서 예배드리고 기도하며 심야 기도회에도 데리고 다니는 가운데 지금은 아주 좋아졌습니다. 그 후에도 여러 번 어려움이 있기는 했지만 지금은 모든 것이 다 회복되었고 지금은 다른 사람들에게 자기의 간증을 통해 하나님을 전하고 있답니다.
이제는 하나님을 찬양하는 글을 쓰고 싶어하고 글을 통해 하나님께 쓰임 받고 싶어합니다. 아름다운 찬양의 시를 쓰고 싶답니다.
할렐루야.. 하나님께 영광을 돌립니다.
회원님들! 우리가 보고 듣고 생각하는 것이 정말 얼마나 중요한지요.
우리가 접촉하는 영계에 무지하거나 방관 하지말고 애쓰고 힘써서 지킵시다.
영계는 실체입니다!
주님만 사랑합시다.
할렐루야!

문학을 하시는 분들.. 시, 수필, 소설을 쓰시는 분들은 다같이 감수성이 예민하지요.. 영적 세계에도 민감하여 영매 체질이라고도 할 수 있습니다.
그들의 창작 활동과 아이디어는 영계로부터 오는 것입니다.
그런데 그 아이디어를 주는 영들은 빛의 영계에 속한 영들이 드뭅니다. 그들에게 영감을 주는 근원은 대체로 어둠의 영계이며 어둡고 혼미한 영들이 감동을 주는 것입니다. 그래서 글을 쓰시는 분들이 성격이 조금 삐딱하고 어두운 분들이 많지요.. 밝고 맑으며 성령 충만한 글을 쓰는 사람은 잘 보기가 어렵습니다.
보통 시를 써도 죽음, 소녀, 낙엽.. 등 어두운 느낌을 주는 시를 많이 쓰지요. 그런 것들은 염세적인 귀신의 영들이 그렇게 시감을 주기 때문입니다. 그러한 기운에 잡혀 있는 이들은 밝고 즐거운 사람이나 삶을 보면 낮고 유치한 것으로 보는 경향이 있습니다.

그런데 묘하게도 염세적이고 어둡고 우울한 기운 안에도 뭔가 쾌감이 있습니다. 비 오는 날 어두운 방안에서 우울한 음악을 크게 틀어놓고 거기에 파묻혀 잠겨 있으면 그 침울함 속에 묘한 쾌감이 있지요. 그것은 지옥에서 오는 쾌감입니다. 어두움의 즐거움이죠. 고뇌하는 표정을 짓고 괴로움 속에서 자학을 하는데 멋있는 것 같지요. 하지만 그것은 속임의 영들이 주는 것입니다. 그런 식으로 자살의 영이 가까이 오는 것입니다.
그렇기 때문에 어쩌다가 그런 우울한 기운이 올 때는 반드시 그것을 물리치고 대적해야 합니다. 우울하고 침체되어 있으면서도 막상 거기에서 나가려고 하지 않고 그냥 그 속에 잠겨있고 싶은 마음이 들기도 하는데 그것이 악한 영들의 속임입니다. 그러므로 빨리 그러한 상태에서 벗어나야 합니다.

저도 예전에 영의 세계를 잘 모를 때에는 아무 책이나 열심히 읽었지요. 그런데 한번 유명한 베스트셀러 작가의 소설을 읽고 바로 잠을 자다가 꿈에서 가위눌리고 엄청 고생한 적이 있었습니다. 꿈속에서 방금 읽었던 비극적인 장면이 그대로 재현되어 얼마나 고생했는지 모릅니다. 그 다음부터는 작가의 영이 맑지 않으면 절대로 보지 않습니다. 아무리 유명하고 문장 솜씨가 세련되었어도 영이 어둡고 흐리면 그 즉시로 덮지요.

책을 읽는 다는 것은 그냥 공상이 아니라 영적으로 실제입니다. 책 속에서 나오는 영들과 나의 영이 실제적으로 만나고 대화하고 사랑하고 교제하는 것이지요. 그러므로 책 속에서 나오는 어둠의 영들과 그렇게 관계를 가져서는 안 되기 때문에 함부로 책을 읽는 것이 위험한 것입니다.

경각심을 위하여 다시 언급하지만 책뿐이 아닙니다. 우리가 어떤 대화를 할 때에 그 대화에 관련된 영들이 주위에 모여듭니다. 삥 둘러싸고 우리의 이야기를 듣는다고 생각하면 좋을 것입니다.

예를 들어 사고나 질병에 대한 이야기를 한다고 합시다. 그러면 사고를 일으키거나 질병에 관련된 영들이 그러한 대화를 통하여 비슷한 영적 에너지를 형성하게 됩니다. 그리고 그들 중에 두려워하는 사람, 영이 여리고 약한 사람이 있으면 그들에게 들어가 병이나 사고를 일으킬 수도 있는 것입니다.

그러므로 좋지 않은 화제, 어두운 화제를 나누는 것은 참으로 좋지 않습니다. 그것은 악한 에너지가 되어 말하는 사람과 듣는 사람을 괴롭히게 됩니다.

예를 들어 동성애에 대한 이야기를 한다고 합시다. 그 자리에는 동성애를 일으키는 영이나 관련된 영들이 모입니다. 그래서 관심을 보이거나 귀가 얇거나 하는 사람, 파장이 맞는 사람이 있으면 그에게로 들어가게 되지요. 그에게 들어간다는 것은 그가 당장 동성애에 빠지게 된다는 것은 아닙니다. 그러나 그 영으로 인하여 어떤 억압이나 눌림이나 고통을 겪게 됩니다. 실제로 그러한 사례를 들어본 적도 있습니다.

그런 식으로 악한 에너지가 사람의 안에 들어와도 그 사람의 마음 안에 그 영들이 자리를 잡을 만한 요소가 많지 않으면 잠시 아프다가 다시 나오게 됩니다. 그러나 머물 만한 요소가 있으면 터를 잡게 되고 일단 터를 잡으면 여간해서는 잘 나가지 않습니다. 대를 물려서 그 집안의 자손들까지 주장하게 되지요. 그것은 아주 비극적인 일입니다.

그러니 영의 세계를 이해하게 되면 우리의 언어와 생각을 얼마나 조심하고 지켜야 하는지 알게될 것입니다. 쓸데없는 말, 악한 말들은 정말 조심해야 합니다. 푸념이나 원망이나 다른 이들에 대한 비난이나 험담들.. 그러한 것들은 우리 영혼을 직접적으로 실제적으로 파괴하는 것입니다.

항상 감사하고 긍정적으로 생각하고 주님을 찬양하고.. 그렇게 빛 가운데 거하는 것이 필요하며 어두운 영적 분위기, 악한 분위기가 있는 곳은 가지 않는 것이 좋습니다. 어두움의 이야기를 많이 하는 이들은 피하는 것이 좋습니다. 그들이 변화를 원하지 않는 한 우리는 그들을 도울 수 없으며 가까이 있으면 피해를 입을 뿐이기 때문입니다.

주님을 찬양하고 그 분의 사랑과 은혜에 대한 이야기를 하면 어떤 영들이 오겠습니까? 물론 주님의 영과 천사와 빛들이 임하게 됩니다. 그리하여 그 공간이 거룩해집니다. 그러한 곳에는 마귀들이 견디지 못하고 떠나는 것입니다.

많은 재앙과 사고가 마귀로부터 오는데 이렇게 심령이 맑은 그리스도인들이 자주 모여서 예배하고 주의 교제를 나누면 마음과 심령이 평안해지며 빛이 가득해지므로 재앙이 떠나가고 복이 오는 것입니다.

오늘날 예수를 믿는 사람들이 교회만 나서면 거의 주님에 대한 이야기를 하지 않으며 감사도 하지 않고 기뻐하지도 않으며 믿음으로 충만한 말을 하지도 않는 것이 보통입니다. 세상 사람과 같이 불평하고 두려움을 고백하며 근심하고 푸념하는 이들이 많이 있습니다. 그렇게 해서는 재앙을 막는 천사도 오지 않고 물질을 주는 천사도 오지 않으며 빛이 임하지 않습니다. 실제적인 천국의 영광과 승리와 기쁨을 누릴 길이 없는 것입니다.

TV는 사단의 능력을 가정에까지 배달하는 도구입니다. TV 속의 살인 장면은 실제로 살인의 영들을 시청자들에게 공급합니다. 영상 속의 음란한 장면은 음란한 영들이 그것을 즐겁게 보는 시청자의 영 속으로 들어가게 합니다. 폭력적인 영상을 자주 접촉하는 이들은 분노가 쌓이고 쉽게 폭발하고 싶은 충동에 잡히게 됩니다.
물론 건강도 신체 기능도 나빠집니다. 그런 영상은 신체의 호르몬의 체계를 파괴하기 때문입니다.
음란한 영상을 접촉하는 이들은 자주 더러운 상념에 사로잡히게 됩니다. 그 영들은 기도하거나 예배를 드릴 때도 사람들을 괴롭히곤 합니다. 혼자 있을 때는 더 많이 역사합니다.
영이 예민한 이들은 그런 데에 더 많은 피해를 보게 됩니다. 그렇기 때문에 쉽게 은혜를 받는 이들은 특히 더 조심해야 합니다.

살인의 영을 공급하고 음란의 영을 나누어주는 연기자들은 이 세상의 스타가 되고 우상이 됩니다. 이 땅에서는 보다 더 많은 사람들을 효과적으로 타락시키고 지옥으로 보내는 사람일수록 인기가 있으며 부와 권세를 얻게 됩니다. 그것이 바로 세상입니다. 그리고 그 배후에는 악한 영들의 장난이 있습니다.
교회가 영적으로 무지하여 영의 싸움의 실제를 잘 모르며 세상의 방법으로 마케팅을 배우고 심리기법을 도입해서 교회를 성장시키려 한다면 교회는 세상을 정화시킬 능력이 없게 됩니다.
교회가 기도와 성령의 능력을 의지하지 않고 사람의 방법과 테크닉을 사용한다면 거기에는 주의 영의 역사가 소멸되며 진정한 부흥이 올 수 없습니다. 그러므로 주의 거룩한 영의 역사가 일어나야 하며 우리는 이것을 기도하고 사모해야 합니다. 기도와 찬양, 보혈의 선포와 적용, 주님의 충만하신 역사.. 오직 그것만을 사단은 두려워합니다.

우리는 이 세상의 배후에서 역사하고 있는 영들을 대항하여 싸워야 합니다. 그들이 주는 쾌락을 받아들이고 그들에게 속아서는 안 됩니다. 오늘날 많은 미숙한 신자들이 넓은 길을 향하여 갑니다. 그러나 많은 사람들이 가는 길은 안전한 길이 아닙니다.

그리스도인들의 무기는 순결입니다. 삼손은 능력이 부족해서 패한 것이 아닙니다. 그는 순결을 상실했습니다. 그래서 마귀의 포로가 되어버렸던 것입니다.

부디 주님의 빛으로 채우고 그 거룩함으로 삽시다.
그리고 권능을 받아 악한 영들을 초토화시키고
이 땅에 주님의 부흥이 오도록 기도에 힘씁시다.

주님..
당신의 교회를 강력하게 세워주십시오.
모든 교회들이 당신의 권능으로
아주 강력해 질 수 있도록
교회에 임하여 주십시오.
당신의 능력으로 애굽의 모든 가증스러운 영들..
개구리의 영, 나일강의 영, 태양신의 영..

그들을 벌하시고 파괴하셨듯이
이 땅의 더러운 영들을 멸하시옵소서.
그리고 무능한 당신의 군대가
강력한 무기와 갑옷으로
무장하게 하옵소서.
살아 계신 하나님의 능력이
교회와 온 세상을 덮어
이 나라와 민족에게
놀라운 부흥이 일어나게 하옵소서.
주님의 이름으로 기도합니다.
아멘..

회원 여러분..
항상 마음을 지키십시오.
단 1초라도 불평이나 미움이나 두려움이 마음에 들어오지 않게 하십시오.

영계의 법칙은 아주 정확하고 공평합니다.
1초라도 그런 마음이 들어오면
그만큼 재앙을 겪게 됩니다.
아무도 느닷없이 재앙을 당하지 않습니다.
다 자신의 생각으로 그것들을 받아들이는 것입니다.

모이면 감사하고 간증하고
주님의 사랑을 나누고
그분의 선하심을 고백하고
그분의 풍성하심, 영광을 선포하십시오.
그 공간이 충만해집니다.
빛으로 향기로 채워집니다.
그렇게 반복함으로써
우리의 영혼이 변화되고
주의 충만한 은혜와 복을
누리게 되는 것입니다.
그렇게 우리는 영을 끌어들이고
우리의 풍성한 삶을 만들어 가는 것입니다.
부디 그 영광의 충만함을 누리고 경험하십시오.
모든 아름다움과 풍성함을 주시는
주님의 영광을 찬양합니다. 할렐루야!

23. 실제적인 영성 훈련

영적 성장을 사모하는 이들이 여기 저기서 영성 훈련을 받는 것을 많이 봅니다. 그것은 아름다운 일이지요. 하지만 강의나 집회를 통해서 배우는 것은 이론과 원리를 배우는 것에 불과한 것입니다. 그것은 좋은 것이지만 그 자체는 실제가 아닙니다. 자칫하면 하나의 지식 증가로 끝날 수도 있습니다.

그보다 못하지 않은 좋은 훈련이 있습니다. 거기에는 돈도 들지 않지요. 그것은 우리의 삶 속에서 경험하는 생활의 영성 훈련입니다.

누군가 우리를 실망시키는 일이 있습니다. 그것은 우리의 욕망을 내려놓는 훈련입니다. 사람을 의지하지 않는 것을 배우는 훈련이며 분별력을 증가시키는 훈련입니다.

누군가가 우리를 오해합니다. 그것은 자기 변호를 거절하는 훈련입니다.

우리를 외롭게 하는 사람이나 경험이 있습니다. 그것은 위로를 거절하는 훈련이며 우리가 오직 주님으로만 채워지도록 하기 위한 훈련입니다.

앞이 보이지 않는 절벽에 부딪칠 때가 있습니다. 그것은 주님의 실제적인 빛과 구원을 발견하는 훈련입니다.

주님은 우리를 위하여 많은 훈련 교관을 보내십니다. 그들은 우리를 오해하고 시기하고 핍박하고 괴롭힙니다. 그러나 그들은 우리의 성장을 위하여 그 역할을 담당하고 있는 일종의 희생자들입니다.
우리는 그들에게 이용당하고 오해를 받으면서 진정 그들에게 미안한 마음을 가져야 합니다.
얼마 전 나는 우리에게 금전적인 피해를 입히고 없는 말을 만들어 내서 우리를 고생시킨 분을 찾아갔었습니다. 그런데 이상하게도 그들을 보자 눈물이 났고 사랑스러웠습니다. 불쾌한 마음이 들지 않았고 몹시 측은하게 느껴졌습니다. 나는 그것이 그들을 향한 주님의 마음인 것을 알았습니다. 나는 이 훈련의 경험을 통해서 주님의 마음의 한 부분을 경험하는 축복을 받을 수 있었습니다.

옆의 사람이 당신을 괴롭힐 때 당신은 눈물이 날지 모릅니다.
그러나 그가 오해하지 않도록 우리는 이야기해주어야 합니다.
내가 우는 것은 당신 때문이 아니고 주님 때문이라고..
그리고 마음이 아파서 우는 것이 아니라 너무 행복해서 운다고..
당신을 통해서 주님을 알게 되는 것이 너무나 감사하고 행복해서 운다고.. 우리는 이야기해야 할 것입니다.
왜 사람들은 하나의 이론을 배우는 데는 돈을 들이고 마음을 쏟으면서도 실제의 삶 속에서 주님을 만나고 그분의 생명을 경험하는 것은 좋아하지 않을까요?
그것은 아마 눈이 열리지 않았기 때문일 것입니다. 우리의 성장과 풍성함을 위하여 주님께서 꼭 우리에게 필요한 것을 훈련하고 있다는 사실을 말입니다. 우리가 간절히 구하는 것은 사실 이루어져봤자 별 것이 아니며 우리가 지금 싫어하고 있는 것이 우리에게 얼마나 은혜와 복이 되는 것인지.. 우리는 때가 되면 알게 될 것입니다.

삶 속에서 받는 훈련을 감사하십시오.
거기에는 주님의 손길이 있습니다.
원수를 용서하고 참는 것이 아니라
그들에게 미안한 마음을 가지고 감사하십시오.
고통 당하는 것은 우리가 아니고 그들인 것을
부디 이해하십시오.
부디 훈련을 통과하십시오.
날마다 우리와 동행하시며
날마다 우리를 삶을 통하여 훈련시키시고
그분의 생명을, 사랑을, 아름다우심을
포기하지 않고 우리에게 가르치시며 공급하시는 그분께
감사와 사랑과 경배를 드리십시오.
그렇게 우리가 주님의 인도하심을 따라 함께 걸어갈 때
우리는 날마다 더 깊은 자유와 은총의 세계로
나아가게 될 것입니다.

24. 고통이 인도하는 길

삶을 살아가는 동안 우리는 고통과 기쁨을 경험하게 됩니다. 우리 모두는 다 본능적으로 기쁨을 좋아하며 고통을 즐거워하지 않습니다. 그러므로 우리는 좋은 일이 있을 때 기뻐하지만 고통스러운 일이 생기면 괴로워하고 힘들어하며 어서 빨리 그 고통스러운 상황에서 벗어나야겠다고 생각하게 됩니다.

그러나 주님의 메시지에서 우리는 그러한 우리의 본능과 반대되는 주님의 가르치심을 발견하게 됩니다.

웃는 자들아.. 너희에게는 화가 있다..

배부른 자들아.. 너희에게 화가 있다..

애통하는 자는 복이 있다..

우는 자에게는 복이 있다..

정과 욕심을 십자가에 못 박아라..

자기를 부인하고 자기 십자가를 지고 나를 좇아라..

그러한 주님의 메시지는 우리가 알고 느끼는 상식과 너무나 다른 것입니다. 주님의 말씀은 어떤 의미일까요? 주님은 우리에게 고통스러운 삶을 주고 싶어하시는 것일 까요? 물론 그렇지는 않을 것입니다.

우리는 고통과 기쁨의 영적인 성질을 이해할 필요가 있습니다. 기본적으로 고통은 변화를 수반하며 즐거움은 안정을 가져옵니다. 고통이 올 때 사람은 본능적으로 변화를 추구하게 됩니다. 그 어느 누구도 고통의 장면을 유지하려고 하지 않습니다.

그러나 기쁘고 행복할 때 변화를 구하는 사람은 없습니다. 누구든지 '이대로!'를 구하게 됩니다. 변화산에 주님과 같이 올라간 제자들은 놀라운 영적 경험을 한 후에 '주님.. 여기가 좋사오니 이 곳에 초막을 짓고..'하고 간청하였습니다. 아주 만족스러운 상황이 될 때 사람은 자기의 사명도 잊고 갈 길도 있고 거기에 안주하려는 속성이 있는 것입니다.

어떤 이가 변화를 구한다면 그는 자신의 삶에 만족을 할 수 없기 때문일 것입니다. 아무리 외적으로 괜찮은 것 같아도 그의 심령 깊은 곳에서 뭔가 만족스럽지 않습니다. 그럴 때에 그 사람은 어떤 다른 변화를 찾아서 헤매게 되는 것입니다.

오늘날 사람들이 본능적으로 구하는 것은 자신의 영적 변화와 성장이 아닙니다. 대다수의 사람들은 자신이 변화되는 것보다 즐거운 것과 행복한 것을 원합니다. 지금 자기의 수준과 차원에서 그저 행복을 맛보고 즐겁게 살기를 원합니다. 그것은 누구나 본능적으로 그러합니다. 외부의 어떠한 충격을 경험하기 전까지 사람은 본능적으로 변화를 추구하지 않습니다.

그러나 분명한 것은 우리가 현 상태에서 행복한 것보다 비록 고통과 어려움이 있을지라도 내적이고 영적인 변화를 경험하는 것이 더 중요하다는 사실입니다. 우리의 성장이 행복보다 더 중요합니다. 그것은 우리가 아직 영적으로 어둡고 낮고 타락한 차원에 있기 때문입니다. 또한 조금 성장한 사람이라도 더 깊은 성장을 구해야 합니다.

사람은 하나님의 형상으로 지어졌습니다. 그리하여 측량할 수 없이 놀라운 영적 수준까지 발전할 수 있으며 주님과 교통하고 그 놀라운 영광의 충만함을 누릴 수 있고 가질 수 있도록 창조되었습니다. 그러나 사람은 타락하여 영적으로 죽게 되었습니다. 그래서 영적이고 생명적인 삶의 가치보다 육체와 본능을 따라 사는 수준의 삶을 더 추구하고 그러한 낮은 삶에 만족하게 되고 말았습니다. 그렇기 때문에 이제 이 타락한 삶, 낮은 차원의 삶이 변화되어 높은 삶을 추구해야 하며 영혼이 새롭게 깨어나 주님을 향하여 올라가고 발전해 가는 삶을 추구해야 하는 것입니다.

오늘날 대다수의 사람들은 그저 자기의 본능 수준의 욕망이 만족되는 삶을 추구합니다. 많이 소유하고 먹고사는 것에 불편이 없고 본능적인 욕망이 만족되고 문화적인 삶을 누리고 다른 이들에게 사랑과 인정을 받으며 자기를 괴롭히는 사람도 없는.. 그런 삶을 추구합니다.
자기 중심의 삶, 죄와 악에서 벗어나지 못하는 삶, 근원적인 진리를 알지 못하는 삶, 낮은 본능의 영역에서 만족하는 그러한 삶을 구하고 있는 것입니다. 안타깝게도 평균적인 그리스도인들의 삶도 별로 다를 것이 없는 상태입니다.
그러나 그게 돼지의 삶 보다 나을 것이 도대체 무엇이 있을까요? 지금 잔뜩 배가 부르면 조금 후에 도살장에 끌려갈 것도 전혀 개의치 않는 돼지와 다를 것이 무엇이 있겠습니까? 동물보다 조금 더 지능이 높다고 해서 더 나은 삶이라고 할 수는 없는 것입니다. 영혼이 깨어나고 더 깊은 차원을 구하지 않는다면 그것은 육체로 살고 흙으로 돌아간다는 차원에서 동물과 다를 것이 없는 것입니다.

고통은 우리의 낮은 삶에 대하여 경고하며 우리 영혼을 깨우고 우리의 영원한 본질을 깨닫도록 인도하는 의미가 있습니다. 고통은 우리가 땅의 사람이 아니며 근본적으로 하늘에서 하나님께로부터 왔다는 사실을 새롭게 일깨워줍니다.
나아가서는 물질과 보이는 것들은 우리를 채워줄 수 없으며 우리의 고통은 오직 잃어버린 하늘, 잃어버린 하나님과의 교통이라는 사실을 고통은 보여줍니다.
정도가 약한 고통은 깊은 진리의 통찰에까지 이르게 하지는 못합니다. 그것은 삶에 있어서의 작은 반성을 일으킬 뿐입니다. 그러나 삶의 중심을 뒤흔드는 고통은 그러한 근본적인 깨달음까지 우리를 이끌어갑니다. 누구나 죽음 앞에서 삶이란 무엇인지, 영원이란 무엇인지 비로소 진지하게 생각하기 시작하게 될 것입니다.

누구나 본능적으로 고통을 싫어합니다. 모험을 싫어합니다. 위험한 상태를 싫어합니다. 그것은 당연한 일일 것입니다. 그러나 그러한 안이한 자세에 머물러 있어서는 결코 영적인 성숙을 이루어가지 못합니다. 우리는 누구나 영적인 변화와 성숙을 추구해야 하며 그 과정에서 우리가 싫어하는 일과 고통스러운 일이 올 수 있다는 것을 각오해야 합니다.

고통은 변화를 가져옵니다. 고통이 없이는 성장이나 변화가 있을 수 없습니다. 고통이 변화를 가져온다는 것은 실례를 살펴보면 더 명확해집니다.

선거가 있을 때 사람들이 정부를 바꾸는 투표를 하는 것은 상황이 어려울 때입니다. 실업자는 늘고 물가는 뛰고 있으며 교육이나 여러 상황에 문제가 있을 때 사람들은 새로운 대안 세력에 표를 주게 됩니다. 그러나 경제도 안정되어 있고 여러 면에서 별 문제가 없다면 사람들은 굳이 야당에게 투표를 하지 않을 것입니다.

즐거운 것, 행복한 것은 어떤 것을 안정시키고 확장시킵니다. 그러나 변화시키지는 않습니다. 어떤 이가 별로 변화되는 삶을 경험하지 않았다면 그는 그다지 고난을 겪지 않은 것입니다. 아니면 고통을 겪었어도 그의 인내가 강하거나 아니면 그가 변화될 만큼 고통의 강도가 크지 않은 것입니다.

성경에서 나사로와 같이 등장하는 부자는 죽을 때까지 호화로운 파티를 즐기며 여유 있게 살았습니다. 그의 삶이 여유가 있고 즐거웠기에 그는 굳이 내적인 변화, 영혼의 변화를 추구할 필요가 없었습니다. 그래서 그는 그 상태로 살다가 죽었습니다. 그리고 비참한 곳에서 깨어났습니다.

그러나 나사로는 어렵고 암울한 현실 속에서 날마다 변화를 갈망했습니다. 주님의 위로와 주님의 도우심을 날마다 구했습니다. 나사로라는 뜻은 하나님의 도우심이라는 의미입니다. 그리하여 그의 현실은 비참했으나 그의 영혼은 날마다 더 풍성해졌고 그는 사후에 아름다운 곳에서 위로를 받게 되었습니다.

오늘날 많은 그리스도인들이 자기 영혼의 성숙과 변화에 별로 관심을 가지고 있지 않습니다. 그들은 그저 자신의 수준에 머물러서 그저 행복하기를 원합니다. 자신의 욕망과 소원이 실현되는 것만을 원합니다..그리고 자기를 괴롭히는 환경과 사람들에 대하여 미워하고 불평합니다.

무당들은 사람들을 미혹시킵니다. 그들은 사람에게 변화되어야 할 것을 가르치지 않습니다. 그들은 회개하라고 말하지 않습니다. 더 나아가라고 말하지 않습니다. 그저 그들의 상태에서 굿을 하고 부적을 붙이고 무엇을 하면 좋은 일이 생길 것이라고 말합니다.

그러나 주님은 우리에게 변화를 요구하십니다. 우리의 마음과 생각과 가치관을 바꿀 것을 말씀하십니다. 우리의 의식 수준과 차원에서 좀 더 빛의 세계로 가까이 올 것을 원하십니다.

우리는 행복과 성공보다 변화를 더 사랑해야 합니다. 우리의 수준이 달라져야 합니다. 사고의 수준, 인격의 수준, 감정의 수준과 깊이가 달라져야 합니다.

영의 세계에서 나이나 지위나 경력이나 소유는 별로 의미가 없습니다. 당신의 영적 수준은 어떠합니까? 당신의 지혜는 어떠합니까? 당신의 순결함은 어떻습니까? 당신 인격의 아름다움은요? 바로 그러한 수준들이 당신의 영원한 운명과 위치를 결정하는 것입니다.
어떤 이가 영적으로 인격적으로 아주 미숙한 상태에서 이른바 성공을 해서 많은 이들에게 찬탄을 받고 알려져 있다면 그것은 결코 복이 아닙니다.
오늘날 사람들은 세상의 가치관에 익숙해져서 유명해지는 것, 높아지는 것이 좋은 것이며 성공한 것이라는 개념을 가지고 있습니다. 그러나 주님의 말씀과 영의 세계의 가치관은 그것과 전혀 다릅니다. 그것은 결코 성공한 것이 아닙니다.

편안하고 무난한 삶은 변화를 일으키는 힘이 부족합니다. 거기에는 변화의 능력이 나타나지 않습니다.
어떤 이가 별로 성숙하고 아름답지 않은 상태에서 유명해지고 부유해졌다고 합시다. 하지만 그의 성품은 혈기가 많고 교만하며 공격적이고 비판적이며 이기심이 가득합니다. 그는 변화 성장할 수 있을까요?
아닙니다. 그는 성장하기 어렵습니다. 고통은 변화를 요구하지만 성공은 그에게 변화를 요구하지 않기 때문입니다. 그러므로 그는 부자처럼 그 어두움 속에서 그 상태에 머물러 삶을 마칠 수도 있는 것입니다.
그러므로 어떤 이가 영적으로 어린 상태인데 외적으로 사람들에게 인정을 받으며 성공한 듯이 보인다면 그것은 아주 비참한 것입니다. 그는 더 성장하기 어렵기 때문입니다. 그는 외적인 성공으로 인하여 그의 비참한 영적 상태가 그대로 고착되어 낮은 차원의 영역에서 삶을 마치게 될 것입니다. 그것은 정말 비극입니다.

우리는 변화를 추구해야 합니다. 기쁨보다, 행복을 추구하는 것보다, 더 성숙과 변화를 추구해야 합니다. 환경의 변화를 구하는 것이 아니라 자기 영혼의 변화를 구해야 합니다.
우리에게 지금의 수준에서 주님이 은혜를 베푸시고 우리를 가까이 만나주시면 우리는 너무 행복해질 것입니다. 우리는 변화산에 올라간 주의 제자들처럼 아주 기뻐하면서 '오.. 주님.. 저는 이 곳에서 영원히 살고 싶습니다' 라고 할 것입니다.

그러나 주님은 잠시 후에 떠나시고 우리는 곧 그의 임재를 잃어버리게 됩니다. 그리하여 우리는 슬퍼하고 울고 주님이 우리를 버렸다고 생각합니다. 그리고 낙심할 것입니다.
그러나 시간이 흐르고 주님은 우리에게 다시 임하십니다. 우리는 다시 놀라고 기뻐하며 이것은 예전보다 더 좋은 것이며 예전의 그 체험은 아무 것도 아니었다고 말할 것입니다.
하지만 다시 주님은 그 은혜를 거두십니다. 우리는 다시 어리둥절해지며 우리가 무엇을 잘못했는가를 생각할 것입니다. 그러나 이런 식으로 주님은 우리를 훈련하시며 우리를 더 깊은 곳으로 이끌어 가시는 것입니다.
우리의 영적 수준이나 이해가 전보다 조금 높아지면 우리는 조금 더 주님을 알게됩니다. 그리고 주님을 더 깊이 알아가기 위한 영혼 발전의 차원은 한도 끝도 없음을 알게됩니다.
그렇습니다. 그렇게 주님을 조금씩 더 알아가고 성장해 가는 것.. 그것이 곧 인생이고 삶의 목표이며 영원토록 우리가 나아가야 할 길인 것입니다.
사람들은 자신들의 영적 수준과 상태를 보지 못한 채 현실의 여러 사건들에 몰두하며 가까이 있는 사람들에게 불평하고 하소연하며 때로는 기뻐하고 때로는 원망하지만 주님은 결국 우리의 영혼이 발전하고 우리의 시선이 발전되기를 원하시는 것입니다. 눈앞의 시선이 아닌 근원적이고 본질적인 것을 발견할 수 있는 안목을 얻게 하기를 원하시는 것입니다.

우리는 변화되어야 합니다. 주님께서 이스라엘 백성을 애굽에서 구출하신 것은 광야의 삶이 목적이 아니었습니다. 주님은 가나안의 영광스러운 삶을 우리에게 주시기를 원하셨습니다.
주님은 우리가 천국의 비밀을 알고 그 놀라운 영광의 세계, 빛의 세계를 좀 더 감당하고 그 보화를 얻을 수 있는 수준과 차원의 사람으로 만들어 가시기를 원하시며 우리에게 그분의 충만하심과 풍성하심을 부어주시기를 원하셨습니다.
오늘날 많은 그리스도인들이 너무나 낮고 비참한 어둠의 영역에서 살아가고 있습니다. 땅속에서 살고 있는 두더지처럼 빛도 없는 더러운 곳에서 낮은 욕망과 본능을 만족시키는 삶을 위하여 애를 쓰며 살아가고 있습니다. 그것은 너무나 비참한 일입니다.

우리는 우리의 낮은 영역에 머물러 있어서는 안 됩니다. 우리는 더 깊은 변화와 성장을 위하여 가야 합니다. 영광의 빛을 향하여 가야 합니다.

주님은 우리에게 갈망을 주십니다. 변화에 대한 갈망, 성장에 대한 갈망, 주님께 대한 갈망을 일으키십니다. 우리가 주님께 많은 은총을 얻었을지라도 주님은 우리에게 완전한 만족감을 주시지 않습니다. 완전한 만족감을 주시면 우리는 그때부터 거기서 안주하여 더 이상 성장을 원하지 않기 때문입니다.

그러므로 그분은 우리에게 조금씩 위로를 주시면서도 우리가 거기에 머물러있지 않도록 우리에게 고통을 허용하시며 우리를 그분께로 이끄십니다. 그리하여 우리는 울면서 또 아파하면서 그분께로 가까이 나아가는 것입니다.

오늘도 우리는 영원한 여정을 향하여 나아갑니다.
고통은 그 여정에서 우리의 영혼을 일깨워주고 새롭게 하는 도구입니다. 그리하여 우리는 고통을 통하여, 완전히 만족되지 않는 미진한 갈망으로 인하여 더 깊은 변화와 성장을 향하여 걸어가게 됩니다. 우리의 진정한 삶의 목적이며 영원한 생명의 근원이신 그분을 사모하고 추구하며 오늘도 내일도 오직 주님을 따라 걸어가게 되는 것입니다.

25. 생각은 영계의 고향입니다

사람의 본질은 육체가 아니며 영혼입니다.
사람의 가치는 그 외모에 있지 않고
그의 생각과 의식에 있습니다.

같이 사는 식구들도
몸으로는 가까이 있지만
각자의 영혼은
각자 자기의 생각이 머무는 곳에 삽니다.

사람의 몸은 한 곳에 머물러 있을지라도
그 영혼은 항상 여행을 합니다.
그 영혼이 여행하는 곳은
바로 그의 생각이 머무는 곳입니다.

그러므로 몸으로는 가까워도
마음으로는 한없이 먼 관계가 많으며
이런 관계는 육체가 사라지는 사후에는
더 이상 유지되지 못하는 것입니다.

그러나 마음 속으로 깊이
원하고 추구하는 것이 같은 이들은
사후에 같이 모이며 그들의 영혼이 사모하는 곳에서
살게 됩니다.

각 사람의 생각하는 그 곳이
그 영혼의 집이며 고향입니다.
그러므로 그는 항상 영계의 자기 집에 거하는 것입니다.

생각이 어둡고 부정적인 사람은
그가 속한 영계의 집이 어둡고 초라하여
그는 그 어둠의 집에서 항상 살고 있는 것입니다.
그리하여 그는 빛을 하나도 보지 못하고
매사에 어두운 영역에서 비참하게 살게 됩니다.

생각이 무지와 편견과 원망 속에 사는 이는
살아있으나 죽은 것과 같이
평생을 영혼의 감옥 속에 갇혀있는 것입니다.
그 생각의 감옥에서 벗어나는 것이 영혼의 성장입니다.

많은 그리스도인들이
입으로 주를 부르지만
그 생각이 주님께 사로잡히지 못하여

그 영혼은 어두운 감옥 속에 갇혀있습니다.
그러므로 우리는 우리의 어둡고 부정적인 생각을
주님께 맡겨야 합니다.

이것을 꼭 기억하십시오.
생각은 우리 영혼의 집입니다.
우리는 어둠의 영계에서
더 이상 살아서는 안 됩니다.
그곳에는 오직
미움과 시기와 두려움과
염려와 불안이 있을 뿐입니다.

당신의 생각이
주님의 세계로 빛의 세계로
높이 올라가게 하십시오.
감사와 신뢰와 사랑과 위로와 격려
그 빛으로 가득하게 하십시오.

많은 아름다운 생각들이
그저 단순히 주를 바라보고
빛을 바라보는 것에서 옵니다.

우리의 생각이 바뀌고

그로 인하여
우리를 둘러싸고 있는 영계가
빛으로 가득 채워질 때
우리는 그것이 곧 천국인 것을 알게 됩니다.
삶은 기쁨인 것을 알게 됩니다.

생각의 지옥에서 벗어나십시오.
영계의 높은 하늘을 날으십시오.
그 빛이 주는 환희와 영광을 경험하십시오.
갈망하고 원한다면 우리는 살아있는 동안
더 많이 더 높이 발전해갈 수 있습니다.
그리고 그만큼 우리의 만족과 기쁨은
더욱 더 충만하고 풍성해질 것입니다.

26. 영을 분별하는 중요한 기초

어떤 이가 기도하다가 갑자기 이런 환상을 보았습니다. 그가 알고 있는 영적인 사역자가 보이는데 그에게 시커먼 기운이 붙어있는 것입니다. 그는 이것을 어떻게 해석할까요? 아마 이렇게 생각할 것입니다. '아. 이 분이 뭔가 숨겨놓은 죄가 있구나..' 할 것입니다. 어떤 아는 분의 심령에 분노의 기운이 있는 것이 보이면 어떻게 판단할까요? 아마 '아.. 이 분이 분노의 영에게 잡혀있구나..' 하고 생각하겠지요.

아마 그것을 보여주는 영이 어떤 영인지는 별로 의심하지 않겠지요. 그것보다는 자신의 영이 깊고 높아서 상대방의 상태를 파악할 수 있다고 생각하는 쪽이 더 기분이 좋기 때문입니다.

그러나 그렇게 쉽게 결론을 내리기 전에 기본적으로 영의 분별에 대하여 알아야 할 사항이 있습니다.

그것은 주님이 빛이시며 그러므로 주님은 우리에게 빛에 속한 것을 보여주신다는 사실입니다. 그분이 임하시고 우리의 눈을 열어 깨닫게 하실 때 주님은 아무도 보지 못하는 그 사람의 악을 우리에게 보게 하시는 것이 아니라 아무도 보지 못하는 그 사람의 사랑스러움과 아름다움을 보게 하신다는 사실입니다.

그런 면에서 볼 때 얼마나 많은 이들이 자신을 영적이라고 생각하며 이러한 판단과 정죄의 영에게 속고 있는지요!

어떤 이들은 자신들이 여기 저기서 영적인 훈련을 많이 받았으며 영적인 경험을 많이 했기 때문에 자신을 영적이라고 생각합니다. 그러나 이러한 사람들의 대부분은 사실 영적이 아니며 어리고 육신적인 상태에 있는 것에 불과합니다. 그들은 기질적으로 약간의 영적 예민함을 가지고 있는 것에 불과한 것입니다. 진정 은혜 가운데 있는 이들은 결코 자신의 영이 깊거나 높다고 생각하지 않습니다.

이러한 어린 영혼들은 웬만한 사역자에게서 은혜를 받지 못합니다. 메시지가 유치해서 들을 수가 없다고 합니다. 저 분은 수준이 낮다고 생각합니다. 그들은 과연 깊은 사람일까요?

아닙니다. 그는 판단하는 영, 정죄하는 영에게 속고 있을 가능성이 높습니다. 그가 은혜를 받지 못하는 것은 사역자가 영적이지 않아서 일수도 있지만 그가 가지고 있는 판단의 영으로 인하여 그의 심령이 닫혀져 있기 때문일 가능성도 많습니다.

유치원에서 재롱잔치를 하면 아이들의 부모들이 그것을 보러 갑니다. 그리고 자신의 아이들이 노래하고 암송하고 율동을 하는 것을 봅니다. 그리고 사진을 찍습니다. 그들은 아주 은혜를 받고 즐거워합니다. 그것은 그 아이들이 아주 수준 높고 감동적인 공연을 하기 때문일까요? 아닙니다. 그것은 그들이 자신의 자녀들이며 부모가 그들을 사랑하기 때문입니다.

마찬가지로 사역자를 사랑하고 교회를 사랑하는 이는 쉽고 단순한 메시지에도 도전을 받고 기쁨을 얻으며 힘을 얻습니다. 그것은 피차간의 사랑의 영이 그러한 흐름을 끌어당기기 때문입니다.

오늘날의 많은 영성 운동과 훈련은 적지 않은 경우에 사람들을 교만하게 하고 판단하게 하여 교회를 분열시킵니다. 그것은 너무나 슬픈 일입니다. 자신이 영적으로 옳으며 높다고 믿는 이들에 의해서 그러한 문제가 생기는 것은 몹시 안타까운 일입니다.
교회마다, 신앙의 스타일마다, 신자들마다 영적인 수준이 있는 것은 사실입니다. 그러나 그 수준의 분별기준은 열매에 있으며 사랑과 아름다움과 순결함의 나타남을 통해서 입증되는 것입니다. 진정한 영성은 신기한 체험으로 가득 찬 것이 아니라 부드러움과 아름다움과 따뜻하고 순결한 사랑으로서 나타나는 것입니다.

주님의 영을 받으십시오.
주의 영이 오실 때에 우리가 천국에서 살게 되는 이유는 모두가 모든 것이 너무나 다 화려하고 아름답게 보이기 때문입니다.
목사님이 사랑스럽고 사모님이 아름답게 느껴지며 모든 성도 한 사람, 한 사람이 너무나 귀중하게 느껴지고 그리워지게 되고 사모하게 됩니다. 그것이 주님의 영입니다.
주님의 영이 오실 때 우리의 시선은 아름다워집니다. 우리는 어떤 사람에게서 전에 보지 못했던 아름다움과 사랑스러움을 보게 됩니다. 우리는 그를 불쌍히 여기게 되며 그에게 사랑을 베풀고 싶어집니다. 그렇게 우리의 시각이 바뀌게 되면서 우리는 점점 더 행복해 집니다. 그것이 주님의 역사입니다.

다른 사람의 영적인 미흡함이나 잘못이 보인다고 해서 우리가 무조건 다 잘못되었다고 할 수는 없습니다. 그럴 수도 있습니다. 그러나 지속적으로 다른 이들의 단점과 잘못을 계속 보게 된다면 그의 영은 바르다고 할 수 없습니다.
이 사람은 어디가 잘못되었고 저 메시지는 이래서 잘못되었고.. 항상 그런 이야기를 하는 사람들이 있습니다. 그러한 것들은 결코 주님의 영으로부터 오는 것이 아닙니다. 그것은 악한 영들로부터 오는 정죄와 판단일 뿐이며 영혼을 파리하고 창백하고 어둡게 만드는 것입니다.
그러한 이들은 모두가 다 잘못되었고 자신만이 옳다고 생각합니다. 그러한 이들은 자신이 깊고 영적이라고 생각하지만 그러나 그러한 이들의 삶은 결코 행복하지 않습니다. 그들은 항상 찡그리고 있으며 빈정거리며 어둡고 날카로운 표정을 짓게 됩니다.

영을 분별하십시오.
예리하고 날카롭게 모든 것을 들추어내면서 자신을 신령하다고 생각하지 마십시오. 당신의 말이 설사 맞는다고 하더라도 당신은 상대방을 도울 수 없습니다. 상대방은 당신을 피하여 도망할 것입니다. 아무도 자신을 사랑하지 않는 자의 말을 듣지는 않습니다.
당신의 안에 기쁨이 있는지, 평안이 있는지, 사랑이 있는지를 분별해보십시오. 그리고 그렇지 않다면 어디에서부터 사랑과 기쁨을 잃어버렸는지 생각해보십시오.
모두가 아름답고 사랑스럽게 보이면 감사하십시오.
그러나 많은 잘못된 것들이 보이면 주님의 긍휼을 구하십시오.
세상에는 악이 많고 죄가 많으나 그 눈과 생각이 주님께 잡혀있는 이들은 평안과 기쁨 속에서 살게 될 것입니다. 그들은 사람들의 잘못과 문제들을 교정해줄 수 있게 될 것입니다.

영을 분별하십시오.
주님의 영은 사랑입니다.
그리고 그 영을 받은 이들은
행복하고, 행복하고 또 행복합니다.
고난이 와도 어려움이 있어도 그들은 항상 행복합니다. 이것이 영을 분별하는 중요한 기준이 되는 것입니다.

27. 믿음은 쉬운 것입니다

앞의 글을 읽고 어느 자매가 다음과 같이 질문을 해서 간단하게 답을 해 보았습니다.

**영 분별은 저에게는 아직 참 어려운 것 같이 느껴집니다.
저도 메시지에 은혜가 되지 않아서 제가 함부로 판단하고 있는 것이 아닌가 생각이 들 때가 많은 것 같아요.
어떻게 정죄하지 않고 판단하지 않고 바르게 분별하며 알 수 있을까요? 저에게는 교회와 지체를 사랑하는 마음이 너무 부족한 것 같아요. 사랑이 충분히 생기기 전까지는 모든 것을 그냥 받아들이는 것이 좋을까요? 제가 너무 어린 것 같아서 안타까워요. 주님의 긍휼을 구합니다. - H 자매-**

믿음은 어려운 것이 아닙니다.
내 안에 아무 것도 없다고 생각하는 것, 내게는 사랑도, 남을 귀히 여기는 마음도 없다고 생각하는 것.. 그러한 것들은 우리 안에 내주하시는 주님을 안타깝게 하는 것입니다.
우리는 아무 것도 할 수 없으나 우리 안에서 주님은 우리가 그분을 바라볼 때 모든 것을 하실 수 있기 때문입니다.

나는 몸이 약했습니다. 움직이고 바깥에 나가야 할 때 힘든 적이 많이 있었습니다. 그럴 때 나는 '주님.. 어떻게 하지요?' 하고 묻습니다. 그러면 나는 주님께서 '내가 너의 힘이다..'라고 말씀하신다고 느꼈습니다.
그래서 내가 '예. 주님은 나의 힘이십니다.'라고 말하고 믿음으로 나가면 정말 주님이 나의 힘이 되는 것을 알게 되었습니다.
그러나 그렇게 주님을 의지하지 않고 움직이면 아주 힘든 것을 알게 되었습니다. 그래서 나의 연약함을 통해서 주님을 의뢰하고 주님의 힘을 경험할 수 있으니 참 감사하게 되었습니다.

우리에게는 사랑이 없습니다. 그 누구도 '나는 사랑이 많다' 하고 말할 수 없을 것입니다. 그러나 우리가 주를 바라보고 의탁하며 '주님.. 저는 사랑이 없지만 당신이 나의 사랑이십니다..'라고 고백하면 우리 안에서 사랑의 주님이 나타나시게 됩니다.
어떤 사실을 아는 것 자체가 잘못은 아닙니다. 다만 그 안 것을 가지고 잘못 적용할 수도 있습니다. 그것이 좋지 않은 것입니다.
예를 들어 핵을 만들어서 산업의 발전을 위한 도구로 사용할 수도 있고 원자폭탄같이 파괴적인 도구로 사용할 수도 있습니다. 물론 그것은 악한 일입니다.
사역자가 바르지 않은 영으로 바르지 않은 메시지를 전할 수도 있습니다. 실제로 그런 일도 많이 있습니다. 그리고 그것을 아는 것은 잘못된 것이 아닙니다. 그러나 그것 때문에 사역자를 판단하거나 미워한다면 그것은 잘못입니다.

어떤 이가 사역을 하는데 영의 흐름이 부족합니다. 그것을 아는 것이 나쁜 것은 아닙니다. 그러나 그것 때문에 그를 우습게 보거나 그에 대하여 마음을 닫는다면 그것은 좋은 일이 아닙니다.

내가 판단하는 것을 조심하라고 쓴 것은 일체의 판단이 나쁘다는 것이 아닙니다. 다만 자신을 매우 영적이라고 생각하는 이들이 함부로 사역자들이나 다른 사람들을 판단하며 문제를 일으키는 것을 많이 보았기 때문입니다. 그러한 경우에 그들이 본 것이 옳더라도 그들의 마음 속에 따뜻한 사랑의 마음이 부족하다면 그들은 결코 옳은 입장 가운데 있지 않다는 것을 말한 것입니다.

분별은 필요합니다. 알아야 도울 수 있습니다. 하지만 판단은 좋지 않습니다. 그것은 정죄가 포함된 것입니다. 사랑을 가지고 분별하는 사람은 연약한 사역자를 위해서 기도할 수 있습니다. 그러나 사랑 없이 판단하는 이들은 사역자를 비방하며 악한 말을 퍼뜨립니다. 그것은 주님의 몸을 깨뜨리는 것입니다.

사역이란 그런 것입니다. 높은 산은 낮아지게 하고 낮은 골짜기는 메우는 것입니다. 그리하여 평탄하게 하는 것입니다.

그러므로 높은 마음은 낮아지도록 이끌어야 하고 낮은 마음은 힘을 얻도록 이끌어야 합니다. 교만한 자를 낮추어야 하며 연약한 자를 담대하게 해야 합니다.

그런데 문제는 높은 마음을 가진 이는 더 높아지는 메시지를 좋아하고 낮고 눌린 상태에 있는 이들은 더 깨지는 것을 좋아한다는 것입니다. 그러므로 적용에 있어서 주님께 묻고 의탁하는 것이 필요합니다. 그리스도 안에 거하는 이들은 어린 자나 청년이나 어른이나 다 아름다운 것입니다. 아직 미숙한 이들도 점차 자라가서 아름다운 열매를 맺게 될 것입니다.
악한 교회는 없습니다. 약하고 병든 교회가 있을 뿐입니다.
나쁜 사람도 없다고 나는 믿습니다. 상하고 치유가 필요한 사람이 있을 뿐입니다. 또한 악하고 잘못된 사역자가 있다고는 생각하지 않습니다. 변화와 은혜가 필요한 사역자가 있을 뿐입니다.

모든 것을 주님께 의지하고 묻는 훈련을 항상 하도록 하십시오.
만약에 예배를 드리면서 메시지가 은혜가 되지 않는 일이 있다고 하면 그 즉시 주님께 물으세요.
'주님.. 오늘은 메시지가 와 닿지 않는데요.. 왜 그렇지요? 지금 어떻게 해야 하나요?'
그러면 주님이 감동을 주실 것입니다.
'영적인 방해가 있다 네가 기도로 결박해라..'라든지 '지금 네 안에 어떤 문제가 있는데 그것을 내게 맡겨라 내가 치유해주마..'라든지 '사역자를 향한 공격이 있다. 중보하라..'라든지.. 하여튼 어떤 감동을 주실 것입니다.
분명한 것은 그것이 주님의 감동일 경우 순종하면 분명히 마음이 편안하고 후련해진다는 것입니다.

우리가 사는 이 세상과 교회 생활에 많은 어려움이 있는 것 같고 힘든 것 같이 보여도 그보다 주님의 빛이 더 아름답고 영광스러우

며 그 빛이 항상 우리를 가르치고 인도하신다는 사실을 잊어서는
안 됩니다.

습관적으로 말하는 '어렵다, 혼란스럽다'라는 의식을 버리는 것
이 좋습니다. 그저 '믿음은 쉽다', '주님을 따르는 것은 재미있고
쉽다' 이런 의식이 배어져야 합니다. 그러면 쉬워집니다.
신앙은 쉬운 것입니다. 또 모르는 것은 주님께 맡기면 됩니다.
5킬로그램 무게의 문제가 있으면 우리가 들고 가면 됩니다.
500킬로그램이라면 주님께 맡기면 됩니다. 안 되는 것을 하려고
애쓸 필요는 없습니다. 그 시간에 할 수 있는 것을 하는 것이 낫습
니다.

사람들이 내게 아는 것을 물으면 나는 대답합니다.
모르는 것을 물으면 '모르는데요. 주님께 물어보십시오' 합니다.
모르는 것을 아는 척 할 필요가 없습니다. 아주 쉽습니다.
별 것 아닌 것 가지고 너무 고민하지 마세요. 우리는 항상 계속 자
라가고 있습니다.
주님은 모든 것을 아시니 아버지의 것은 우리 것이요 아버지가 아
시면 자녀도 아는 것입니다.
오늘도 주와 함께 걷고 사는 행복한 하루가 되기를 바랍니다. 할렐
루야.

28. 내면의 빛, 아름다움에 대하여

사람을 아는 것은 중요한 일입니다.
사람을 파악하는 것은 중요한 일입니다.
사람을 어떻게 보느냐 하는 것은
우리의 삶의 행복을 결정하는 중요한 요소입니다.

사람들은 대체로 눈에 보이는 외적인 인상으로 사람을 판단합니다.
겉에 보이는 모습에 의해서 사람을 판단합니다.
자신의 경험에 의해서 사람을 판단합니다.
예를 들어 자기에게 상처를 준 사람과 비슷하게 생긴 사람을 보면
왠지 거부감을 느끼게 됩니다.

어떤 이들은 자신은 사람을 한번 보면 안다고 말합니다.
얼굴을 보고 표정을 보면 그 사람이 어떤지 알 수 있다고 합니다.
그러나 그러한 판단은 주관적인 시각에 의한 것이며
온전한 것은 아닙니다.
그러한 지식은 혼에 대한 지식입니다.
겉 사람에 대한 지식입니다.
그것은 온전하지 않습니다.

우리는 영혼의 눈이 뜨여야 하며
사람의 영혼을 볼 수 있어야 합니다.
겉 사람의 속에 감추어진
영혼의 모습을 볼 수 있어야 합니다.

영혼은 영광스러운 존재입니다.
그것은 찬란한 보석과 같고 빛과 같으며
하나님의 형상으로 만들어진 것이고
주님을 사모하도록 만들어졌으며
주님과 교제하기 위하여 만들어졌습니다.

모든 사람의 속에는
그 놀라운 영혼의 모습이 있습니다.
그것은 아름답고 놀라우며 신적인 존재입니다.
영원을 추구하며 진리를 추구하며
아름다움과 사랑을 추구하는 존재입니다.

그러므로 영혼의 눈을 떠서
그 내면의 본질을 보는 사람은
사람을 볼 때 경탄으로 가득하게 됩니다.
외모가 누추하고 보잘것없이 보여도
그 내면의 놀라운 모습, 빛나는 모습을 보면서
창조주의 영광을 느끼게 됩니다.

사람의 겉모습을 보지말고
속 사람을 보십시오.
그리고 그 잠자고 있는 영혼을 인식하고 깨워주십시오.
그 영혼이 깨어나기만 하면
모든 이들은 너무나 아름답고 사랑스럽고 지혜로운
놀라운 영의 사람이 되기 때문입니다.

우리가 사람의 영혼을 느끼게 될 때
우리가 감추어진 사람의 놀라운 모습을 느끼게 될 때
우리는 영혼을 깨우는 사람으로 쓰일 수 있을 것입니다.
감추어진 하나님의 형상이, 모든 아름다움들이
찬란하게 드러나며 열매를 맺게 하는
그러한 도구로서 사용될 수 있을 것입니다.

그렇게 사람의 내면, 사람의 중심을 보고
그 내면의 아름다움이 깨어나게 하는 것
그것은 너무나도 귀하고 아름다운 축복의 사역입니다.
그러한 아름다운 사역을 통하여
천국은 이 땅에 보다 더 확장될 수 있을 것입니다.

29. 겉 사람의 인식과 영혼의 인식에 대하여

사람은 자신 안에서 잠자고 있는 영혼이 깨어나고 눈을 뜨기 전까지 겉 사람의 감각과 인식을 사용하게 됩니다.
겉 사람의 인식은 표면적이며 논리적인 속성을 가지고 있습니다. 이러한 인식은 어떤 사물이나 대상을 대할 때 그것을 개념으로 이해하여 받아들입니다.
겉 사람의 인식을 사용하는 이들은 사랑에 대하여 들었을 때에 그것을 개념으로 이해합니다. 그는 그것을 논리적으로 추론하고 이해하며 받아들입니다.
그것이 겉 사람의 인식의 특성입니다. 그러나 그러한 것은 실제적인 인식이 아닙니다. 그것은 그 대상을 온전하게 아는 것이 아닙니다.

영혼의 인식은 이와 다릅니다. 어떤 사람이 영혼의 기능이 부분적으로 열리기 시작하였을 때 그들은 어떤 사상이나 실체를 접할 때 그것을 개념으로 느끼지 않습니다. 그들은 그것을 순수한 실체로서 영적인 실상으로서 경험하고 인지하게 됩니다. 그것이 영혼의 인식이며 감각입니다.
예를 들어 '하나님의 임재' 라는 단어를 들었다고 합시다. 영혼의 인식이 발전한 사람은 그 즉시로 하나님의 실재와 영광이 가까이 있는 것 같은 인식을 가지게 됩니다.
사랑에 대하여 들을 때 그는 사랑의 영과 그 실체가 바로 옆에서 그에게 임하는 듯이 느끼게 됩니다. 그는 그 순간 사랑의 영을 느끼며 사랑에 대하여 마치 만질 수 있는 듯이 느끼게 됩니다.
그에게 있어서 그것은 개념이 아니며 실체인 것입니다.
이처럼 영혼의 인식과 실체가 있는 사람들은 그 안에서 영의 운행과 흐름이 자유롭습니다. 그러므로 그러한 이들이 사랑에 대하여 이야기하면 그의 이야기를 듣는 청중들은 문자 그대로 사랑의 기운이 그들이 있는 모든 공간에 임하고 움직이는 것을 느끼게 됩니다. 그것이 영혼의 실상에서 나오는 흐름입니다.

영의 인식이 없이 겉 사람의 인식으로만 활동하고 사역하는 이들은 어떤 개념을 잘 설명할 수 있습니다. 그러나 그러한 설득이나 가르침은 지적인 이해와 의미의 전달로 끝날 뿐 그 기운이 운행되지는 않습니다. 그는 사랑에 대하여, 영적인 능력이나 기쁨에 대하여 잘 설명할 수 있습니다. 그러나 그가 말하는 순간에 실제로 사랑의 영과 영적인 힘과 기쁨이 운행되지는 않습니다.
이에 비하면 주님의 가르치심은 분명한 영적 실제를 가지고 있었습니다. 사람들은 주님이 말씀하시면 그 실제와 권능을 느꼈습니다. 그의 말씀에서는 실제적인 능력이 쏟아져 나왔습니다. 그것은 이론적인 가르침이 아니었습니다.
그러므로 사람들은 그의 교훈을 들으며 놀랐고 주님은 '내가 너희에게 말하는 것이 영이요 생명' 이라고 말씀하셨습니다. (요6:63) 그것은 단순한 설교나 문자나 가르침이나 설명이 아니었습니다. 그것은 살아 움직이는 생명으로 가득한 말씀이었습니다. 그 말씀은 사람의 생명을 살릴 수 있는 것이었습니다.

영의 기능이 활성화되고 영혼의 감각이 살아난 사람일수록 다른 이들은 그가 말하는 것이 단순한 문자가 아니고 살아서 움직이며 그들의 심령 속으로 들어오는 것을 느끼게 됩니다. 그것이 영혼의 움직임의 특성입니다.
그들은 개념으로서가 아니라 실상으로서 영적인 세계를 경험하며 복음을 경험하고 인식합니다. 그러므로 그들이 어떤 것들을 이야기할 때에 그러한 영의 흐름과 움직임이 생기는 것입니다. 그러나 영이 아닌 겉 사람의 인식에는 그러한 흐름이 없습니다.

겉 사람의 인식은 곧 육체의 인식입니다. 그것은 영적인 것이 아니며 보이는 것, 물리적인 세계에 속한 것입니다. 거기에는 흐름이 없으며 고정된 것입니다.
그러므로 겉 사람의 인식에 의한 메시지에는 아무리 아름다운 문구가 있고 화려한 표현이 있고 예리한 논리와 설득력이 있을 지라도 영혼을 움직이는 영향력은 없습니다.
사랑에 대한 나열이 있고 복음에 대한 나열이 있어도 그것은 사람의 의식과 머리에 들어갈 뿐 사람의 깊은 곳에 들어가지 못하며 사람의 영혼을 깨우지 못합니다.

많은 영적 지도자들, 사역자들이 오래 동안 신앙 생활을 하고 오래 동안 남들을 가르쳐왔지만 삶과 인격이 변화되지 않는 것은 그들이 영혼이 깨어나지 못하고 여전히 옛사람의 인식으로, 육체의 인식으로 말씀과 복음을 이해하고 있기 때문입니다.
그들은 자신이 많은 것을 알고 있다고 생각합니다.
자신의 견해가 옳다고 생각합니다.
그러나 그들은 자신이 바르게 사람들을 가르친다고 생각하는데 왜 자신도 변화되지 않고 남들도 변화되지 않는 이유를 도무지 알 수가 없습니다. 이들은 영혼의 움직임에 대하여, 영혼의 기능과 인식에 대하여 알지 못하고 있는 것입니다.
주님은 '살리는 것은 영이니 육은 무익하니라' 고 말씀하셨습니다. (요6:63) 영혼에서 나오지 않은 지적인 인식, 겉 사람의 인식은 사람의 생명 깊은 곳을 움직이는 힘이 없습니다. 그것은 겉 부분만을 그럴 듯하게 페인트칠을 하는 것과 같습니다.

나는 오래 동안 영적인 지도자의 위치에 있었지만 성품이 냉랭하고 공격적이고 차갑고 인간미가 없으며 접근하기가 어려운 이들을 많이 보았습니다.
그것은 그들이 말씀을 영으로 받아들이고 경험하지 않고 겉 사람의 인식으로만 이해했기 때문입니다. 그것은 진정으로 말씀을 알고 있는 것이 아닙니다. 말씀을 경험한 것이 아닙니다. 그것은 단순히 말씀을 지적으로 이해한 것에 지나지 않습니다.
그런 경우에 아무리 오래 동안 신앙생활을 하고 아무리 많은 개념을 배운다고 해도 그의 속 사람에는 별로 변화가 없게 됩니다. 그는 신앙의 실제를 모르며 주님과의 실제적인 교제와 기쁨이 무엇인지 모릅니다. 천국의 영광이 무엇인지 모릅니다. 그는 그저 의무적인 신앙생활을 하게 되며 그가 지도자라면 다른 이들에게도 그러한 삶을 강요하게 될 수밖에 없는 것입니다.

겉 사람은 어떤 새로운 것에 대하여 배울 때 그의 두뇌를 작용시킵니다. 그는 그 새로운 것에 대하여 많이 배우고 이해하려고 합니다. 그는 수많은 의문과 질문을 만들어냅니다. 그리고 이에 대하여 이해를 마친 후에 그는 그것을 적용하려고 애쓰고 사람들에게 가르치려고 합니다.
머리가 영리한 사람은 자신이 배웠던 것보다 더 이해가 쉽게 사람들에게 잘 가르칠 수도 있습니다.
그러나 그것은 겉 사람의 일하는 방식이며 영혼이 움직이는 방식은 아닙니다. 그는 열심히 가르친 후에 스스로 만족할지도 모르지만 그러한 사역에는 사람을 변화시키는 능력이 나타나지 않습니다.

겉 사람은 기억과 인식에 근거하여 움직입니다. 가르치는 것도 설교하는 것도 회개하는 것도 전도하는 것도 그는 기억에 의존합니다. 그의 기억 속에 많은 것들을 저장하기 원하며 그 후에 필요하면 그 기억 속에 저장된 것을 끄집어내어 사용합니다.
어떤 이가 동일한 죄를 반복해서 지으면 그는 죄송해서 한동안 주님께 기도하지 못합니다. 그러나 조금 시간이 지나면 그는 다시 기도하게 됩니다. 그것은 시간이 조금 지나서 자신이 지은 죄에 대한 기억이 흐려졌기 때문입니다.

그러므로 그는 죄에 대한 기억이 선명하면 견딜 수 없고 기억이 흐려지면 견딜만하기 때문에 괜찮게 되는 것입니다. 그것은 그가 영혼의 인식이 아닌 겉 사람의 기억에 의존한 신앙생활을 하는 것을 보여줍니다. 이처럼 영혼이 열리지 않은 사람의 회개는 내면의 감동과 빛에 의하지 않고 겉 사람의 인식과 기억력에 의존하고 있음을 보여줍니다.

대체로 사역자들은 설교를 준비하고 외웁니다. 설교 원고가 없으면 아주 불안해합니다. 원고를 보면서 설교를 하는 사람도 있고 안 보고 외워서 설교를 하는 사람들도 있습니다. 안 보고 하는 이들도 그 순간에 말씀하시는 주님의 감동으로 말씀을 전하는 것이 아니고 자신의 기억에 의존해서 설교를 합니다. 그것은 그가 내면의 빛에 의해서 메시지를 전하는 것이 아니고 기억력에 의존하고 있는 것임을 보여줍니다. 그것은 주님께 사로잡혀서 말씀을 전하는 것과 다른 것입니다.

이와 같이 대체로 사람들은 겉 사람의 인식과 기억에 의하여 신앙을 이해하고 적용하고 있습니다. 그리고 그것이 당연한 줄로 알고 있습니다. 그러나 그것은 영의 실상에 접하는 것과는 본질적으로 다른 것입니다. 그러한 피상적인 인식은 내적이고 심오한 변화를 일으키지 못합니다.

영혼의 인식은 내면의 감동과 빛이며 그것은 겉 사람의 인식인 기억과 이해와 다른 것입니다.

영혼의 감각이 발달했을 때 그는 어떤 사람이 말을 하지 않아도 그의 상태를 느끼게 됩니다. 그의 심령 어느 부분에 고통이 있으며 겉으로는 웃지만 속은 망가져 있음을 알게 됩니다.

그것은 겉 사람의 인식과 다른 것입니다. 그 사람의 눈치를 보고 관찰을 하고 과거의 경험을 통해서 아는 것이 아닙니다. 논리적인 추론에 의해서 아는 것이 아닙니다. 그저 다만 속에서 그렇게 느끼는 것입니다.

어떤 사람의 마음이 겉으로는 평온해 보이지만 속은 아주 불안한 상태에 있으며 심지어 죽음까지 생각하는 것을 영혼의 감각이 움직이는 사람은 느낄 수 있습니다. 겉 사람의 지식이나 정보가 아닌 속의 감각으로 그것을 아는 것입니다.

말씀을 읽을 때 그 말씀의 뜻을 깊이 묵상한 것도 아닌데 갑자기 웃음과 기쁨이 쏟아지는 사람이 있습니다. 이러한 것도 영혼의 인식에 속한 것입니다. 과거에 목회를 하고 있었을 때 어떤 형제는 교회에 약 100M쯤 가까이 오면 갑자기 심령이 시원해지고 기쁨이 임하고 웃음이 나는 것을 느끼곤 했습니다. 이러한 것도 영혼의 인식에 의한 것입니다. 그것은 겉 사람의 기억이나 이해에서 오는 것이 아닙니다.

오늘날 대부분의 그리스도인들은 영혼의 인식과 깨어남에 대해서 잘 모르며 말씀과 교리를 이해하고 의지적인 노력을 가하는 것으로 신앙생활을 합니다. 그러나 그것은 자연스럽지 않으며 부담과 의무와 노력 속에서 신앙생활을 해나가게 됩니다. 거기에는 고생과 애씀은 있으나 그 고생한 만큼 편안함과 기쁨과 누림과 열매가 별로 나타나지 않습니다.

나는 지적이고 흔히 신앙이 좋은 것으로 알려진 이들이 그러한 내면의 감각이 열려 있는 것을 거의 본적이 없습니다.
오히려 지적인 감각이 떨어지고 단순한 사람들이 부분적으로 영혼이 열려있는 것을 많이 보았습니다.
이 땅에서는 복음에 대하여 잘 이해하고 가르칠 능력이 있으면 그들은 신앙이 좋은 것으로 인정받을 것입니다. 그들이 실제로 친절하지도 않고 날카롭고 공격적이며 냉랭한 사람이더라도 그들은 영리하기 때문에 지도자로서 인정을 받습니다.

그러나 영혼의 세계에서는 삶과 인격에 그러한 풍성함과 천국의 열매가 나타나지 않는다면 그의 가지고 있는 것은 하나의 개념일 뿐 실상은 아닌 것으로 드러나 그는 결코 인정받지 못합니다. 그것이 영혼의 세계입니다. 영혼의 세계에서는 오직 실제적인 성령의 열매를 맺는 사람이 진정한 신앙인으로서 인정을 받습니다.
어떤 이들은 지적인 능력이 부족하여 복음에 대하여 제대로 설명하지도 못하지만 반면에 영혼의 감각이 열려서 주님의 평화와 사랑과 기쁨을 많이 체험하고 다른 부족한 이들에 대한 긍휼과 사랑의 마음을 많이 느끼기도 합니다.

이러한 사람들은 현실의 세계에서 신앙이 부족하고 무식한 사람으로 여겨질지도 모르지만 그러나 영혼의 세계에서는 높은 곳에 거하게 되며 인정받는 자가 되는 것입니다.

위의 내용을 정리하면 영혼의 인식은 단순히 개념에 대한 이해가 아니며 그것은 영의 실상을 그대로 맛보고 경험하는 것이며 그것을 경험할 때 그가 경험한 것들은 그대로 다른 이들에게 전염되고 흘러간다는 것입니다.
또한 그러한 영혼의 인식은 삶과 인격의 중심에 반드시 영향을 미치게 되며 생활이 바뀌어질 수밖에 없다는 것입니다.
이제 이러한 이야기를 들으면 사람들은 보통 이러한 의문들이 생겨날 것입니다.
그렇다면 구체적으로 영혼의 인식은 어떻게 열릴 수 있는가?
그리고 영혼의 인식이 열리는 것을 어떻게 알 수 있는가?
그렇다면 아예 지성을 사용하지 말아야 하는가?
그런 등등의 수많은 질문들이 떠오를 것입니다.

여러 질문에 대하여 많은 대답을 할 수 있습니다. 지성의 사용에 대하여, 그 역할에 대하여.. 그러나 그 많은 답들이 이해에는 다소 도움이 되겠지만 중요한 것은 이해가 아니고 경험입니다. 많은 것을 이해하는 것보다 단순한 한 두 가지의 훈련을 지속적으로 하는 것이 필요합니다.
영적인 감각이 눈을 뜨지 않았을 때는 주로 이성과 지식이 그 사람을 이끌고 가기 때문에 수많은 의문들이 일어나게 됩니다. 1개를 알게 되면 10가지 질문이 떠오르고 2가지를 알게 되면 100가지 질문이 떠오릅니다. 그러나 세월이 흐르고 영성이 실제가 되기 전까지는 아무리 많은 답을 들어도 그는 그것을 이해할 수 없을 것입니다.
어느 정도 영혼이 눈을 뜨고 사선을 넘으면 더 이상 질문이 일어나지 않습니다. 그리고 그 전에는 수많은 대답을 듣더라도 별로 도움이 되지는 않을 것입니다.

주님의 임재가 선명하며 주님의 사랑과 거룩하심 그 친절과 아름다움의 빛이 그 광채가 우리 앞에 가득할 때 우리는 모든 질문을 잃어버립니다. 이제 우리의 관심은 지식이나 경험에 대한 호기심이 아니라 주님 자신이며, 그분에 대한 열망만이 남게 됩니다.

어느 집사님이 내게 이러한 이야기를 한 적이 있습니다.
목사님을 만나기 전에는 너무 많은 질문을 가지고 있어서 온갖 질문을 준비해두었지만 막상 만나게 되면 그냥 행복해서 모든 질문을 다 잊어버리게 된다는 것입니다. 그 이야기는 나를 사랑의 눈으로 보아주시는 그 집사님의 시각 때문이지만 영적인 원리는 바로 그와 같은 것입니다.
우리가 주님 앞에 이르게 될 때에 우리는 모든 질문이 끝이 나는 것입니다. 그저 행복하고 황홀하고 기쁘기 때문에 그것으로 만족하고 아무 것도 더 필요하지 않은 것입니다.

영혼의 인식의 열림에 도움이 되기 위한 몇 가지 마음가짐을 이야기해보겠습니다.

기도하고 말씀을 읽으며 찬양하고 예배를 드리는 것은 너무나 당연한 것이기 때문에 더 이상 언급하지는 않겠습니다.

나는 영혼을 훈련하기 위하여 여러 기도의 원리에 대한 책을 썼습니다. 부르짖는 기도, 대적기도, 호흡기도 등을 썼으며 여러 군데에서 눈 기도, 심장 기도, 배기도, 상상하는 기도.. 등 여러 가지 기도와 주님의 임재를 경험하는 방법과 원리에 대한 책과 글을 썼습니다. 그 모든 것들은 영혼을 깨우고 영적 감각을 일으키는데 도움이 되는 것입니다. 그러므로 꾸준하게 기도하고 훈련하는 것이 중요합니다. 거기에 몇 가지 조언을 아래에 덧붙이고 싶습니다.

1. 많은 것을 이해하려고 하지말고 누리고 즐기려고 하십시오.
머리에 많은 지식과 기억을 채워 넣으려고 하지말고 이미 알고 있는 것을 기뻐하십시오.
영혼은 애씀이 아니라 안식과 누림에서 발전하고 움직이며 기능이 깨어나기 시작합니다.

2. 비슷한 이야기지만.. 어떤 개념을 이해하려 하지말고 맛보려고 하십시오.
예를 들어 '하나님의 사랑'을 단어로서 이해하려고 하지말고 심령으로 체험하도록 그 자체에 집중하십시오.

3. 방언과 방언 찬양을 많이 하십시오. 그렇게 내면의 영을 표현해서 흘러나오게 하십시오.

4. 영혼의 중심은 사랑입니다. 그러므로 영혼이 깨어나기 위해서는 무엇보다도 사랑의 고백과 표현이 필요하며 다른 이들을 행복하게 해주는 시도가 필요합니다.
하나님은 사랑이시며 다른 이들을 즐겁게 해줄 때 우리의 영혼은 하나님의 영과 조화를 이루게 되며 가까이 가게 됩니다.

다른 이들을 섬기며 기쁨을 느끼는 이들은 이미 영혼의 기능이 어느 정도 열려 있는 것입니다.
그러나 많은 사역을 하면서도 다른 이들에게 기쁨을 주는 것보다 자신의 이름과 인정받음에 더 기쁨을 느끼고 있는 이들은 몇 가지의 은사와 재능이 있을지라도 영혼의 기능이 거의 닫혀있는 것입니다. 그렇기 때문에 다른 이들에 대하여 별로 관심을 가지고 있지 않는 이는 영혼의 발전에 많은 어려움이 있게 됩니다.

영혼의 기능이 눈을 뜰수록
우리가 주님을 사랑하는 것은 쉬워집니다.
사람들이 고민하는 대부분의 문제도
실상은 그들의 영혼이 잠을 자고 있으며
그들의 영혼이 어두운 곳에 있기 때문입니다.

영혼의 기능이 밝아질수록
우리는 믿음의 실상에 대하여
경험하고 누리고 맛보게 됩니다.
우리는 자연스럽게 사랑하게 되며
어둠의 일을 싫어하게 되고
말씀과 기도와 예배를 즐기게 되며
빛 가운데 거하게 됩니다.

부디 당신의 영혼이 눈을 뜨게 되기를 바랍니다.
그래서 그 천국의 실체를 당신의 삶 속에서
많이 누릴 수 있기를 원합니다.
우리가 가지고 있는 복음의 진리들이
단순한 개념이 아니고 살아있는 실체가 된다면
우리가 항상 말하고 있는 것들을
자주 많이 경험하게 된다면
우리는 정말 놀라게 될 것입니다.
그리고 더 깊은 열망으로 주님께 나아가게 될 것입니다.

하나님은 사랑이시며
그분이 우리를 사랑하신다는 것
그분이 우리와 가까이
함께 하신다는 것
그러한 말씀과 복음이

개념이 아니고 실상이 될 때
그처럼 놀라운 일들은
온 세계에 다시 없기 때문입니다.
그것은 바로 천국이며 천국의 영광이기 때문에
우리는 더욱 더 간절하게 그 영광 가운데
거하기를 열망하게 되는 것입니다. 할렐루야.

30. 믿음은 놀이입니다

이해하고 정리하고 그런 방법으로 하나님을 알려고 몸부림치는 것.. 이거 완전히 나의 과거 패턴을 요약, 정리해 놓은 말씀 같네요. 그야 말로 얼마나 지치고 괴로운 일인지..
그래도 요즘은 예전보다 훨씬 나아지고 질문도 많이 사라지고..
많이 편안해 졌는데.. 그래도 예전 패턴들이 다시 나타날 때가 종종 있어요. 그래서 충분히 안식을 하고 계속 가다보면 더 나아질 것이라고 믿어요.
많은 지식보다 즐기는 것이 중요하다는 것.. 정말 실감이 가요.
제가 준비하고 있는 어린이 외국어 교육에 대한 논문에서 다룰 부분인데 어린 아이들의 언어 습득은 참 자연스럽고 편안하고 외부 음성을 그냥 아무 생각 없이 즐겁게 편안하게 받아들이고 흡수하는데.. 어른들은 외국어 공부할 때 자꾸 해석을 하려고 하고 문법을 따지려고 하고 긴장하고 애쓰기 때문에 많이 공부해도 결국 자연스러운 언어의 흐름을 익히지 못하게 되거든요.
정말 언어와 영은 많은 관계가 있네요. 저도 안식과 즐기는 것을 통해서 영의 풍성함을 경험하고 싶어요. -H 자매-

맞아요. 바로 그것입니다. 믿음을 놀이처럼 여겨야 해요.
어린이들은 언어를 놀이로 생각하지요. 그런데 어른은 언어를 공부로 생각합니다.
우리가 어린이가 될 때에 신앙도 놀이로 생각할 수 있습니다.

예배도 기도도 말씀도 복음전파도..
의무와 공부와 노력이 아니라
취미이며 놀이가 되지요.
그리고 그렇게 될수록 더 재미있고
실제의 기쁨을 많이 맛보고 누리게 됩니다.
제자 훈련.. 참 좋은 말인데
노력과 의무와 공부를 강조하는 분위기가 많이 있는 것 같습니다.
그냥.. 같이 모여서 주님과 같이 노는
그러한 훈련이 되면 좋을 텐 데요.
간식 훈련..
간식을 먹을 때의 마음 준비와 자세..
간식의 종류..
간식의 장단점..
간식이 태어난 배경에 대한 근거..
간식의 종류에 대한 암기, 발표..
그런 것보다 간식을 그냥 맛있게 먹으면 됩니다.

저녁 노을을 보고 기뻐하는 것은
이해가 아니며 감동입니다.
우리는 그러한 감동을 발전시켜야 해요.
우리 안에 있는
따뜻하고 아름답고 사랑스러운
영혼의 내면의 불꽃..

우리가 감추고 억눌러왔지만
여전히 우리 안에서
우리를 지켜보고 있으며
바깥으로 나오고 싶어하는 내면의 불꽃..
그 사랑의 불꽃을 일으켜야 합니다..

즐겁게..
재미있게..
긴장을 풀고..
편안하게
자연스럽게
사람들을 격려하고
축복하면서..
그렇게 걷다보면
어느덧 멋진 변화들이
우리의 삶에 가득하게 되지요..

부디 예수 안에서 그러한 즐김과 누림을 통해서
더 많은 자유와 변화를 경험해가기를 바랍니다.
샬롬.

31. 은사 경험과 영혼 경험의 차이에 대하여

나는 오랫동안 은사적인 경험과 영혼의 경험과의 차이점을 이야기 해왔습니다. 그러나 많은 이들이 그것에 대하여 잘 이해를 못하고 있는 것 같았습니다. 그 두 가지의 차이점을 분명히 알려면 두 가지를 다 직접 경험하는 것 외에는 다른 방법이 없는 것 같습니다.
최근에 이상하게 비슷한 질문들에 자주 접하게 됩니다. 그리고 기도원 원장님이라든지.. 그렇게 은사적인 경험이 많은 분들과 접촉하게 됩니다. 그래서 이 주제를 자주 다루게 되는 것 같습니다.
어떤 이들은 약간 항의조로 왜 그것들을 분리해서 생각해야 하느냐고 묻기도 합니다. 그 이유는 간단합니다. 그 두 가지는 서로 다르기 때문입니다.

은사의 경험은 영계의 빛이 우리의 겉 사람, 바깥에 임하는 경험이며 영혼의 경험은 그 빛이 속으로 스며들어가는 경험입니다.
그러므로 그것은 주님의 터치가 바깥에 머물러 있느냐 아니면 속의 중심에 머물러 있느냐의 차이와 같은 것입니다.
그렇기 때문에 은사적인 경험자들은 어느 정도의 능력과 역사가 나타난다고 하더라도 그들의 내면적인 부분인 삶과 인격과 가치관과 중심의 의식은 그다지 변화되지 않습니다.

처음에 방언을 하고 예언을 하며 알지 못하던 세계를 경험하고 기적적인 능력이나 치유를 경험하면 그것은 아주 놀라운 일일 것입니다. 사람들은 그러한 은사 체험자들을 대단한 존재로 여깁니다. 그래서 그들의 곁으로 가까이 가서 그들의 삶에 필요한 여러 가지 문제들에 대해서 이것저것 물어보기를 좋아합니다. 그러나 그것은 신앙 성장에 있어서 별로 도움이 되지 않습니다.

나도 예전에 은사 사역을 중심으로 신앙 생활을 하던 때가 있었습니다. 기도를 해주고 예언을 하고 할 때 도움과 충격을 받던 이들은 나를 예수님의 바로 아래에 있는 사람쯤으로 생각했다고 고백한 적도 있었습니다. 하지만 그 때를 돌이켜 생각하면 나는 뜨겁고 열정적이었지만 마음 깊은 곳에는 깊은 평화를 그다지 가지고 있지 않았습니다.

아내도 비슷한 경험을 많이 가지고 있습니다. 그녀는 권능을 경험하고 환상을 경험하며 성령의 권능으로 압도당하는 것이 무엇인지 압니다. 그녀는 강력하게 예언의 영이 터져 나왔을 때 그것을 억제할 수 없었습니다. 예언을 받은 이들은 울고 난리가 났었습니다. 그러나 지금에 있어서 아내는 그 예전의 경험과 지금의 상태를 결코 비교할 수 없다고 말합니다. 그리고 전혀 그 때로 돌아가고 싶지 않다고 말합니다.

아내도 은사적인 경험으로 가득하던 그 시절에는 깊은 내적 자유함을 경험하고 알지 못했기 때문입니다. 그녀는 충분히 죄에서나 겉 사람의 기질에서 자유롭지 않았습니다. 지금 어느 정도 영혼의 감각이 열리자 아내는 그 때와 비교할 수 없는 내적인 변화와 자유를 누리고 있습니다.

은사자들은 대체로 치유나 예언 사역에 있어서 능력과 표적을 보여줍니다. 나도 젊은 청년의 시절에 그들을 몹시 부러워하며 따랐던 적이 있었습니다. 그러나 나는 그들이 삶에 있어서 별로 자유롭지 못한 것을 보고 놀라기도 했었습니다. 가치관이나 의식이 별로 깊지 않고 육신적인 모습을 보이는 것을 보고 의아하게 여기기도 했습니다.

이제 나는 그 이유를 이해하고 있습니다. 은사는 하나님의 능력이 겉 사람, 육신에 임하는 것이기 때문에 그것은 사람의 깊은 속성을 바꾸지 못하는 것입니다.

그러나 영혼의 경험은 은사적인 경험과 다릅니다. 그것은 단순히 어떤 기능이나 능력이 추가되는 것이 아닙니다. 그것은 우리의 중심을 바꾸는 것입니다. 그것은 주님의 영과 임재가 우리 존재의 가장 깊은 부분을 터치하는 것입니다. 그러므로 그것은 경험하면 할수록 그 중심의 속성과 기질과 운명과 영원과 그 모든 것들이 바뀌게 되는 것입니다.

이스라엘 백성이 애굽에서 경험했던 하나님의 기적과 놀라운 역사는 은사적인 경험을 보여주는 것입니다. 이스라엘 백성들은 그 능력과 기적을 보고 모두들 기뻐하고 즐거워하였습니다. 그들은 그 능력으로 인하여 애굽을 벗어나게 되고 신이 나서 춤을 추고 난리를 쳤습니다. 그러나 그들의 승리는 그리 오래 가지 않았습니다.

그들은 광야에서 하나님을 원망하다가 거의 대부분이 죽었습니다. 그것은 은사적인 경험이 가나안적인 영혼의 경험을 하기 전까지는 죄에서, 어둠과의 전쟁에서 일시적인 승리밖에 할 수 없는 것을 보여주는 것입니다.

애굽에서도 놀라운 하나님의 역사가 있었습니다. 또한 광야에서도 하늘에서 내려오는 만나, 반석의 생수, 중보를 통한 아말렉의 진멸.. 등 여러 많은 놀라운 경험이 있었습니다. 그러나 그것들은 가나안의 경험이 아니며 영혼이 열리는 것과 분명히 다른 경험이라는 것을 이해하여야 합니다. 그것은 외적인 승리이며 피상적인 승리의 경험입니다. 그것은 은사적인 경험에 그치는 것입니다.

사람들은 예언이나 은사를 통해서 병이 낫고 문제가 해결되면 모든 것이 끝났다고 생각할 지도 모릅니다. 그러나 은사를 통해서 환경의 문제가 해결되었더라도 사람의 중심에 있는 악과 고집과 육성과 자기 중심적인 사고가 해결되지 않으면 그 승리는 오래 가지 않습니다.

그들은 얼마 가지 않아서 다시 다른 문제와 부딪치게 됩니다. 이 문제만 해결되면 행복할 줄 알았는데 또 다시 다른 문제가 생깁니다. 그들은 일시적으로 문제가 해결되고 승리를 경험해도 그들의 중심은 바뀌지 않으며 여전히 자기 중심적이며 세상을 사랑합니다.

그러한 문제들은 그들의 속 사람, 영혼이 깨어나지 않는 한, 영혼이 깨어나는 가나안의 경험을 하지 않는 한 근본적으로 해결된 것은 아니라는 사실을 우리는 이해해야 합니다.

영혼의 기능이 깨어나는 것과 은사적인 경험을 비교한다면 은사적인 것은 한 두 가지의 기능이 생기는 것과 같습니다. 이에 비해서 영혼의 경험은 사람 자체가 바뀌는 것입니다.

은사 경험이 피아노를 잘 치게 되었다든지 태권도를 잘 하게 되었다든지.. 하는 한 두 가지의 기능이 추가된 것이라면, 영혼의 경험은 사람의 중심과 인격이 완전히 다른 사람이 된 것이라고 할 수 있습니다. 그러므로 은사는 표면적이고 부분적인 것이며 영혼의 깨어남은 전체적인 것입니다.

은사적인 경험은 개미가 사람의 기능 몇 가지를 배우는 것과 같습니다. 영혼적인 경험은 개미가 사람이 되는 것과 같습니다.

개미가 부분적으로 사람의 몇 가지의 지혜와 능력을 얻는 것이 은사라면 영혼의 경험은 개미를 사람으로 완전히 신분을 바꾸어주는 것입니다. 그리하여 사람의 시각, 사람의 마음, 사람의 모든 것을 점차 자기 것으로 누리게 되는 것입니다. 그러므로 은사는 부분적이고 시작이지만 영혼은 전체적이고 온전한 것입니다.

은사적인 경험은 아직 영이 깨어나지 않아서 영의 세계를 이해하지 못하는 이들에게 하나님의 임재와 능력과 영광의 실재를 일부분 보여주는 것입니다.

그러나 그것은 바깥 사람의 경험입니다. 그것은 일시적인 경험입니다. 그것은 속에서 솟아나는 생수가 아니라 바깥에서 잠시 물세례를 받은 것과 같습니다.

더운 여름에 온 몸이 뜨겁고 끈적거릴 때에 시원한 물로 샤워를 한다면 그것은 아주 상쾌한 일일 것입니다. 하지만 조금 지나면 몸은 다시 덥고 끈적거릴 것입니다. 그와 같이 은사적인 경험은 그리 오래 유지되는 것이 아닙니다.

하지만 사막에서 목이 몹시 마를 때 언제나 속에서 솟아나는 생수가 있다면 그는 지속적으로 목의 갈증을 해결할 수 있을 것입니다. 이처럼 영혼의 경험은 지속적이며 영속적인 것입니다.

은사적인 경험은 표면적인 것입니다. 그 불과 능력은 그의 겉 사람에게만 역사합니다. 그렇기 때문에 그의 중심에는 여전히 자아적인 가치관과 의식이 그대로 존재합니다.

죄에 대한 해방도 그리 많지 않으며 비교의식, 열등감, 시기, 질투, 헛된 욕망 등이 그리 많이 처리되지 않습니다.

영혼이 열릴수록 그는 하나님의 영광을 내면으로 전 인격으로 체험하게 됩니다. 그의 영혼이 조금씩 깨어나면서 하나님의 속성을 실제적으로 알아가게 되며 그 거룩함과 영광의 세계 속에 거하는 것을 알게 됩니다. 거기에는 의식의 영광스러운 변화가 동반됩니다. 그것을 우주의식이라고 표현할 수 있을까요.. 주님과 우리가 하나이며 온 세계가 하나임을 알게 되는 영광스러운 영혼의 의식과 감각이 비로소 깨어나게 되는 것입니다.

그리하여 그는 온 세계와 모든 피조물들이 하나님의 영광이며 경배자인 것을 경험하게 됩니다.

그러한 통찰력에서 얻어지는 압도적인 평화와 기쁨과 사랑의 물결은 말로 표현할 수 있는 것이 아니기 때문에 사람들은 그러한 것에 대하여 신비주의라고 이야기하곤 합니다.
그러나 영혼의 인식은 어떤 초월적인 상태에서 희열에 빠지고 초월경에 잠기는 단순히 그러한 것들이 아닙니다. 그것은 뉴에이지의 속임이나 환상과도 다릅니다.

우리의 영혼은 타락한 후에 육체에 묶여있어서 육 중심의 가치관과 삶으로 인하여 탄식하고 고통을 받으며 묶여져 있습니다. 그런데 그렇게 제한을 받고 있는 영혼이 이러한 경험을 통하여 점차로 자유로워지고 해방되면서 우리는 영혼의 자유로운 인식과 기쁨과 평화를 자연스럽게 누리게 되는 것입니다. 그러한 영혼의 기쁨은 물질이나 환경을 통해서 오는 것이 아닙니다. 오히려 그러한 것을 초월하는 것입니다.
순교의 고통을 당하면서도 초월적인 기쁨으로 가득하여 웃다가 죽었다는 인도의 칼다싱, 돌에 맞아죽으면서도 얼굴이 천사와 같이 기쁨으로 환하게 빛났던 스데반.. 그들은 육신의 감각으로 기뻐한 것이 아닙니다.

영혼이 깨어날 때 그들은 환경과 상황을 초월하는 근원적인 기쁨과 만족감을 얻게 되는 것입니다. 그것은 영혼의 기쁨이며 곧 천국의 기쁨입니다. 이 기쁨을 모르는 이들은 세상적인 기쁨과 소유와 물질을 구하지만 이 기쁨을 아는 이들은 그러한 것들에서 벗어나 이 영광의 기쁨을 구합니다.
하나님께서 그분의 형상대로 우리를 지으셨다는 것은 바로 우리의 영혼이 하나님의 신성의 불꽃을 내면에 간직한 채 그렇게 자유롭고 행복한 상태로 만들어진 것을 말하는 것입니다.

그러나 인간의 죄와 타락을 통하여 사람은 육체와 겉 사람이 주인이 되었고 영혼은 겉 사람의 노예가 되어 무기력하게 갇혀있게 되었습니다.

이 영혼이 주님의 영광스러운 빛과 계시를 통하여 원래의 그 영광스러운 모습을 회복하게 될 때 그것이 곧 영혼의 경험이며 그것은 말로 측량할 수 없는 행복과 기쁨인 것입니다.

기독교 복음의 진리는 이와 같이 잠자고 있는 영혼을 깨우고 영적인 어둠의 세계에서 벗어나 찬란한 빛의 세계로 들어가는 것을 의미합니다.

영혼이 깨어나 주님을 개념이 아닌 빛으로 실제로 누리고 맛보고 경험하게 될 때 그것은 몇 가지의 기능과 경험을 의미하는 것이 아닙니다.

뉴에이지에서 비슷한 개념을 가지고 미혹을 합니다. 그러나 예수가 하나님인 것을 모르는 이들은 결코 어떠한 경우에도 그러한 영광스러운 상태에 이를 수 없습니다.

그들은 심령의 경험이 아닌 뇌를 혼미케 하는 것을 통해서 비슷한 경험을 흉내내려고 합니다. 그러나 심령에 예수의 영과 은총이 임하는 것 외에는 영혼을 깨울 수 있는 아무런 다른 방법이 없습니다. 예수의 성육신과 예수의 이름은 영혼을 깨우는 유일의 길이며 원리이기 때문입니다.

은사는 이 땅에서의 경험과 사역에 대하여만 관련이 있지만 영혼의 열린 상태는 영계에서 영원히 그의 미래와 관련을 가지게 됩니다. 은사는 하나의 기능이며 선물이기 때문에 그것은 잠시 왔다가 사라지는 것입니다. 그러나 영혼의 깨어남은 잠시의 상태가 아니라 영원한 자신의 상태가 되는 것입니다. 그것은 외적인 행위에 그치는 것이 아니라 그 사람 자체가 되는 것입니다.

은사는 선물이며 영혼의 깨어남은 열매와 관련된 것입니다. 그러므로 은사가 부족하다고 해서 심판을 받지는 않습니다.

그러나 영혼의 깨어남과 발전이 부족하여 사랑과 헌신과 온갖 아름다움의 열매를 맺지 않는다면 그 사람은 심판을 받을 것입니다. 그러므로 영혼의 발전과 깨어남은 그 사람의 영원한 운명과 관련이 있는 것입니다. 그렇기 때문에 그리스도인들은 누구나 영혼의 깨어남과 발전을 사모해야 합니다. 왜냐하면 영혼이 깨어나고 성장해야 열매를 맺을 수 있기 때문입니다.

이제 어느 정도 은사와 영혼에 대한 차이를 이해하셨을 것입니다. 이제 이것과 관련해서 몇 가지 주의할 점을 이야기하고 싶습니다.

1. 사람들은 처음으로 어떤 영적 경험을 했을 때 그것이 은사적인 경험인지 영적인 경험인지 잘 모를 것입니다. 다만 그것이 너무 좋기 때문에 사람들은 그것을 대단한 것으로 여길 것입니다.

하지만 주의해야 할 것이 있습니다. 그러한 체험보다, 하나의 권능이나 기능보다, 그 선물과 은총을 주시는 주님을 더 사랑하고 추구해야 한다는 것입니다. 은사와 기능에 사로잡혀서 어떤 이익을 얻으려고 하거나 자신을 대단한 존재로 여긴다면 그것은 어리석은 일입니다. 그러한 이들은 영적 여정에서 오래 가지 않아 실족하고 마귀의 시험에 빠져 넘어지게 됩니다. 그러므로 겸손함과 사모함으로 주님 앞으로 꾸준히 나아가야 합니다.

2. 어떤 이들은 은사자들이며 어떤 이들은 영혼의 경험자라고 한 마디로 이야기할 수 있는 것은 아닙니다. 그것은 퍼센트의 측면에서 이야기할 수 있습니다.

처음에는 아직 영혼이 발달하지 않았기 때문에 영적 경험과 은총이 육체에 머무르게 됩니다. 어떤 사람이 물을 주려고 하는데 그 사람이 물을 담을 수 있는 그릇을 가지고 있지 않습니다. 그 때 물을 그 사람의 몸에 확 뿌려 버립니다. 그것이 은사입니다. 그 물을 받을 그릇이 없으므로 몸으로 받게 되고 그렇기 때문에 조금 있으면 물이 말라 버리는 것입니다. 그러므로 은사적인 사람들은 영적 충만을 잃어버리지 않기 위해서 물이 마르지 않기 위해서 쉬지 않고 노력하고 기도해야 합니다.

그러나 초기에는 이와 같이 영적 경험이 외부적이고 은사적이지만 이 사람의 중심이 주님께 순복되고 경험이 반복되고 세월이 흐르면서 영혼적인 경험이 조금씩 더 많아지게 됩니다. 그래서 점차 은사를 사용하는 것보다 영혼의 기능에 따라서 움직이게 됩니다. 영혼의 용량이 증가되는 것입니다.

처음에는 어떤 것이 바깥의 경험인지 어떤 것이 내면의 경험인지 잘 모릅니다. 하지만 시간이 흐르고 경험이 반복되고 점점 감각이 발달하면서 그것들을 분리해서 알 수 있게 됩니다.

은사적인 경험이 많은 이들은 사람의 영혼을 잘 느끼지 못하며 겉 사람의 모습만을 주로 인식합니다.

은사적인 경험의 대표자라고 할 수 있는 삼손은 성령의 충만함을 통하여 초월적인 힘과 능력을 받았으면서도 여전히 세상적이고 육신적인 감각을 가지고 있었습니다. 그는 일시적인 충만 상태가 끝나면 여전히 육신적인 삶으로 돌아갔습니다.

그의 영혼은 그다지 발달되었다고 할 수 없습니다. 그의 눈으로 볼 때 들릴라는 아주 아름답게 보였습니다. 그러나 그의 영혼이 열린 상태라면 그는 상대의 중심을 느낄 수 있기 때문에 그녀의 외모와는 전혀 다른 내면의 끔찍한 기운을 느낄 수 있었을 것입니다.

젊은이들이 이성의 겉 사람의 매력에 많이 빠지는 것은 아직 그들의 나이가 영혼이 열릴 때가 아니기 때문입니다. 그들은 열정이 있어도 대체로 은사적입니다. 그러므로 아주 뜨거우면서도 아직 육신적인 시각과 관점을 많이 가지고 있습니다. 그러므로 은사적인 경험에서 영혼적인 경험으로 나아가도록 계속 발전과 성장을 사모해야 하는 것입니다.

3. 그러나 중요한 것은 순서입니다. 주님을 알아가고 우리의 영혼이 발전해 가는 데 있어서 그 처음은 은사적인 경험에서부터 시작되어야 합니다.

은사들이 깊은 것이 아니라고 해서 그것을 무시해서는 안 됩니다. 처음부터 영혼의 경험을 추구하는 것은 별로 바람직하지도 않으며 부작용도 많습니다. 어떤 면에서는 아주 위험합니다.

어떤 이들은 은사를 아주 낮은 것으로 봅니다. 그래서 방언이나 예언을 멸시하며 구하지 않습니다. 그러한 이들은 거의 발성기도의 훈련이 없으며 영이 약함에도 불구하고 묵상기도에만 몰두합니다. 그러한 이들의 영혼은 깨어나기 어려우며 오히려 영이 약해져서 어두움의 영들에게 눌리고 고통을 당하기 쉽습니다.

은사의 세계가 깊은 것은 아닐 지라도 반드시 그러한 세계를 경험하면서 영적 발전을 위하여 나아가야 합니다. 유치원이나 초등학교가 낮은 것이라고 생각해서 대학교부터 들어가려고 하는 것은 옳지 않습니다.

은사는 육신에 속한 것이며 낮은 것입니다. 그러나 영혼의 세계는 항상 몸, 육신에서 시작하여 영혼으로 발전해 가는 것을 이해해야 합니다. 사람이 만날 때 먼저 영혼이 만나지는 않습니다. 먼저 사람의 몸이 만나고 대화를 하고 이를 통하여 마음과 영을 나누게 됩니다. 그것이 순서입니다.

그러므로 깊은 것을 좋아한다고 육체의 세계를 무시하고 소리내어 기도하지도 않고 몸을 사용하여 기도하는 것도 모르고 깊은 묵상으로만 들어가면 영혼이 열리는 것이 아니라 눌리고 속게 됩니다. 그러므로 이 순서를 반드시 기억해야 합니다. 은사적, 권능적인 경험이 없이 영적 전쟁을 이론과 논리로 할 수 있다고 생각한다면 그것은 엄청난 오해입니다. 육체의 영성이 은사인데 처음부터 육체의 영성을 경험하지 않고 영혼의 영성만을 경험하려고 하면 영이 많이 약해지게 되며 효과적인 사역자로서 쓰여질 수 없습니다.

영성에 대한 것을 이론적으로 설명하는 것은 어렵습니다. 그것은 경험의 문제이지 이해의 문제가 아니기 때문입니다.
경험이 별로 없는 이들에게 영혼의 느낌이나 기능이나 감각에 대하여 설명하는 것은 어려운 일입니다. 영혼이 열려있을 때 사람들은 그것을 흡수하며 기뻐합니다. 무엇을 말할 때 그 에너지를 느끼고 흡수하고 기뻐할 것입니다.
그러나 그렇지 않은 이들은 뇌를 사용하여 그것을 이해하려고 할 것입니다. 이해를 하고 정리를 한 후에 어떻게 할 것인가를 결정하고 적용하려고 할 것입니다. 그리고 그러한 습관이 영혼의 움직임을 방해한다는 사실을 알지 못할 것입니다.

영혼이 열려갈수록 사람들은 자유함을 얻게 됩니다. 영적 세계의 움직임에 대해서 예민해집니다. 주님의 임재하심에 대해서 느끼고 예민해집니다. 죄에 대해서 예민해집니다. 그는 함부로 성질을 내어서는 그 임재를 유지할 수 없음을 알게 됩니다.
영혼이 열릴수록 새로운 내적 지각이 열립니다. 사람을 보면 그 사람의 영혼이 얼만큼 열려 있는지를 알 수 있습니다.
그의 외적인 지위와 나이와 신앙 경력과 상관없이 그의 안에서 영이 어느 정도 움직이는지 알게 됩니다. 영혼에 대해서 이야기를 하면 그 영혼이 듣는지 아니면 그의 뇌가 분주하게 움직이는지 느낄 수 있습니다. 그의 영이 어느 정도 감각이 있는지 그가 기도할 때 찬양할 때 어느 정도 영이 흐르는지 알 수 있습니다. 그래서 어떤 이들을 보면 심령에 기쁨이 생기며 어떤 이들을 보면 속에서 답답해지게 됩니다.

그러나 어느 정도 영혼의 움직임을 알고 있는 이들은 사람을 함부로 평가하거나 판단하지 않습니다. 그들은 사람들을 정죄하지 않으며 그저 돕기 원합니다. 그것은 주님이 원하시지 않는 마음을 가지면 그러한 영적 상태가 유지될 수 없기 때문입니다.
이들은 사람의 상태에 대하여 알게 되며 상대방을 그저 있는 모습 그대로 사랑하고 축복하게 됩니다. 어린 영혼에 대하여 비난하지 않고 압제하지 않으며 주님이 그를 보시는 시각으로 보게 되어 사랑하고 축복하게 됩니다.

우리의 영혼이 해방되고 발전하는 것.. 그것은 진정 천국의 삶입니다. 우리의 영혼에서 뿜어져 나오는 지혜와 깨달음과 사랑의 불꽃과 평화는 얼마나 놀라운 것인지 모릅니다.
나는 사람들이 그것을 알고 경험하게 되면 그 어떤 사람이든지 영혼의 깨어남과 발전을 위하여 목숨을 걸고 사모할 것이라고 생각합니다.
그것은 진정한 자유입니다.
그는 단순한 사람이 됩니다.

그는 자기의 이익을 위하여 체면을 위하여
복잡하게 계산하지 않습니다.
그는 사랑하게 됩니다.
별로 많이 애쓰지 않고도
그는 단지 사람들의 옆에 가만히 있음으로써
다른 이들에게 영감과 영혼의 발전을 도와줄 수 있습니다.
왜냐하면 영혼은 흐르는 것이기 때문입니다.
우리는 모두 이 영혼의 깨어남을 위하여
기도하며 간절히 사모하여야 합니다.
날마다 날마다 조금씩 더 조금씩
우리는 하나님의 영광의 세계 속에
들어가기를 사모해야 합니다.
그리하여 세상의 빛이 되고
영광의 물결을 확산시키는
도구가 되어야 합니다.
그 영광의 물결
그것은 바로 천국입니다.
그 천국의 확산을 위하여
우리는 날마다 더 간절함으로
주님께 나아가야 할 것입니다.

32. 더 깊은 구원을 향하여

일반적으로 예수님을 구주와 주님으로 영접하면 구원을 받았다고 이야기합니다. 주님께서 십자가 옆의 강도가 한번의 신앙 고백으로 구원받았음을 확인해주신 것을 보면 그것은 분명한 일일 것입니다.
그러나 그것은 낮은 차원의 구원이며 깊은 구원은 아닙니다.
주님을 영접한 것은 구원의 시작입니다. 그리고 더욱 더 깊은 구원을 향해서 우리는 발전해가야 합니다.

보통 구원이라고 하면 죽은 후에 천국에 간다는 의미로 많이 사용합니다. 하지만 성경에서는 구원이라는 말을 좀 더 포괄적으로 사용하는데 질병과 같은 현실적인 문제에서의 벗어남에도 구원이라는 말을 쓰곤 합니다.
나는 여기서 이것을 좀 더 이해하기 쉽게 첫 번째 구원과 두 번째 구원으로 나눌 수 있지 않을까 생각합니다.
첫 번째 구원은 낮은 차원의 구원이며 초보적인 구원으로서 바깥의 구원, 환경의 구원이라고 할 수 있을 것입니다.
두 번째 구원은 본질적인 구원이며 영혼의 구원이며 내면적인 구원입니다.

이것은 교리적인 가르침은 아닙니다. 다만 영성의 발전과 주님의 인도하심에 대한 이해를 돕기 위한 설명입니다.

아직 영혼이 자라지 않았을 때 우리의 관심은 환경입니다. 우리는 바깥 환경의 문제로 고통을 겪으며 또한 환경에서 기쁨을 얻습니다.

이 수준에서는 우리의 의식이 내면을 향하지 않고 바깥을 향하고 있기 때문에 고통의 근원이 다른 사람이거나 환경이라고 생각합니다. 그러므로 고통을 주는 사람이 눈앞에서 사라지거나 환경의 문제가 해결되면 된다고 생각합니다.

이 수준에서는 자기의 마음에서 모든 문제가 시작되며 환경이나 바깥의 원수는 자신의 마음이 만들어내는 것임을 모르기 때문에 주로 바깥의 변화나 문제 해결을 위하여 많이 기도합니다.

이 단계에서는 아직 깨달음이 부족하므로 그저 문제가 생기면 속상하고 자기를 괴롭히는 이가 있으면 화가 날 뿐입니다. 간혹 은혜를 받고 용서하고 참고 잘 지내는 경우도 있지만 시간이 조금 지나면 다시 화를 내고 미워하고.. 그리고 다시 시간이 지나면 후회하고 회개하고.. 그렇게 지루한 반복을 되풀이합니다.

참으려고 애를 써도 아직 이 수준에서는 주님의 의도와 영혼의 세계를 보지 못하기 때문에 본질적인 문제해결은 있을 수 없고 그저 일시적인 평화가 있을 뿐입니다. 잠깐 문제를 잊고 다른 데에 의식을 돌릴 때만 잠시 편안할 뿐입니다.

이 상태에서도 간절히 기도하다 보면 주님의 응답과 임재와 능력과 은사들을 경험할 수 있습니다. 기적과 역사를 체험하기도 합니다. 그러나 그것은 일시적으로 기쁨과 자유함을 주지만 그러한 외적 체험들은 그의 영혼을 깨우지 못하며 오히려 어떤 면에서 바깥을 강건하게 하므로 진정한 문제의 해결은 아직 오지 않습니다.

사람들은 처음 단계에서 환경의 구원을 원합니다. 그러나 그것은 바른 방향이 아니기 때문에 오랜 세월을 기도해도 참된 기쁨과 만족을 얻을 수 없습니다. 길을 몰라서 오랜 세월을 방황하다가 사람들은 많은 시간을 낭비한 후에 비로소 조금씩 영혼이 열리기 시작합니다. 눈이 떠지면 조금씩 자신의 마음과 영혼의 상태가 모든 환경과 사람들을 만들어낸다는 것을 알게 됩니다.
우리에게는 창조력이 있으며 그 창조력으로 자신을 파괴하는데 사용하고 주님의 의지와 조화되지 않은 상태인 것을 알게 됩니다.
결국 모든 문제는 자기 안에 있는 것을 깨닫게 되는 것입니다. 이 즈음에 사람들은 '이 우주 안에서 내가 가장 교만한 자이며 내가 가장 완악한 자이다' 하고 고백하곤 합니다. 그것은 눈이 열린 자들이 할 수 있는 공통적인 고백입니다.

그렇게 되면 자신을 고통스럽게 한 많은 문제들이 오직 자신의 영혼을 깨우게 하기 위한 것들이며 자신에게 고통을 주고 있는 사람들은 사실은 자신을 변화시키기 위하여 악역을 맡을 수밖에 없는 피해자인 것을 알게 됩니다.

이 때에 자신을 둘러싸고 있는 모든 문제, 모든 고통의 근원이 자신의 이기심과 육적인 옛 자아임을 깨닫고는 비로소 시각의 전환이 이루어지게 되는 것입니다.

그러고 나면 자신이 여태껏 미워했던 사람에 대하여 너무나 미안한 마음이 들게 되며 진정 용서받아야 할 사람은 자신인 것을 알게 됩니다. 그리고 자신이 깨닫기 전까지는 그 사람들은 계속 어둠 속에서 악역을 해야 하며 자기 때문에 그들의 영혼이 고통을 계속 겪고 어둠 속에 있는 것임을 알게 됩니다.
이러한 깨달음이 단지 뇌의 지식에 속한 것이라면 그는 변화되지 않을 것입니다. 그러나 이 깨달음이 실제적인 것이라면 그는 변화되기 시작합니다. 진정한 빛이 그에게 비추어지면서 그는 고꾸라지게 됩니다. 그는 다메섹의 바울같이 되는 것입니다.

그는 이제 더 이상 환경의 문제를 가지고 씨름하지 않습니다.
그는 더 이상 바깥의 변화에 대하여 고통하지 않습니다.
그는 문제의 근원이 무엇인지 누구인지 발견했기 때문입니다.
그는 이제 주님 앞에 굴복되게 됩니다.
그는 자신의 의지가 온전히 주님 앞에 드려지며 굴복되기를 원합니다. 그는 우주적인 평화를 누리기 위해서는 오직 한가지 자신의 뜻이 완전히 주님께 조화되어야 만이 가능하다는 것을 알게 됩니다. 그는 이제껏 자기가 인생의 주인이었습니다. 자기가 사랑 받기 원했으며 자기가 위대한 사람이 되기를 원했으며 모든 상황들이 자기의 뜻대로 되지 않으면 그는 화가 났었습니다.
주의 이름을 수도 없이 불렀지만 그는 주님의 뜻이나 원하심에는 사실 별로 관심이 없었습니다.
그러나 깨달음이 임할 때 그는 불현듯 자신의 그 비참한 모습에 대해서 알게 됩니다. 자신이 얼마나 악하고 이기적으로 살아왔는지에 대해서 깨닫게 됩니다. 그 깨달음의 빛으로 말미암아 그는 통곡하게 되며 비로소 주님 앞에 엎드려 진정한 주님의 종이 되기를 원하게 되는 것입니다.

이제 그는 더 이상 주인의 위치를 갖기를 원치 않으며 그저 주님의 뜻 가운데 온전히 드려지기를 원하게 됩니다. 그는 이제 아주 사소한 감정도 생각도 주님의 빛 가운데 올려놓기를 원합니다.
이제 더 이상 환경은 그에게 고통이 되지 않습니다.
기쁨도 되지 않습니다. 그의 기쁨은 그의 내면에 거하시는 주님이며 주님의 기뻐하심만이 그의 기쁨이 됩니다.

이제 그는 바깥의 환경이 그림자인 것을 압니다. 그것은 본질적인 것이 아니며 하나의 허상에 지나지 않은 것을 알게 됩니다. 그는 더 이상 그러한 허상에 매달리지 않게 됩니다. 눈앞에 죽음이 다가와도 그는 그것을 대수롭게 여기지 않게 됩니다. 그것은 하나의 연기에 지나지 않으며 그림자인 것을 알기 때문입니다.
아직 영혼이 깨어나지 않았을 때 주님은 바깥에서 그를 만나주십니다. 그에게 은사와 능력을 부어주시며 환경을 변화시키며 그에게 하나님이 살아 계시다는 것을 보여줍니다. 하나님은 그의 바깥에서 그를 만나주시는 것입니다.

그러나 그가 하나님이 계신 것을 분명히 알게 되고 하나님을 떠날 수 없으며 천국과 지옥이 있는 것을 분명히 알게 된 다음에는 주님은 그에게 두 번째 구원, 영원하고 깊은 구원을 이루기 위한 역사를 시작하십니다.

많은 방황을 거쳐 주님의 의도를 알게 된 이는 환경의 부침에 대하여 별로 흔들리지 않게 됩니다. 그는 환경의 구원이 아니라 내면의 구원, 영혼의 구원이 무엇인지 압니다.

그는 미리암이 애굽의 바로와 그의 군대들이 바다에 익사했을 때 춤을 추었던 그 춤이 아니라 바울과 실라가 감옥에서 찬양했던 그 두 번째 찬양의 의미를 알게 됩니다.

돌에 맞아죽으며 기쁨과 영광을 이길 수 없었던 스데반의 행복이 무엇인지 알게 됩니다.

그는 점점 더 구하게 됩니다. 보이는 것만의 구원이 아닌 더 깊고 깊은 구원을.. 천국의 실제가 더 확실하게 분명하게 경험되는, 육과 환경을 초월한 구원의 역사를 더욱 더 기대하게 됩니다.

주님은 몸은 죽여도 영혼을 죽일 수 없는 이들을 두려워하지 말라고 그의 제자들에게 말씀하셨습니다.

영혼이 눈을 뜰수록 바깥의 고난과 행복보다 내면의 영원한 영광과 비참함에 대하여 더 민감해지게 되는 것입니다.

두 번째의 구원의 역사가 깊어질수록 그는 초월적인 사람이 됩니다. 그는 살아도 행복하고 죽어도 행복한 사람이 됩니다.
그는 먹어도 행복하고 굶어도 행복합니다.
그는 칭찬을 받아도 행복하고 비방을 받아도 행복합니다.
비방이 괴롭고 현실의 사소한 문제에 대하여 넘어지고 근심하는 것은 그가 아직 두 번째 영광의 풍성함을 충만하게 맛보지 않았기 때문입니다.

우리의 영혼의 성장, 더 깊은 구원..
우리의 인생 전반에 이루어지는 모든 일들이 오직 이 일을 위하여 진행되고 있음을 우리는 기억해야 합니다.
그러므로 우리에게 필요한 것은 주님의 의도에 대한 순복이며 의탁과 겸손과 감사입니다.
처음에 우리는 많은 애를 쓰지만 점차 우리는 어떤 목표들을 버리고 주님의 뜻만을 바라보게 됩니다. 그리고 그러한 의탁과 신뢰가 깊어질수록 두려움과 번민을 넘어선 완전한 평화를 얻게 됩니다.

우리 영혼이 주님과 온전히 조화되지 못할 때 모든 고통이 시작됩니다. 고통은 깨어진 균형과 조화를 바르게 회복하기 위한 자연적이고 우주적인 법칙입니다.
영혼이 눈을 뜰수록 우리는 평화를 누리게될 것입니다. 참된 안식을 경험하게 될 것입니다.
세상의 모든 피조물들은 주님께 순복함으로 온전한 평화를 누리고 있습니다. 오직 사람만이 주님의 뜻을 벗어나서 고통과 혼돈 속에 머물러 있습니다.
그러나 우리가 주님께 굴복되고 드려지고 조화될수록 우리는 그 초월적인 사랑과 기쁨과 평화를 맛보게 될 것입니다.
우리의 눈을 가리던 본능의 막이 벗겨지면서 하늘의 지혜와 영광을 우리는 다시 회복하게 될 것입니다.

우리의 영혼은 두 번째 구원, 더 깊은 구원을 위하여 오늘도 계속 나아가고 있습니다. 우리 주님은 오늘도 우리의 곁에 계시고 우리의 삶을 주장하시며 순종을 원하십니다.
오늘도 우리는 주님께 순복하며 조화된 대자연과 같이 순복하며 조화된 그 자연스러운 흐름을 따라 살아야 합니다.
분노나 두려움, 낙심 등은 우리가 그 조화와 흐름에서 벗어난 것을 보여주고 있는 것입니다.

오늘도 우리는 걸어갑니다. 영원한 나라를 위한 준비, 더 깊고 아름다운 풍성함을 위한 준비와 훈련을 받으며 우리는 이 길을 계속 걸어갈 것입니다. 그리고 순복이 많아질수록 우리는 아름다운 열매를 얻게 될 것입니다.
오늘도 이 길을 즐겁게 기쁨으로 걸어가십시오.
오늘 조금 더 순종하면
내일은 이 길이 좀 더 쉬울 것입니다.
더 나은 내일과

더 아름다운 우리의 영혼을 위하여
오늘도 순종하고 감사하는 하루가 되기를 바랍니다.
주님을 찬양하십시다. 할렐루야.

33. 스포츠와 영성에 대하여

요즈음 월드컵 때문에 온 나라가 요동하고 있습니다. 16강에 올라갔다고 마치 나라가 해방된 것처럼 열광을 하고 있는데 그 모습을 보면 주님이 재림하신다고 해서 이 정도로 기뻐할까 싶은 생각이 듭니다.

불과 100년쯤 전만 해도 하나의 공놀이 때문에 온 세계가 이렇게 난리법석이 된다는 것은 아무도 이해할 수 없었을 것입니다. 이 기회에 스포츠와 영성의 관계에 대하여 잠시 생각해보기로 하지요.

사도 바울은 고린도전서 9장에서 운동장에서 달음질하는 자들이 다 달아날지라도 상 얻는 자는 하나라고 이야기합니다. 또한 디모데후서 2장에서는 경기하는 자가 법대로 경기하여야 면류관을 얻는다고 이야기합니다.

그래서 흔히 사람들은 이 부분을 인용하면서 바울도 스포츠에 대하여 긍정적으로 생각했었다고 주장하곤 합니다. 그러나 바울은 이러한 비유를 통하여 복음의 원리를 설명하고 있는 것이지 스포츠에 대한 그의 개인적인 취향에 대하여 언급하고 있는 것은 아닙니다. 어떤 이가 박찬호나 박세리에 대하여 언급을 했다고 해서 그가 반드시 야구나 골프를 좋아한다는 의미는 아닌 것입니다.

스포츠와 영성에는 어떤 관계가 있을까요?
스포츠를 즐기는 것은 영성의 발전에 어떤 영향을 끼치게 될까요? 간단히 한 마디로 언급하자면 승부를 가리는 대부분의 게임들은 영성에 도움이 되지 않습니다. 오히려 해로운 면이 많습니다.

나는 거듭나기 전에 TV에서 중계하는 권투 경기를 보는 것을 좋아했었습니다. 그 뿐 아니라 대부분의 스포츠를 좋아했었습니다. 승부를 가리는 모든 게임을 좋아했었지요. 사실 그것은 대부분의 남성이 가지고 있는 기질적인 부분이기도 합니다.
대체로 여성들은 기질적으로 스포츠와 승부를 그리 좋아하지 않지요. 그것은 남성은 기본적으로 능력과 법, 진리의 사람으로 태어났기 때문에 정의와 승리에서 만족을 느끼며 여성들은 기본적으로 은혜와 사랑의 사람으로 지음을 받았기 때문에 사랑과 따뜻함에서 만족을 느끼기 때문입니다. 그래서 TV를 보더라도 남성들은 뉴스와 스포츠를, 여성들은 드라마를 좋아하는 것입니다.

나는 거듭나기 전에 권투경기를 보면서 흥분을 느꼈습니다. 강력하게 상대를 몰아붙이면서 공격하고 쓰러뜨리는 모습은 타고난 아담의 성분을 가진 남성들을 흥분시키는 요소가 있습니다. 그러나 나는 거듭나고 영혼에 대하여 알게되면서 더 이상 권투를 즐길 수 없었습니다.
주먹을 불끈 쥐고 있는 힘을 다하여 상대의 얼굴을 때리고.. 그리고 상대가 아파하고 정신을 차리지 못할 때 온 힘을 다하여 쓰러질 때까지 매질을 하는 그 모습을.. 나는 더 이상 즐길 수 없었습니다. 아니 즐기는 것은 고사하고 가슴이 아파서 도저히 볼 수가 없었습니다.

남성들은 타고날 때부터 의로움과 정의에 대한 감각을 가지고 태어납니다. 그러므로 어떤 불의한 일을 겪거나 보게 되면 그것을 잘 견디기 어려우며 옳지 못한 입장에 있는 상대방에 대한 분노와 공격하고 복수하고 싶은 열망에 사로잡힙니다. 그러나 현실의 삶에서 그러한 공격성을 발휘하는 것은 어렵습니다.

예를 들어서 직장의 상사가 불합리한 요구를 했을 때 비록 화가 나기는 하지만 거기에 대해서 항의를 하거나 분노를 표출시키는 것은 곤란하기 때문입니다.

그렇기 때문에 사회 생활을 하다보면 일상의 삶을 통해서 크고 작은 스트레스가 축적되기 마련입니다. 그렇게 축적된 분노와 공격성의 합법적인 분출이 바로 스포츠입니다.

그러므로 영혼의 세계를 잃어버린 현대 사회가 점점 물질 중심이 되고 인간성이 말살될 때 사람들의 분노와 공격성은 점점 더 쌓이게 되고 따라서 배출구를 찾게 됩니다. 승부를 겨루는 스포츠에 대한 열정은 이러한 배출구로서 스포츠의 역할이 증가되는 것과 관련이 있다고 할 수 있을 것입니다.

물론 그러한 공격성의 분출은 영혼의 성장에 도움이 되지 않습니다. 그저 일시적인 위안이 될 뿐이지요.

영혼의 성장을 위해서는 불의와 억울함에 대해서 화를 내는 식으로 본능적으로 반응하기보다는, 고통이나 불의를 통하여 무엇을 배워야 하며 어떻게 발전해가야 하는지에 대해서 근본적으로 깨닫고 적용하는 것이 필요합니다. 그럴 때 문제와 고통을 통해 우리의 영혼이 깨어나게 되며 주님의 소유가 되고 연합이 되어 성장이 이루어지게 되는 것입니다. 그것이 분노를 처리하고 불의에 대처하는 근원적인 방식이라고 할 수 있습니다.

나의 경우에도 주를 알기 전에는 많은 분노와 공격성을 가지고 있었지요. 아마 그래서 권투를 즐겨 보았을 것입니다. 그러나 주를 알게 되면서 상대방의 주먹에 맞아서 피투성이가 되고 일그러진 권투선수의 모습을 보는 것을 더 이상 견딜 수 없었습니다.
그렇게 맞는 선수들도 아내가 있고 어머니가 있고 친구들, 사랑하는 사람이 있겠지요. 그들이 자신의 아들, 애인, 남편이 그처럼 맞는 모습을 보면 마음이 어떨까요..
아마 너무나 마음이 아프고 슬플 것입니다. 그러므로 그 상대를 때리는 사람은 실질적으로 그의 부모나 애인을 때리는 것이나 마찬가지인 것입니다.

또한 한 선수가 맞고 피를 흘리며 쓰러지는 모습을 보면서 기뻐하며 뛰면서 박수를 치고 환호를 하는 사람들도 똑같이 그를 때리고 그 선수의 가족을 때리고 쓰러뜨리면서 똑같이 즐기고 있는 것과 마찬가지인 것입니다.

자기들이 직접 때리지 않고 있더라도 그러한 행위에 대하여 기쁨을 느끼고 돈을 지불하고 시간과 마음과 관심을 지불하는 것은 동일한 행위에 동참하는 것과 같은 것이지요.

아마 이러한 이야기를 들으면서 이렇게 생각할지도 모릅니다.
사실 그렇다. 권투는 야만적인 게임이다. 그러나 축구는 다르지 않은가? 축구에서는 아무도 상대를 때리지 않는다. 만약 그렇게 한다면 그 선수는 바로 퇴장을 당하게 된다. 축구는 비교적 신사적인 스포츠가 아닌가? 라고요.
나는 축구가 비신사적이며 야만적인 스포츠라는 것을 증명하고 싶은 의사가 없습니다. 다만 여기서 이야기하고 싶은 것은 축구가 권투처럼 직접적으로 상대를 때려눕히지는 않더라도 상대방에게 충격을 주는 것에는 별로 차이가 없다는 것입니다.

권투 경기가 끝난 후 승자는 두 팔을 들고 팬들의 환호에 응답합니다. 코치는 선수를 무등을 태우고 다니기도 하지요. 그리고 다른 편에서는 맞아서 얼굴이 형편없이 일그러진 패자가 비참한 모습으로 비틀거리며 퇴장합니다.
축구경기도 그렇습니다. 이기는 이들은 펄쩍 펄쩍 뛰어다니면서 승리의 감격을 누립니다. 그리고 패배한 이들은 운동장에 주저앉거나 눈물을 흘립니다. 그들은 비참한 모습으로 고국으로 돌아가겠지요.. 성난 팬들, 야수와 같은 언론에게 그들은 시달리게 되겠지요.. 그들은 패배에 대한 대가를 지불해야 할 것입니다.

공격을 하는 이들은 치열하게 상대의 문전을 두드립니다. 손톱 만한 틈이라도 있으면 날카롭고도 예리한 공격을 퍼붓습니다. 그리고 그렇게 해서 공격이 성공했을 때 그것은 결과적으로 상대방에게 충격을 주는데 그것은 직접 주먹으로 때리는 것 못지 않은 고통과 충격을 주는 것입니다. 골키퍼가 골을 먹는 고통은 주먹이나 발길질로 얻어맞는 것에 비하여 결코 적은 고통이 아닙니다.

이런 이야기를 하면 사람들은 그렇게 반응하겠지요. 그거야 당연한 것 아니냐.. 그것이 바로 승부의 세계이며 승부의 묘미가 아니냐.. 그렇습니다. 그것이 승부입니다. 그것은 어쩔 수 없는 것일지도 모르지요. 다만 분명히 언급하고 싶은 것이 있습니다. 스포츠의 승리와 영광은 기본적으로 상대방의 고통과 파멸 위에서 존재하는 것입니다. 그리고 그것은 영성의 발전과 근본적으로 대치되는 것입니다.

영성이라는 것은 한 쪽을 망가뜨리고 그로 인하여 이득을 얻는 것이 아닙니다. 영성이란 사랑과 조화의 세계이며 한 쪽이 희생하고 다른 쪽이 영광을 얻는 세계가 아니며 모두가 다 행복하고 승리하는 세계입니다.
마귀와의 전쟁에서 이겨야 하지 않느냐.. 계시록에도 이기는 자에 대한 언급이 있지 않느냐고 생각하겠지요.
그렇습니다. 우리의 유일한 전쟁의 대상이 있다면 그것은 마귀와의 전쟁입니다.

우리는 마귀와의 싸움에서 이겨야 합니다. 그러나 다른 사람, 다른 영혼과의 싸움에서 이기는 것이 우리의 본질적인 사명은 아닙니다. 오늘날 세상에는 치열한 전쟁이 있고 경쟁이 있습니다. 서로 상대방을 이기고 쓰러뜨리고 승리하기 위하여 치열하게 싸웁니다. 그리고 거기에는 승리자가 있고 패배자가 있습니다. 잘 나가는 사람들에 대한 시기와 질투가 있고 분노와 미움이 있습니다.
그러나 그것은 거듭나지 않는 세상의 체계이며 철학입니다. 주님이 통치하시는 세계, 본질적인 영혼의 세계에서는 상대와의 전쟁이나 경쟁의 개념이 없습니다.

우리 모두는 각자 다른 재능과 기질과 성향을 가지고 태어납니다. 모든 이들은 각자 잘 하는 것이 있고 좋아하는 것이 있습니다. 그리고 그것을 행하므로 모든 다른 이들에게 도움을 주고 유익을 줍니다. 거기에는 1등이 있고 2등이 있는 것이 아닙니다. 경쟁이 있고 승자와 패자가 있는 것이 아닙니다.
각 사람이 자기의 재능을 발휘함으로 다른 이들을 섬기고 편리하게 만들어줍니다. 그러므로 모든 사람이 1등입니다. 그것이 주님의 체계이며 천국의 체계입니다.

마귀는 다툼과 경쟁의 체계를 만들어냈습니다. 그리하여 모든 이들을 경쟁과 긴장과 분노의 세계로 몰아넣었습니다. 다른 이들을 실패자로 만들고 성공과 승리를 즐기는 잔인한 사람이 되도록 그러한 체계를 만들었습니다. 그 배후에는 마귀가 있습니다. 그것은 진정한 승리가 아닙니다. 그것은 불안한 승리입니다. 승리의 기쁨은 오래 가지 않으며 그들은 언젠가 패할 것입니다. 나중에 비참하게 패했을 때 그는 지난날의 승리의 기쁨을 잃어버리게 될 것입니다. 그것은 천국의 체계가 아닙니다. 그것은 우리 영혼이 나아가는 길이 아닙니다. 그것은 영혼의 풍성함을 제한하는 것입니다. 영혼의 세계에서는 아무도 서로 피해를 주지 않으며 자신의 기쁨을 통해서 다른 이들에게도 기쁨이 가게 됩니다.

청년 시절에 교제를 나누던 어떤 초신자 형님을 아주 큰 교회의 철야기도회에 모시고 갔던 적이 있었습니다. 밤새 철야 기도회를 하고 새벽 예배 시간에 많은 이들이 예배가 끝나지 않았는데 밖으로 달려나가는 것을 이 형님이 보았습니다.
이 형님이 나에게 물었습니다. 저 사람들 예배 안 끝났는데 어디를 저렇게 빨리 가느냐는 것입니다.
나는 대답했습니다. 조금 있으면 통금이 끝이 나니까 버스를 타고 집으로 가야 하는데 자리를 잡으려고 빨리 나간다고 말입니다. 그러자 그 형님이 이해가 안 간다는 것이었습니다.
자기가 자리를 잡으면 다른 사람이 서서가야 하는데 밤을 새워서 기도하는 사람들이 그렇게 이기적이어서야 되겠느냐고.. 나는 초신자의 그 이야기를 듣고 부끄러웠습니다.

경쟁하는 삶은 낮은 삶입니다. 낮은 신앙입니다. 자기의 유익과 즐거움을 위하여 다른 이들을 희생시키는 것은 성숙한 신앙이 아닙니다. 남을 제압하고 이겨서 이익을 보겠다는 사고방식은 깊은 것이 아닙니다.

세상의 가치관과 철학을 가지고 사는 이들은 그럴 수 있습니다. 그들은 영적으로 무지하고 어리기 때문입니다. 그러나 그리스도인들이 그렇게 한다면 그는 아직 진리 가운데 거하고 있다고 할 수 없습니다.

모든 복에는 보이는 복과 보이지 않는 복이 있습니다. 재화에는 한정된 재화도 있고 무제한의 재화도 있습니다. 예를 들어서 버스의 좌석과 같은 것은 보이는 복이며 한정된 복입니다. 좌석은 한정되어 있기 때문에 내가 앉으면 다른 이는 앉을 수 없습니다.

물질도 그와 같은 것입니다. 내가 많이 가지면 남이 그만큼 가질 수 없습니다. 그것이 눈에 보이는 복이며 물질적인 복이며 한계가 있는 복입니다. 그것은 진정한 복이 아닙니다.

그러나 영적인 복, 보이지 않는 복에는 한계가 없습니다.

우리가 주님의 은혜를 입어 사랑할 수 있는 은총과 능력을 얻었다고 합시다. 그것은 아무에게도 피해를 주지 않습니다. 영적인 재화, 보이지 않는 재화는 무제한적인 것이기 때문에 우리가 그 사랑을 조금 얻었다고 할지라도 그 때문에 남에게 돌아갈 사랑이 줄어드는 것은 아닙니다. 우리가 주님의 지혜를 조금 얻었다고 해도 그로 인하여 남에게 가야할 지혜가 줄어들어서 다른 이들이 멍청해지는 것은 아닙니다.

진정하고 가치 있는 복은 내가 그것을 얻어서 기쁘고 행복할 뿐 아니라 그 기쁨과 은총을 다른 이들에게도 같이 나눌 수 있는 것입니다. 그것이 진정한 복의 특성입니다.

스포츠의 승리, 그 영광.. 그것은 근본적으로 다른 이들의 고통의 기초 위에서 얻어지는 복입니다. 고통을 당하는 상대방들이 우리가 볼 수 없는 먼 곳에 살고 있다고 해서, 그들이 우리와 다른 나라 사람들이라고 해서, 그들이 피부가 다르고 가난한 이들이라고 해서 그들이 겪는 아픔을 무시해서는 안 됩니다.

사실 월드컵과 같은 국가 간의 게임은 부분적으로는 그렇지 않을 수도 있겠지만 기본적으로는 돈이 많고 힘이 센 나라가 이기는 것이 당연한 것입니다.

많은 돈을 들여서 세계적인 감독을 초빙하고 비싸고 시설이 좋은 잔디 구장을 지으며 축구 한 가지만 잘해도 돈과 명예를 얻을 수 있도록 나라에서 장려를 하고 투자를 하면 자연히 축구 실력은 발전하고 시합의 성적은 좋아질 것입니다.

그러한 차원에서 보면 경제적, 사회적 강자들이 약자들과 싸워서 이기는 것이나 별로 다름이 없는 일인 것입니다.

그러한 승리는 국민의 자부심을 높여줄 것입니다. 그러므로 그러한 붐을 일으키는 것은 정부에게도 이익이 되며 언론에서도 유리합니다. 경제적인 효과도 엄청나니 기업에서도 당연히 이와 같은 흐름을 조장하고 스포츠 마케팅에 나설 것입니다. 다 좋습니다. 하지만 분명한 것은 그러한 승부욕, 그러한 흥분.. 그 모든 것은 영혼의 아름다움, 풍성함을 해치고 제한한다는 것입니다.
어떤 이들은 그런 이야기를 합니다.
우리나라가 온 국민이 이처럼 하나가 된 적이 있었느냐고요. 그것 하나만 보더라도 참 바람직한 일이 아니냐고요..
글쎄요. 과연 그럴까요. 잠시 같이 소리를 지르고 흥분한 것을 가지고 그것을 진정한 하나됨이라고 생각할 수 있을까요. 그리고 설사 그렇다고 쳐도 그것은 얼마나 갈까요. 월드컵이 끝나면 모든 이들은 다시 지역과 정치성향과 모든 차이점으로 인하여 서로 미워하고 정죄하는 삶으로 돌아갈 것입니다.

그리고 하나됨이라고 해봤자 그것은 배타적인 하나됨입니다.
과거 일본의 도요토미 히데요시는 일본 내의 각종 문제와 불만을 해결하기 위하여 임진왜란을 일으켰습니다. 조선이라는 하나의 희생양을 선택하여 이를 침략하고 파괴하면서 그들은 하나가 되는 것입니다.
자국민이 하나되기 위하여 가장 좋은 방법은 외국과 전쟁을 하는 것입니다. 그렇게 되면 운명 공동체로서 가장 확실하게 하나가 될 수 있지요.
사실 축구도 상징적일 뿐 일종의 외국과의 전쟁과 비슷합니다. 온 국민이 하나가 되어 자기 나라를 응원하고 일체감을 느끼지요. 그것은 한 친구를 여러 친구들이 같이 왕따를 시키고 같이 비웃으면서 느끼는 하나됨이나 별로 다르지 않은 것입니다.
한 사람이나 어떤 대상에 대해서 모두가 같이 욕을 하고 공격을 하면 일시적으로 그들은 마음이 서로 통하는 것을 느끼게 됩니다. 공동의 적을 통해서 그들은 같은 마음이 되는 것입니다. 하지만 그러한 상태는 결코 오래 가지 않습니다.

그러한 일체감은 마약을 먹을 때의 도취감과 별로 다를 바가 없습니다. 그리고 그러한 일시적인 흥분상태에서의 하나됨은 견고한 것이 아닙니다. 시간이 흐르고 정신을 차리게 되면 잠시 잊고 있었던 다른 문제들이 여전히 존재하고 있음을 그들은 알게 되고 그리하여 그 하나됨은 곧 깨지게 됩니다.

경쟁을 하고 상대를 적으로 삼고 물리치는 스포츠는 결코 영혼에 도움이 되지 않습니다. 그것은 영혼을 근심시키며 흥분시키고 고통을 줍니다.

승부를 하다보면 사람들은 자연적으로 그 승부에 몰입하게 됩니다. 처음에는 게임 속에서의 가상적인 적이며 가상적인 싸움이지만 게임을 하다보면 나중에는 상대방을 실제로 미워하게 됩니다.

경기장에서의 분노나 흥분, 싸움은 흔히 볼 수 있는 일입니다. 응원하는 사람들끼리의 부딪침도 흔하게 일어나는 일입니다. 자신이 응원하는 팀이 패했을 때 난동을 부리는 팬들의 모습도 심심찮게 뉴스를 통해서 볼 수 있습니다. 축구와 같은 스포츠를 통해서 실제로 전쟁이 일어난 나라도 있고 이웃 국가와의 관계가 나빠지는 경우도 있습니다.

이것은 게임이 근본적으로 평화에 속한 것이 아니고 파괴적인 요소를 가지고 있는 것을 보여줍니다. 그것은 영혼을 해롭게 하며 불편하게 만듭니다. 영혼의 감각이 없이 육신적으로 사는 이들은 다른 이들에게 상처를 주고도 아무렇지도 않으며 아무 느낌이 없습니다. 그러나 영혼이 맑은 사람은 그러한 상태를 견디지 못합니다. 그는 사과를 하고 상대방의 마음을 풀어주기 전에는 답답해서 견딜 수 없습니다. 그는 기도가 막히는 것을 느끼게 됩니다.

모든 사람들은 영혼의 깊은 곳에서 하나이기 때문에 다른 이들에게 아픔을 주고 고통을 주는 것은 곧 자기의 영혼에 죄를 짓는 것과 같은 것입니다.

그러므로 영혼이 발전한 이들은 다른 이들을 섬기며 기쁘게 해주는 것을 좋아합니다. 남들의 희생과 슬픔에 기초해서 기쁨과 즐거움을 누리려고는 결코 생각하지 않습니다. 영혼의 세계는 서로 모두에게 기쁨이 되고 은혜가 되는 것이며 평강과 은혜와 자유함이 가득한 것입니다.

낮은 차원의 복이 있습니다. 그리고 그것을 무시할 수는 없습니다. 영적으로 성장한 사람들보다는 낮은 차원에서 본능적인 삶을 사는 이들이 훨씬 더 많기 때문입니다. 많은 부모들이 자녀를 위하여 기도하는 것도 내 자식이 남의 자식보다 잘되게 해달라는 기도입니다. 그것은 어린 기도이지만 소박한 기도이기에 그러한 기도를 무시할 수는 없을 것입니다.

그러나 우리는 가능하면 그러한 낮은 상태를 벗어나야 합니다. 빨리 영혼이 눈을 뜨고 본질적이고 영원한 복을 체험해야 하며 구해야 합니다. 남의 희생에 근거한 복은 결코 영혼에게 도움이 되지 않습니다. 그것은 지금은 좋아 보이지만 언젠가는 그 대가를 지불하게 됩니다 영적 세계에서 볼 때 다른 이들에게 피해를 주는 이들은 결코 무사하게 지나가지 않습니다. 그것은 언젠가 자기에게 돌아옵니다. 그것은 영계의 법칙입니다.

예를 들어 어떤 이가 부동산 투기로 돈을 많이 벌었습니다. 그는 그것을 주님의 축복이라 생각하겠지만 꼭 그렇다고 보기 어렵습니다. 그가 돈을 번 것은 많은 이들의 희생과 손해에 근거한 것입니다. 그것은 영혼의 복이 아닙니다. 그는 언젠가 대가를 지불해야 합니다.

어떤 이가 증권으로 돈을 많이 벌거나 복권이 당첨되어 돈을 많이 벌었다고 해도 그것은 영혼의 복이 아닙니다. 그것도 많은 이들의 손해에 근거해서 이익을 본 것입니다. 그는 당첨이 되어서 기분이 좋겠지만 또한 다른 곳에서는 어떤 사람이 많은 돈을 거기에 쏟아 부은 채 좌절하고 있을 것입니다. 이 사람이 당첨된 것이 민주주의 사회의 법으로 보았을 때 죄라고 할 수는 없습니다. 그러나 영계에서는 그는 옳지 않습니다. 그는 물질적으로는 이득을 얻었지만 다른 이들에게 간접적으로 피해를 준 것입니다.

그는 그만큼 영적으로는 손해를 보게 됩니다. 그리고 재앙의 기운을 끌어당기게 됩니다. 그렇기 때문에 거액의 복권당첨을 한 사람들의 말로가 대부분 이혼, 자살, 타락 등으로 비참하게 끝이 나는 것입니다.

거액의 당첨이 된 사람이 영계의 법칙에 대해서 알고 있다면 그는 그 돈으로 다른 이들을 도울 것입니다. 그렇게 하면 재앙의 기운이 상쇄되기 때문에 그의 삶은 비교적 안전할 수 있습니다.

영성의 복은 그 받은 한 사람만의 복이 아닙니다. 그는 그 자신만을 위해서 복을 받은 것이 아닙니다. 어떤 이가 주님의 크신 은총을 입어 넘치는 권능과 지혜를 얻었다고 합시다. 그것은 그가 특별한 존재이고 잘났기 때문에 은혜가 임한 것이 아닙니다. 받은 것을 통해서 다른 이들을 섬기고 나누어주라고 하나님이 주신 것입니다. 자기 혼자 가지고 있으면 그것은 그에게 복이 될 수 없습니다. 물질이든 은사든 지식이든 능력이든 그것은 모두 그렇습니다. 우리는 가지고 있는 것을 나누어야 합니다. 그것이 안전한 길입니다.

어떤 이가 주님의 감동을 받게 되면 그는 다른 이와 경쟁하고 싶은 것이 아니라 다른 이들을 사랑하고 섬기고 싶어합니다. 자기의 것을 나누어주고 싶어집니다. 그래서 섬기는 이도 기쁨이 되며 받는 이도 기쁨이 됩니다. 그래서 모든 이들이 풍성해지는 것입니다. 그것이 천국의 법칙이며 경쟁이 아니고 협력이며 모두가 같이 승리하는 길인 것입니다.

주님의 제자들도 아직 육신의 수준에 있었을 때는 천국에서 누가 큰지를 따졌고 서로 시기했으며 경쟁하며 높아지려고 애를 썼습니다. 그러나 그들이 어느 정도 성장하자 더 이상 그렇게 하지 않았으며 그들은 좋은 동역자가 되었습니다.

영적으로 어린 사람은 끊임없이 비교의식과 경쟁의식을 가집니다. 그리하여 조금 무엇을 얻으면 교만해지며 자기보다 나은 사람을 보면 시기하거나 낙심합니다.
그러나 영적으로 자라갈수록 그러한 경쟁의식과 비교의식이 없어지게 되며 다른 이들과 비교하며 경쟁하여 이기는 것보다 상대를 섬기고 기쁘게 하는 것을 더 즐거워하게 되는 것입니다.

물질의 세계에서는 경쟁이 있고 승자와 패자가 있고 1등과 꼴찌가 있지만 영성의 세계에서는 그러한 것이 없습니다. 모두가 아름다운 자이며 1등입니다. 모두가 다 주님의 은혜와 사명을 받은 자로서 귀하고 중요한 자들입니다.
그러므로 비교와 경쟁과 전투의 피곤함이 없으며 오직 자신의 받은 분량과 성향과 사명을 통하여 서로를 온전케 하고 도와주는 것입니다.
어제 한국이 48년의 도전 끝에 월드컵 16강에 올라갔다고 소리를 지르며 즐거워하고 있을 때 나는 같이 즐거워할 수가 없었습니다. 내 눈에는 사람들의 기쁨과 환호보다 비참하게 울면서 경기장을 빠져나가는 포르투갈 선수들, 경기장에 주저앉아있는 그들의 모습, TV중계를 보며 망연자실해하는 포르투갈 국민들의 모습이 더 뇌리에 선명히 각인되고 있었습니다.

한국의 백성들은 열정이 많은 민족입니다. 세계적으로 이러한 나라도 찾기 쉽지 않을 것입니다. 무엇이든지 우리나라에 들어오기만 하면 세계적이 되었습니다.
공산주의도 북한처럼 지독한 공산주의가 없습니다.
민주주의도 우리는 극우에 속합니다.
기독교도 세계적으로 열정적입니다.
80년대의 여의도에서 100만, 200만 명이 모인 집회에는 온 세계가 놀랬습니다.
그러나 기독교만이 아니었습니다.
천주교에서 여의도 집회를 할 때도 100만이 모였습니다.
80년대에 대통령 선거를 할 때는 300만이 모이기도 했습니다.

불교도 우리나라가 세계적으로 열심히 믿습니다. 불교의 원산지인 인도에서도 그 세력과 열기는 우리와 비교할 바가 못됩니다.
공자와 유교도 그렇습니다.
막상 중국에서는 별로 세력이 없지만 그 영향력은 한국이 훨씬 더 압도적입니다.
월드컵 축구의 열기에 있어서도 세계적입니다. 우리의 거리 응원전은 세계를 놀라게 한 것이었습니다. 이와 같이 300만이나 되는 사람들이 거리에 뛰쳐나와 아우성을 친 나라도 없을 것입니다.
우리와 경기를 가진 미국의 감독은 고개를 흔들며 이렇게 말했습니다. "우리는 한 팀과 싸운 것이 아니다. 우리는 한 나라와 경기를 치렀다" 정말 이 민족의 열광은 놀라운 것이었습니다.
진정 우리나라는 열정으로 가득한 나라입니다. 이와 같은 우리의 열정과 기질이 복음에 사로잡히게 되면 얼마나 좋을까요.. 주님께서는 우리 민족의 이와 같은 기질을 사용하실 것입니다.
열정이란 좋은 것입니다.
그러나 바른 곳에 쓰일 때 그것은 더욱 빛을 발할 것입니다. 승부에 이기기 위해서 쓰이는 열정은 좋다고 할 수 없습니다. 그것은 육신적인 것이며 영성적인 것이 아닙니다.
승부를 겨루는 것과 영혼의 성장과는 대립되는 면이 있는 것을 우리는 기억해야 합니다. 영성은 상대를 이기는 것이 아니며 상대를 사랑하고 용납하며 진정으로 하나가 되는 것입니다. 그것이 바로 천국입니다.
우리는 누군가와 싸우려고 하면 가슴이 뛰고 불안해지는데 그것이 바로 우리 영혼의 반응입니다. 그리고 그러한 반응을 억눌러서는 안됩니다.

우리는 남의 슬픔과 고통에 근거한 기쁨을 누려서는 안 됩니다. 그 상대방의 고통이 아주 작은 것이라고 하더라도 말입니다. 그것은 영성을 반하는 일입니다. 왜냐하면 영의 세계에서 우리는 모두 하나이기 때문입니다. 그러므로 남에게 주는 고통은 곧 자신을 해롭게 하는 것입니다.

월드컵에 대하여 긍정적인 이야기를 하는 분들도 많습니다.
한국에 대한 이미지 고양이라든지.. 이로 인하여 해외 선교나 복음 사역에 도움이 되는 측면이라든지. 또는 이런 이야기도 합니다. 신실한 그리스도인들이 뛰어난 실력을 보여주고 운동장에서 기도를 하는 모습을 보여주는 것.. 그것도 주님께 영광이 되며 전도의 효과를 주는 것이 아니냐고 합니다.

이에 대해서 대답해보자면, 어떤 사물이나 사건에 대하여 간단하게 옳다, 그르다, 악하다, 선하다 이렇게 잘라서 말하는 것은 어렵다는 이야기를 먼저 해야 하겠습니다. 모든 해석은 각 사람의 입장과 관점과 성장수준에 따라 다양한 각도에서 이루어질 수 있습니다.
어떤 이가 자기 나름대로 그것이 하나님께 영광이 되며 복음 전파나 영적인 어떤 측면에서 좋다고 여긴다면 그것은 그에게는 좋은 것입니다. 누구나 자신의 양심과 지식과 깨달음의 수준에서 좋다고 여기면 그것은 괜찮습니다. 다만 그 관점이 절대적인 것이라고 할 수는 없습니다. 시간이 흐르고 좀 더 자라게 된다면 시각과 차원이 다르게 될지도 모르는 것입니다.
우리는 다른 이들의 시각과 관점을 존중해야 합니다. 그러므로 남의 기쁨에 초를 치는 것이 별로 바람직하다고 할 수는 없습니다.
다만 월드컵의 승리와 같은 것은 본질적인 기쁨과 승리가 아니며 그러한 것에 대한 지나친 열정과 흥분은 영혼에게 부담과 고통을 준다는 것을 인식해야 합니다.

많은 이들이 자신을 "붉은 악마"라고 표현하고 즐거이 그 용어를 사용합니다. 그들은 영의 세계를 알지 못하므로 단순히 재미로 그렇게 표현한 것이겠지만 악한 영들은 그렇게 여기지 않습니다. 그들은 그것을 자기에 대한 예배와 신앙고백으로 받아들입니다. 그러므로 악한 영들은 일정 부분에서 그러한 고백을 하는 이들의 삶에 영향력을 행사할 수 있게 됩니다.

예배를 드리는 공간에서 월드컵 경기를 하는 TV를 시청하며 이를 전도의 도구로 삼는 교회가 많았다는 이야기를 나는 들었습니다. 물론 좋은 동기로 그렇게 했을 것입니다. 각 사람의 신앙관과 인식은 다 다릅니다. 그러므로 나는 거기에 대해서 나쁘게 말할 수는 없습니다.
그러나 분명한 원리는 주님 아닌 다른 것에 대하여 열광하고 소리 지르던 그러한 공간에는 주님의 영광과 임재가 오기 어렵다는 것입니다. 그것은 분명한 영적 원리입니다.
평소에 주님의 영광과 임재를 별로 알지 못하던 곳에서는 아마 별로 상관이 없을지 모릅니다. 그러나 평소에 예배를 드릴 때 찬양과 경배를 통해서 주님이 강하게 임재하시던 곳이라면 그곳에서는 주님의 임재와 역사하심이 많이 제한될 것입니다. 주님은 다른 것에 그분의 영광을 빼앗기는 분이 아니기 때문입니다.

오늘날 주님은 교회에서, 신자들의 삶에서 소외되신 분입니다. 그분은 우리를 사랑하시고 모든 것을 주셨건만 오늘날 신자들의 삶에서 그분을 무시하는 경향은 아주 많습니다. 그러므로 요즘 벌어지고 있는 월드컵의 이 난리가 주님을 새삼스럽게 십자가에 못박는 것은 아닐 것입니다. 주님이 아닌 다른 것에 지나치게 열광하는 현상.. 그것은 항상 있어왔던 일이었기 때문입니다.
그것은 너무나 안타깝고 비참한 일입니다. 하지만 언젠가는 새로운 영적 변화가 일어나고 이 땅에 진정한 부흥의 바람이 일어날 것을 나는 기대하고 믿고 있습니다. 오늘 축구에 대한 우리의 허무한 열풍이 주님과 복음과 진리에 대한 열광으로 변화되는 날이 올 것을 믿습니다.

교회에서 예배가 살아나고 주님의 임재를 알게 될 때 사람들은 그것이 월드컵 우승과도 비교할 수 없는 영광이라는 것을 알게 될 것입니다.
우리나라 사람들은 열광적입니다. 우리는 가능성이 있습니다. 우리의 그 열광과 열정은 주님을 위하여 주님께 드려지게 될 것입니다. 반드시 그러한 날들이 올 것입니다.

부흥은 소수를 통하여 옵니다.
온 이스라엘이 신음하고 있었을 때 모세라는 하나님의 사람이 광야에서 훈련받고 있었습니다.
이스라엘이 우상으로 인하여 신선한 주의 기름부음이 소멸되고 하늘이 막혀있었을 때에 엘리야라는 한 사람이 부흥을 위하여 무릎 꿇으며 주님의 손에 훈련되고 있었습니다.
오늘날 세상이 정신 없이 돌아가더라도 이 나라를 위해서 복음을 위해서 영적 회복을 위하여 기도하고 주님의 손에 훈련받는 이들이 많이 있음을 나는 믿습니다. 그리고 주님은 때가 되매 이들을 사용하시고 이 땅에 주님의 그 놀랍고 아름다운 부흥의 영광이 임하도록 사용하실 것입니다.

축구에 열광하는 이 땅의 많은 사람들.. 우리는 그들의 열정과 기쁨에 대하여 비난할 필요는 없을 것입니다. 그러나 그들의 그러한 열정과 기쁨이 주님을 향해서 진리를 향해서 사랑과 영성을 향해서 나아갈 수 있도록 기도해야 할 것입니다.
진정 이 나라가 주님의 은혜와 영광이 머물 수 있는 나라가 될 수 있도록 기도해야 할 것입니다.

오, 주님.. 이 나라는 주님의 것입니다.
이 백성은 주님의 백성입니다.
이 나라에
주님의 긍휼과 자비를 베풀어주시옵소서.
주님의 고독과 눈물을
느낄 수 있는 영혼들이
많이 일어나도록
이 나라를 세워주시옵소서.
주님께 영광을 올려드립니다.
할렐루야..
아멘..

34. 빛의 역사와 불의 역사를 구하십시오

사람들의 영적인 문제들은
대체로 두 가지가 근원입니다.
한 가지는 의식이 어두운 것이며
다른 한 가지는 심령이 눌린 것입니다.

한 가지는 머리에 문제가 있는 것이며
다른 한 가지는 심령에 문제가 있는 것입니다.
한 가지는 머리가 복잡하고 쓸데없는 생각이 많은 것이며
다른 한 가지는 심령이 약하고 눌려 있는 것입니다.

의식이 어두운 것은 부정적이고 비관적인 생각을 하는 것이며
이것은 마귀에게 속는 것입니다.
심령이 눌린 것은 불안과 두려움 속에 사로잡히는 것이며
이것은 마귀에게 눌린 것입니다.

의식이 어두운 것은 빛이 부족한 것이며
심령이 눌린 것은 불이 부족한 것입니다.
의식이 어두운 사람은 머리에 어두움이 있고 혼미하며

심령이 눌린 사람은 심장이 약하고 불안합니다.
머리가 좋고 영리한 사람들은 주로 의식이 어두운 문제가 있으며
마음이 선하고 착한 이들은 주로 심령이 눌리는 문제가 있습니다.

의식이 어두운 사람은 생각이 많고 복잡함으로
단순함을 훈련해야 합니다.
그는 빛이신 주님을 바라보아야 하며
의식을 바꾸기 위해서 빛의 생각을 자주 하고
빛의 상상을 자주 해야합니다.
그들은 마귀에게 속지 않도록 생각에 빠지지 말아야 하며
자주 자신의 생각을 점검해야 합니다.

의식이 눌린 사람은 영이 약한 것이기 때문에
권능과 불이신 주님을 바라보아야 하며
불과 권능을 받기 위하여
자주 부르짖고 호흡을 마셔서 충전해야 합니다.

불이 부족한 사람은 영이 눌리며
갖은 근심과 불안과 두려움에 사로잡히고
빛이 부족한 사람은 영이 혼미해져서
항상 어둡고 부정적인 생각 속에서 살게됩니다.
그러므로 빛을 받고 불을 받아
권능과 기쁨 속에서 살아야 합니다.

주님은 빛이시며 불이시기 때문에
우리는 빛과 불을 온전히 누리고 경험해야 합니다.

꼭 기억하십시오.
빛이 없으면 어두워서 아무 것도 분별하지 못하며
무지 속에서 살다가 죽을 뿐입니다.

심장에 불이 없으면
따뜻한 기운이 사라져 심장이 차가워지므로
두려움과 불안과 공포만이 있을 뿐입니다.

심장의 불.. 따뜻함..부드러움.. 사랑스러움..
머리의 빛..시원하고 밝고 아름다움..
우리는 이 영성을 유지하고 발전시켜야 합니다.

권능의 불을 받기 위하여
부르짖고 호흡하십시오.
지혜의 빛을 받기 위하여
빛이신 주를 바라보십시오.
주님의 빛과 불이 우리에게 충만케 될 때
우리는 진정 승리와 행복의 삶을
살 수 있게 될 것입니다.

35. 진리는 시작이며 사랑은 완성입니다

하나님은 세상을 창조하실 때
빛이 있으라고 명령하셨으며
그 빛으로 창조의 역사를 시작하셨습니다.
그 빛의 역사는
진리의 역사, 계시의 역사를 의미하는 것입니다.

창조의 시작은 빛의 역사이지만
창조의 완성은 불의 역사입니다.
하나님은 사람을 지으시고
그 코에 생기를, 호흡을, 불을 허락하심으로
창조가 완성되게 하셨습니다.
이로 인하여 심장에 불기운이 생겼고
그 따뜻함으로 생명이 탄생되었습니다.

따뜻함은 생명이며
죽음은 차가움입니다.
호흡이 편안하고 심장이 건강하게 뛸 때 사람은 따뜻해지며
놀라고 야단맞고 위축되고 죄책감에 잠길 때

사람은 호흡이 약해지며 심장이 약해지고
차가워지며 무기력해지고
생명의 기운이 소멸되어 갑니다.
심장은 불기운이며
하나님은 호흡으로 우리 안에 불을 허락하셨습니다.

빛은 계시와 지식과 진리이며
불의 본질은 사랑입니다.
사람은 사랑함으로 심장이 뛰고 따뜻해지며
미워함으로 심장이 차갑게 식어 싸늘해짐으로
죽음에 가까워집니다.

사랑하는 사람은 생기가 있고 생명이 풍성하며
미워하는 사람은 온 몸과 마음에 죽음의 그림자가 가득합니다.

그러므로 진리는 창조의 시작이며
사랑은 창조의 완성입니다.
진리는 천국의 시작이며
사랑은 천국의 본질이며 완성입니다.

진리는 율법이고 구약이며 구원의 시작이고
사랑은 은혜이며 신약이며 구원의 완성입니다.

성장을 위하여 진리와 빛을 구하십시오.
온전함과 완성을 위하여 은혜와 사랑을 구하십시오.
사랑을 얻은 자는 온 우주를 얻은 것이며
천국의 실체를 얻은 것이지만
사랑을 얻지 못한 이는
이 세상과 오는 세상에도
결코 행복하지 못할 것이니
이는 천국이 사랑의 나라이기 때문입니다.

천국의 실체가 사랑이므로
사랑하지 않는 자는 천국의 대기 속에서 숨이 막히며
천국의 빛 속에서 심장이 조여들어 살 수가 없습니다.
아직 영혼이 발전할 수 있을 때
아직 사랑을 담을 수 있는 그릇이 있을 때
그 용량이 확정되기 전에
사랑의 증가를 구하십시오.
그것만이
우리가 이 땅에 존재하는 이유입니다.

복음의 전파란
사랑의 근원이신 주를 전하는 것이며
영원한 사랑의 근원을 담을 수 있도록
준비시키는 것에 다름이 아닌 것입니다.

기회가 있을 때 사랑을 구하십시오.
구하고, 구하고 또 구하십시오.
우리는 평생
오직 그것을 구해야 합니다.

사랑의 근원은 오직 주님이시므로
스스로 사랑하려는 자는 결코 사랑할 수가 없습니다.
그러나 자기 안에
내주하시는 주님을 믿고 시인하는 자는
사랑할 수 있으며
계속 사랑을 연습하고 훈련하고
고백하고 시도함으로
그 사랑을 발전시킬 수 있습니다.

부디 사랑을 구하십시오,
그리고 그 사랑의 씨앗을 뿌리고 심고
발전시키십시오.
가까이 있는 이들에게 친절하게 대하고
주님으로부터 오는 사랑의 에너지를
믿음으로 충분히 흡입하십시오.

우리가 사랑을 마실수록
우리는 사랑을 입으로 뿜어낼 수 있습니다.

우리가 사랑의 언어를 말해낼 때
우리를 둘러싼 대기가
사랑의 기운으로 가득하게 되는 것을
우리는 알 수 있습니다.
그리고 그것이
바로 천국의 대기이며
천국의 분위기입니다.

사랑을 구하십시오.
사랑을 마시십시오.
사랑을 토해내십시오.
그렇게 함으로 우리는
이 땅에 천국을 심게 되는 것입니다.

빛은 창조의 시작입니다.
사랑은 창조의 완성입니다.
빛은 천국의 시작입니다.
사랑은 천국의 완성입니다.

우리가 사랑을 향하여 갈 때
우리가 완성을 향하여 갈 때
우리는 주님과 같이 있게 되는 것입니다.
이는 주님은 곧 사랑이기 때문입니다.

36. 날마다 빛을 선택하십시오

영의 세계란 우리가 존재하는 이 물질적인 공간과 다른 곳에 있는 것이 아닙니다. 영계란 물질계와 동전의 앞뒤 면과 같습니다.
우리의 육체는 물질계와 교통하고 있지만 그 순간에도 우리의 영혼은 영계와 교통을 하고 있는 것입니다.
우리의 주위에는 항상 천사와 악령이 따라다니며 영계의 에너지를 공급합니다. 그렇지 않으면 사람은 잠시도 생존할 수가 없습니다.

천사는 주님의 명령으로 우리를 돕기 위해서 가까이 있으며 악령들은 어찌하든지 우리를 넘어뜨리기 위해서 우리의 주변에서 움직입니다. 우리는 그것을 느낄 수도 있고 무심히 넘어갈 수도 있으나 그들은 항상 우리의 주변에서 우리에게 영향을 미칩니다.
천사들은 계속 우리에게 주님의 뜻대로 살 것과 감사와 찬양을 드릴 것과 다른 이들을 섬기고 사랑할 것을 권면하고 있으며 악령들은 어찌하든지 우리가 하나님을 원망하고 자신을 불쌍히 여기며 남과 비교하고 억울해하고 이를 갈도록 소곤거리며 속삭입니다.

그러나 그들을 선택하는 것은 전적으로 우리의 의지와 선택에 달려있으며 우리가 악과 악령을 선택하는 것을 주님은 방해하지 않으십니다. 우리가 주님을 바라보면 천사들이 우리를 둘러싸고 주님의 은혜를 전하게 됩니다. 그리고 그 순간 악령들은 멀어집니다. 또한 우리가 악령들의 속삭임을 듣고 받아들이면 그 순간 천사들은 멀어집니다. 왜냐하면 빛과 어두움이 동시에 공존할 수 없기 때문입니다. 이와 같이 천국과 지옥은 우리 스스로가 선택하는 것입니다.

영계에서 가장 중요한 것은 우리 자신의 의지이며 그 의지로 스스로 빛을 선택하고 주님을 선택하는 것입니다. 그렇게 빛을 구하는 자는 결코 주님의 버림을 받지 않습니다.
그러나 자기 스스로를 높이고 하나님께 영광을 돌리지 않으며 남의 즐거움을 싫어하고 남의 고통을 즐기는 자는 어두움과 마귀를 선택하는 것이며 그러한 이들은 결코 어둠의 영들로부터 벗어날 수 없습니다.

천사들은 그들이 높임을 받는 것이나 칭찬 듣는 것을 몹시 두려워하며 불쾌해하고 오직 주님께만 모든 영광이 돌아가기를 원합니다. 그러므로 자신을 높이는 곳에서는 즉시로 떠납니다. 그들은 오직 주님을 위하여 봉사하기를 원하며 다른 이들을 섬기고 싶어합니다. 이들은 천국에 속해있기 때문입니다.

그러나 악령들은 자신이 영광을 받기를 원하며 자신이 거절당하는 것을 견디지 못합니다. 그들은 주님을 높이는 것보다 자신을 위하여 살기를 원하며 다른 이들에게 관심을 얻기를 원하고 남을 지배하며 남과 비교하고 남들보다 더 우위에 있기를 원합니다.
이들은 지옥에 속해있는 것입니다.

어떤 이들은 천사의 속성을 가지고 있고 어떤 이들은 악령의 속성을 많이 가지고 있는데 그것은 그들이 어떤 영들과 교제하며 영향을 받는가에 달려있는 것입니다.

오늘날 많은 그리스도인들이 무지 속에서 악령의 영향을 많이 받고 있으며 그들의 속살거림을 듣고 그대로 움직입니다.
그들은 스스로 어둠을 선택했으면서도 그 어두움의 결과로 고통이 오면 하나님을 원망하며 자신은 억울하다고 생각하며 하나님은 남을 편애하신다고 생각하며 불공평하다고 불평합니다.
그것은 악한 영들이 항상 그렇게 주장하고 있는 것입니다.
악한 영들은 어두운 곳에서 이를 갈며 항상 하나님을 저주하며 살아갑니다. 그들은 결코 자기 반성을 하지 않습니다.
그들은 이 땅에서 일하는 악령들을 통하여 그들의 그러한 의식을 전달해줍니다. 그렇게 해서 자기가 사는 곳의 주민을 늘리는 것입니다. 그렇기 때문에 악령의 생각을 받아들이는 이들은 항상 억울해하고 남을 원망하며 결코 자기 반성을 하지 않습니다.

자신을 돌아보고 반성함으로써만 우리는 영계의 어둠에서 벗어날 수가 있습니다. 반성하고 자기를 돌아보는 자들은 자신의 영적 성분을 변화시키는 것이며 자기가 있는 영계의 구덩이에서 바깥으로 나올 수 있습니다. 그러나 억울해하는 이들은 결코 그 구덩이를 벗어날 수 없습니다.

육체가 있어 살아있는 동안에만 우리는 변화될 수 있습니다.
이 땅에서는 영적인 발전 상태가 다른 사람들이 섞여서 삽니다. 그러므로 빛에 속한 사람과 어두움에 속한 사람들이 같이 섞여서 삽니다. 그러한 섞임은 서로에게 고통을 주는 것입니다.
빛에 속한 이들은 어둠에 속한 사람을 고통스러워하며 어둠에 속한 사람들은 빛에 속한 사람이 불편하고 보기 싫습니다.
그러나 사후에는 각자의 영에 따라 헤어지므로 그들은 다시는 같이 있지 않게 됩니다. 이 땅에 살 때는 영의 상태로 사람들이 분류되지 않고 육과 혈연의 상태로 분류되므로 영의 상태와 수준이 서로 섞이는 것입니다.

이 땅에 살 때는 다양한 영적 수준의 사람이 같이 섞여서 삽니다. 그러므로 사후에는 서로 만날 수 없는 사람도 이 땅에서는 만날 수 있습니다. 영적인 어린 아이도 영적으로 성숙한 이들과 교류할 수 있으며 도움을 받아 성장할 수 있습니다.
그러나 영원한 곳에서는 그것이 불가능합니다. 모든 이들은 자기와 같은 동류의 사람들과 있어야 합니다. 원망의 영은 영원히 자기와 같은 원망의 영들과 함께 살뿐입니다.
이 땅에서는 기분전환이라는 것이 있습니다.

마음이 좋기도 하고 나쁘기도 합니다. 즐겁기도 하고 슬퍼지기도 합니다. 그것은 우리가 여러 종류의 영들을 접하기 때문입니다.
우리는 천사를 가까이 접하면 행복해지고 악령들이 가까이 오면 고통과 슬픔에 잠기게 됩니다. 사람들은 가끔 이유가 없이 기분이 즐거워지기도 하고 불안해지기도 하는데 그것은 우리가 인식하지 못하지만 천사들이나 악령들이 우리의 곁에 가까이 오기 때문입니다. 그래서 이 땅에 사는 동안 우리의 근처에 오는 영들 때문에 우리의 기분은 수시로 바뀌게 되는 것입니다.
그러나 육체가 소멸되는 순간 우리는 같은 영계에 계속 거해야 하며 한 종류의 영들만을 접하게 됩니다. 그러므로 하나의 상태에 계속 머무르게 되어 기분이 바뀌지 않습니다.

사람이 이 땅에 살 때는 미워하다가도 생각이 바뀌어서 후회를 하고 다시 사랑할 수도 있지만 사후에 육체가 사라지고 영혼만 남게 되면 그 생각과 감정은 바뀌지 않습니다. 원한의 영이 되면 몇 천 년이 흘러도 여전히 원한을 품게 됩니다. 그곳에서는 후회는 있을지 모르지만 변화될 수는 없습니다. 그곳에서는 다시는 기회가 없습니다.

이 땅에 살면서도 몇 십 년 동안 원한을 품고 사는 이들이 있습니다. 그것은 그들이 분노의 악령을 계속적으로 받아들이고 자기 몸 안에서 살게 하기 때문입니다.
원한은 악령에게 속한 것인데 그것이 자기 생각인줄 알고 속아서 자기 마음의 안방을 내주었기 때문에 그러한 이들은 지옥과 같은 삶을 살게 되는 것입니다.

이 땅에 사는 동안만, 육체가 있는 동안에만 우리의 영혼이 발전할 수 있다는 것은 너무나 중요한 사실입니다. 우리는 지금 이 순간 영원을 만들고 있는 것입니다.
그러므로 우리는 살아있는 동안 발전을 사모하고 성장을 추구해야 합니다. 주님의 영광과 빛에 좀 더 가까이 가는 것을 사모하고 삶의 목표로 삼아야 합니다.
우리는 우리의 마음을 지켜야 합니다.
주님께 감사하며 모든 영광을 돌리고 창조주이신 주님과 연합하기 위하여 사람들을 사랑하고 섬기도록 애써야 합니다.
사람은 사랑을 위하여 만들어졌으며 사랑하지 않으면 몸과 마음이 파괴되도록 지어졌습니다.

자신을 위하여 사는 삶을 버리고 주님을 위하여 살며 다른 이들을 섬기기 위하여 살아야 합니다. 그것이 천국의 영계와 연결되고 가까워지는 길이며 주님의 더 깊은 임재 속으로 들어가는 길입니다. 광야 속에 들어가서 아무리 많이 기도한다 할지라도, 하루에 몇 시간의 기도를 드린다고 할지라도, 아무리 많은 영성훈련을 받는다고 하더라도 그 동기가 자기 중심적이고 이기적이라면 그는 천국과 멀리 있습니다.

자신이 영계의 거성이 되는 것이 목표라면 그것은 좋은 동기가 아닙니다. 그것은 자아적이며 육신적인 욕망입니다.

그러한 이들은 악령들의 유혹과 속임을 벗어날 수 없게 됩니다. 그리하여 교만과 타락과 범죄에 떨어지게 됩니다. 영들은 사람의 중심에 있는 욕망을 쉽게 느낄 수 있기 때문에 우리가 오직 순결하게 주님을 위하는 자들인지 자신을 위한 사람인지 금방 알기 때문입니다.

오늘도 우리는 빛과 어두움을 선택할 수 있습니다.
우리는 주님을 구하며 사랑을 선택해야 합니다.
감사와 예배를 주께 드리며 오늘도 내가 영광을 취하지 않을 것을 구해야 합니다.
나의 억울함을 해결하기 위하여
육신의 편안함을 위하여 너무 마음을 쓰지 말고
오직 주님의 선하심과 거룩하심을 기뻐하며
그 분께 영광을 돌려야 합니다.

우리는 오직 우리의 시선을 주님께 돌려야
많은 천사들의 도움과 빛을 경험할 수 있게 됩니다.
사소한 비교의식이나 불만도 천사를 멀어지게 합니다.
그리고 악령들을 다가오게 합니다.
그리고 그것은 비극의 시작입니다.

오직 감사하고 찬양하고 또 찬양하십시오.
하나님은 영광과 거룩하심이 한이 없으시며
오직 공평하시고 진리이십니다.
그분은 오직 사랑 자체이시며
우리가 사랑하기를 원하고
우리의 동기가 아름답고 순수할 때
가장 가까이 임하십니다.

아직 육체가 살아있어서 성장할 수 있고
반성할 수 있고
어둡고 악한 생각과 감동을 떨쳐버릴 수 있다는 것은
지금 이 시간 우리에게 주어진 놀라운 은총입니다.

오늘도 아름답고 놀라운 성장의 하루가 되십시오.
감사하고 찬양하며
주께 영광을 돌리고
자신을 용서하며
가까운 이들을 사랑과 친절함으로 대하십시오.
그것은 아주 쉬운 성장의 비결입니다.
날마다 그렇게 아름다움과 사랑을 심으면서
주를 의뢰하고 바라보면서
우리는 주님께로 빛의 세계로
점점 더 가까이 올라갈 수 있게 되는 것입니다.

도서구입신청

도서 구입을 원하시는 분들을 위한 안내입니다.

1. 도서 목록 확인

페이지를 넘기시면 정원 목사님의 도서 전권이 안내되어있습니다.
도서 목록을 참조하셔서 필요로 하시는 책을 선택하십시오.
각 도서의 자세한 목차와 내용을 원하시면 정원목사 독자 모임 카페의 [저자
및 저서소개] 코너를 참조하십시오. (http://cafe.daum.net/garden500)

2. 책신청

구입하실 도서를 결정하신 후에, 영성의 숲 출판사로 전화를 주세요.
(02-355-7526 / 010-9176-7526. 통화시간: 월~금 오전 9시~저녁 7시)
신청 도서 목록을 알려주시면 입금하실 금액을 안내해 드립니다.
신청하실 때는 책을 받으실 주소와 전화번호를 함께 알려주세요.
책신청은 전화 외에도 영성의 숲 홈페이지의 [책신청] 코너,
출판사 이메일(spiritforest@hanmail.net)을 사용하실 수 있습니다.

3. 송금

안내 받으신 도서 대금을 아래 계좌로 입금해 주세요.
(국민은행: 461901-01-019724, 우체국: 013649-02-049367, 예금주: 이혜경)
신청자 성함과 입금자 성함이 일치하지 않는 경우에는 입금자 성함을
꼭 알려주셔야 확인이 가능합니다.

4. 배송

입금 확인 후에 바로 발송 작업을 하는데, 발송후 도착까지 보통 2-3일 정도
가 소요 됩니다. 책을 급하게 필요로 하실 경우에는 일반 서점을 이용해 주세
요. 해외 배송을 원하시는 분은 총판을 담당하고 있는 생명의 말씀사로 문의
해주시기 바랍니다. (생명의 말씀사 080-022-1211 www.lifebook.co.kr)

<기도 시리즈>

1. 하늘의 권능이 임하는 부르짖는 기도 1
영성의 숲. 373쪽. 12,000원 / 핸디북 10,000원
부르짖는 기도는 모든 기도의 형태 중에서 가장 기본적이고 중요한 기도입니다. 이 기도를 바르게 배우고 적용한다면 하늘의 권능이 임하는 것을 경험하게 되며 모든 면에서 강건한 그리스도인이 될수 있을 것입니다.

2. 하늘의 권능이 임하는 부르짖는 기도 2
영성의 숲. 444쪽. 14,000원 / 핸디북 11,000원
부르짖는 기도 1권은 발성의 의미, 능력과 부르짖는 기도의 전체적인 원리를 다루 었으며 2권은 부르짖는 기도의 실제로서 구체적인 기도의 방법과 적용원리를 다루고 있습니다. 3부에 수록된 다양한 승리의 간증은 독자님들에게 좋은 도전이 될 것입니다.

3. 대적기도의 원리와 능력
영성의 숲. 400쪽. 14,000원 / 핸디북 10,000원
대적기도 시리즈 1편. 대적기도는 주님께 간구하는 기도가 아니며 우리에게 주어진 권세와 능력을 발견하고 사용하여 능력과 승리를 경험하는 기도입니다. 이 기도를 알게 될 때 당신의 삶은 진정 달라지게 될 것입니다.
휴대를 위한 작은 사이즈의 핸디북도 있습니다.

4. 대적기도의 적용 원리
영성의 숲. 424쪽. 14,000원 / 핸디북11,000원
대적기도 시리즈 2편. 대적기도에도 원리와 법칙이 있습니다. 그 원리와 법칙을 잘 익혀서 실제의 삶에 적용한다면 우리는 풍성한 삶을 살 수 있습니다. 이 책에서는 그 원리들을 구체적으로 제시해 주고 있습니다.
휴대를 위한 작은 사이즈의 핸디북도 있습니다.

5. 대적기도를 통한 승리의 삶
영성의 숲. 452쪽. 14,000원 / 핸디북 11,000원
대적기도 시리즈 3편. 대적기도를 인간관계, 가정에서의 삶, 복음 전도와 사역에 구체적으로 적용하는 방법을 제시하였습니다. 여기서 제시된 원리를 잘 읽고 적용한다면 삶과 사역에 있어서 많은 변화와 승리를 경험할 수 있게 될 것입니다.
휴대를 위한 작은 사이즈의 핸디북도 있습니다.

6. 대적기도의 근본적인 승리 비결
영성의 숲. 454쪽. 14,000원 / 핸디북 11,000원
대적기도 시리즈 4편. 완결편. 1부에서는 악한 영들을 근본적으로 완전하게 제압하고 승리할 수 있는 원리와 비결을 제시하고 있습니다. 2부에서는 대적기도를 적용하고 경험한 성도들의 사례가 실려 있는데 이것은 각 사람의 적용과 승리에 좋은 참고가 될 수 있을 것입니다.
휴대를 위한 작은 사이즈의 핸디북도 있습니다.

7. 아름답고 행복한 기도의 세계
영성의 숲. 279쪽. 9,000원
〈기도업데이트〉의 개정판. 자연스럽고 편안하게 기도의 아름다움과 행복에 잠길 수 있도록 돕는 책입니다. 기다리는 기도, 듣는 기도, 안식하는 기도 등 다양하고 풍성한 기도의 원리들을 일상의 예화들을 통하여 쉽게 정리하였습니다.

8. 주님의 마음에 이르는 기도
영성의 숲. 309쪽. 10,000원
기도의 원리와 방법에 대한 200개의 조언을 담았습니다. 주님의 마음을 향하여 가는 것. 그것이 기도의 방향이며 목적임을 보여주는 책입니다.

9. 주님의 임재를 경험하는 길
영성의 숲. 308쪽. 10,000원
〈주님을 경험하는 100가지 방법〉의 개정판. 주님의 살아계심과 임재를 경험하기 위한 100가지의 실제적인 방법을 제시하고 있습니다. 사모하는 마음으로 이 방법들을 시도한다면 누구나 쉽게 그분의 역사를 경험하게 될 것입니다.

10. 예수 호흡기도
영성의 숲. 460쪽. 14,000원 / 핸디북 11,000원
호흡을 통한 기도가 주님의 임재와 영적 실제에 들어가는 중요한 비밀이며 열쇠임을 보여주는 책입니다. 이 책에 제시된 원리와 방법을 충실히 시도해 본다면 누구나 놀라운 변화를 경험하게 될 것입니다.

11. 방언기도의 은혜와 능력 1
영성의 숲 459쪽. 16,000원 / 핸디북 12,000원
방언기도 시리즈 1편. 방언에 대한 성경적이고 균형잡힌 설명 뿐 아니라, 저자의 개인적인 경험과 간증, 방언을 받는 과정과 통역을 시도하는 과정에 대한 구체적인 설명, 여러 경험자들의 실례가 풍성하게 실려있어, 방언의 은혜에 대해 이해하고 적용하는 데에 실제적인 도움을 주는 책입니다.

12. 방언기도의 은혜와 능력 2
영성의 숲 403쪽. 13,000원 / 핸디북 11,000원
방언기도 2편에서는 방언과 통역이 발전해 나가는 과정과 그 영적인 의미를 깊이있게 다루었습니다. 방언의 가치와 의미를 바르게 이해하고 적용하게 될 때, 오래 동안 방언을 사용하면서도 주님의 은총를 누리지 못하던 이들이 주님의 가까우심과 아름다우심을 풍성히 경험하게 될 것입니다.

13. 방언기도의 은혜와 능력 3
영성의 숲 489쪽. 15,000원 / 핸디북12,000원
방언 기도 시리즈의 결론적인 부분을 다룬 책입니다. 방언에 대한 부정적인 견해와 원인들, 방언을 통해 어떻게 부흥이 시작되는지, 은사의 바른 방향과 의미, 목적 등을 정리하였고, 전체적인 요약정리와 함께 경험자들의 구체적인 사례들을 첨부하여 실제적인 적용에 도움이 되도록 하였습니다.

<영성 시리즈>

1. 영성의 실제를 경험하는 길
영성의 숲. 357쪽. 11,000원
〈그리스도인의 아름다운 영성〉의 개정판.
많은 은혜의 도구들이 있지만 그것들이 다 주님을 접촉하는 것은 아닙니다. 참다운 영성과 주님을 경험하는 원리를 제시하는 책입니다.

2. 생각의 자유를 경험하는 길
영성의 숲. 228쪽. 8,000원
〈그리스도인의 생각 다스리기〉의 개정판. 우리가 겪는 삶의 대부분의 고통들은 스스로 만들어낸 생각의 감옥에 지나지 않으며 생각을 분별하고 관리함으로써 풍성하고 행복한 삶을 살 수 있다는 메시지를 다양한 예화와 함께 설득력 있게 제시하고 있습니다. 많은 교회에서 훈련 교재로 사용되기도 했습니다.

3. 영성의 중심은 사랑입니다
영성의 숲. 243쪽. 8,000원
하나님의 은혜를 받아들이고 누림으로써 진정한 사랑과 따뜻함의 세계를 경험할 수 있도록 돕는 책. 신앙의 따뜻함과 아름다움을 회복하고, 영혼들을 이해하고 도울 수 있는 관점을 제시하고 있습니다.

4. 영성의 원리
영성의 숲. 319쪽. 10,000원
영성에도 원리가 있습니다. 이 책은 영성의 발전을 위한 다양한 원리들, 영의 흐름, 영의 인식, 영적 승리를 위한 중보 등의 원리를 실제적인 예와 함께 잘 설명해 줍니다. 영적 부흥과 충만함을 사모하는 이들에게 좋은 참고서가 될 수 있을 것입니다.

5. 문제는 주님의 음성입니다
영성의 숲. 227쪽. 9,000원
우리의 삶에 다가오는 여러가지 어려움들, 문제들은 우연이 아닙니다. 거기에는 주님의 배려와 가르치심이 있으며 반드시 우리가 배워야 할 것이 있습니다. 이 책은 그 문제들에서 주님의 뜻과 음성을 발견하는 원리를 가르쳐 주고 있습니다.

6. 영성의 발전은 어떻게 이루어지는가
영성의 숲. 254쪽. 8,000원
〈영성의 상담〉의 증보 개정판. 영성에 대한 여러 질문과 답변을 통해 다양한 영적현상의 의미와 삶 속에서 영적 성장을 이루는 구체적인 방법들을 소개하고 있습니다.

7. 지금 이 공간에 임하시는 주님
영성의 숲. 340쪽. 11,000원
주님은 믿을수 없을만큼 가까이 계시지만 사람들은 흔히 그분을 무시함으로 그의 임재를 소멸시킵니다. 이책은 그분의 가까우심과 구체적인 공간을 통한 임재, 나타나심을 경험할수 있도록 실제적인 지침을 제시하고 있습니다.

8. 심령이 약한 자의 승리하는 삶
영성의 숲. 228쪽. 9,000원
영혼의 힘이 약하고 마음이 여리고 민감하여 고통을 겪고 있는 이들을 위한 책. 영혼의 원리 및 기질과 사명을 이해함으로써 이전에 알지 못했던 자유와 해방과 놀라운 행복감을 누리게 될 것입니다.

9. 천국의 중심원리
영성의 숲. 452쪽. 14,000원
천국은 사후에만 갈 수 있는 장소가 아닙니다. 이 땅에 살면서 천국의 임재, 그 천국의 빛과 영광을 경험할 수 있습니다. 이 책에서는 내면세계의 천국을 경험하기 위한 길과 원리를 제시해 주고 있습니다.

10. 행복한 신앙을 위한 28가지 조언
영성의 숲. 348쪽. 12,000원
〈자유롭고 행복한 그리스도인 1〉의 개정판. 묶여 있고 창백한 의식의 틀을 벗어나, 자유롭고 풍성한 믿음의 삶으로 나아가도록 돕는 책입니다. 28가지 조언속에 행복한 신앙을 위한 영적 원리들을 담고 있습니다.

11. 성숙한 신앙을 위한 30가지 조언
영성의 숲. 340쪽. 12,000원
〈자유롭고 행복한 그리스도인2〉의 개정판. 의식이 바뀔 때 천국의 자유와 기쁨을 누릴 수 있음을 보여주는 책입니다. 묶여있는 사고와 습관, 잘못된 의식에서 해방되는 원리를 제시해 주고 있습니다.

12. 의식의 깨어남을 사모하라
영성의 숲. 239쪽. 9,000원
잠과 꿈과 깨어남의 실체를 보여주며 진정한 깨어있음의 세계로 인도하는 책입니다.
의식과 영혼을 깨우기 위한 방법과 원리들을 제시해 주고 있습니다.

13. 주님의 마음, 주님의 임재 속으로
영성의 숲. 348쪽. 11,000원
오늘날 주님의 마음에 대한 많은 오해가 있어서 주님의 깊으신 임재에 들어가지 못합니다. 이 책은 그 오해를 풀어주며 우리를 향한 주님의 사랑을 보여주고 그 사랑의 임재 속에 들어가는 길을 안내해주고 있습니다.

14. 영성의 발전을 갈망하라
영성의 숲. 292쪽. 10,000원
영성의 진리 시리즈 1편. 영성을 깨우고 발전시킬 수 있는 다양한 이야기, 원리, 법칙들을 묶은 36가지의 메시지가 수록되어 있습니다. 영혼의 각성에 도움이 되는 지식과 도전을 얻게될 것입니다.

15. 집회에서 흐르는 주님의 은혜
영성의 숲. 254쪽. 8,000원
이미 출간되었던 [집회 가운데 임하시는 주님]을 새롭게 개정하였습니다. 회원들의 간증을 줄이고 더 많은 분량을 추가하였습니다. 집회 가운데 나타나는 주님의 생생한 역사와 이에 관련된 여러 영적 원리를 기술하였습니다. 읽을수록 집회 현장에 있는 듯한 감동과 은혜를 얻을 수 있을 것입니다. 은혜를 사모하는 이들, 영성 사역에 관심이 있는 사역자들에게 좋은 참고가 될 것입니다.

16. 삶을 변화시키는 생명의 원리
영성의 숲. 348쪽. 값 11,000원

삶 속에서 열매를 맺을 수 있는 비결과 원리를 시편 1편의 말씀과 요한복음 15장의 말씀을 중심으로 제시하고 있습니다. 포도나무이신 주님과 가지로서 항상 연결되는 삶이 열매를 맺는 원리이며 은총의 비결인 것을 명쾌한 논지로 설명하고 있습니다. 신앙의 기초와 방향을 분명히 밝히는 책으로서 풍성한 삶과 승리하는 삶을 갈망하는 그리스도인들에게 귀한 도전이 될 것입니다.

17. 낮아짐의 은혜1
영성의 숲. 308쪽. 값 10,000원

쉽게 하나님의 임재를 경험하며 그 은혜 가운데 머무르는 사람이 있습니다. 그 은총의 비밀은 무엇일까요? 그것은 바로 낮아짐이며 이를 통하여 주의 무한한 은혜와 천국의 풍성함을 누릴 수 있음을 본서는 증명합니다. 사람을 파괴하는 높아짐의 시작과 타락, 은혜의 회복, 열매의 풍성함 등을 다루고 있으며 누구나 그 은혜의 세계에 쉽게 이르도록 길을 제시하고 있습니다.

18. 낮아짐의 은혜 2
영성의 숲. 388쪽. 값 14,000원

낮아짐은 감추어진 비밀이며 천국의 문을 여는 보화입니다. 마귀는 낮아짐을 빼앗을 때 그 영혼을 사로잡을 수 있으므로 온갖 유혹으로 이 보화를 가로챕니다. 하나님은 천국의 풍성함을 주시기 위하여 낮아짐을 훈련하시며 인도하십니다. 2권은 적용을 주로 다루며 구체적으로 풍성한 은총을 누릴 수 있도록 권면하고 있습니다.

19. 그리스도를 갈망하는 삶
영성의 숲. 268쪽. 값 9,000원

부흥과 영적 깨어남, 영성의 다양한 원리에 대한 이야기. 삶 속의 이야기와 함께 자연스럽게 풀어서 정리하였습니다. 일상의 사소한 삶에서 영적 원리를 발견하고 적용하도록 도우며 그리스도에 대한 갈망이 증가되도록 도전하고 있습니다.

20. 영이 깨어날수록 천국을 누린다
영성의 숲. 236쪽. 값 8,000원

독자들과 일대일로 마주 앉아서 대화를 하듯이 영적 성장과 풍성한 삶을 누리는 원리에 대해서 메시지를 전달하고 있습니다. 사랑하는 삶, 영성의 깨어남에 대한 새로운 통찰력을 제공해주며 기쁨으로 주님을 따르는 길을 제시해줍니다.

<생활 영성 시리즈>

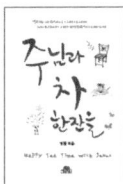

1. 주님과 차 한잔을
영성의 숲. 220쪽. 6,000원
신앙의 귀한 진리들, 주님을 사모하고 가까이 나아가는 데 도움이 되는 원리들을 유머를 통해 밝고 즐겁게 전달해주는 책입니다.
주님과 같이 차를 한잔 마시는 기분으로 부담없이 읽다 보면 자연스럽게 영적 통찰을 얻을 수 있을 것입니다.

2. 일상의 삶에서 주님을 의식하기
영성의 숲. 280쪽. 8,000원
일상의 사소한 삶 속에서 주님을 의식하며 살아가는 이야기. 신앙과 영성은 기도할 때만이 아니라 일상의 모든 삶 속에서 나타나야 한다. 작고 사소한 모든 일에서 주님을 의식하는 것이 진정한 행복의 원리인 것을 이 책은 보여주고 있습니다.

3. 일상에서 경험하는 주님의 사랑
영성의 숲. 277쪽. 8,000원
일상의 묵상 시리즈 2편. 사소한 일상의 삶에서 주님의 임재와 사랑을 느끼고 주님의 메시지를 경험하는 이야기. 항상 모든 것에서 주님의 마음과 시선으로 삶과 사람을 보고 느껴야 하며 이를 통해서 날마다 천국을 경험할 수 있음을 사소한 삶의 이야기를 통하여 부드럽게 전달해주고 있습니다.

4. 삶이 가르치는 지혜
영성의 숲. 212쪽. 6,000원
〈삶이 가르치는 지혜〉의 개정판. 우리의 삶에서 경험하는 많은 즐거운 일, 힘든 일들이 결국 우리 영혼의 성장을 위하여 주어진 일임을 보여줍니다. 가슴을 따뜻하게 하는 소박한 이야기들을 통해서 사랑의 중요성을 다시 한번 깨닫게 합니다.

5. 사랑의 나라로 가는 여행
영성의 숲. 156쪽. 5,000원
〈사랑의 나라〉의 개정판. 어른들을 위한 우화로서 한 청년이 여행을 통하여 삶의 목적과 방향을 깨달아 가는 과정이 흥미진진하게 전개되고 있습니다. 즐겁게 이야기를 읽어나가다보면 영적 성장의 방향과 중심, 영적 세계의 에너지와 원리, 흐름을 이해하는데 도움이 될 것입니다.

6. 하나님의 뜻을 발견해 가는 여행
영성의 숲. 269쪽. 신국판 변형 8,000원
성경에 등장하는 입다, 다윗, 암논의 삶과 사건들을 통하여 하나님의 아버지 마음과 하나님의 의도와 훈련을 이해하고 발견하도록 안내하는 책입니다. 등장인물들의 마음과 정서가 드라마처럼 녹아있어 흥미와 감동을 전달해 줍니다.

7. 일상에서 경험하는 주님의 은혜
영성의 숲. 253쪽. 값 8,000원
일상시리즈 3편입니다.
가족 이야기, 모임 이야기, 일상에서 경험하는 여러 가지 일들을 통해서 영적 원리와 교훈을 정리하였습니다.
일기와 이야기 형식으로 기록되어 있어서 즐겁게 읽는 가운데 주님과 같이 걷는 삶의 흐름 속으로 들어갈 수 있게 될 것입니다.

<묵상 시리즈>

1. 맑고 깊은 영성의 세계를 향하여
영성의 숲. 140쪽. 5,000원.
잠언시리즈 1편. 내 영혼의 잠언1을 판형을 바꾸어 새롭게 만들었습니다. 순결하고 맑은 영혼으로 성장하기 위한 진리의 묵상들이 간결하게 정리되어 있습니다.

2, 주님은 생수의 근원 입니다
영성의 숲. 196쪽. 6,000원
〈내 영혼의 잠언2〉의 개정판. 맑고 투명한 영성의 세계로 안내하는 영성 잠언집. 새벽녘의 신선하고 향긋한 바람처럼 우리 영혼을 달콤하게 채워주는 묵상의 글들을 모아서 정리했습니다.

3. 묻지 않는 자에게 해답을 던지지 말라
영성의 숲. 156쪽. 5,000원
삶과 사랑과 영혼의 진리를 담은 잠언 시집.
인생의 의미와 진리, 영성의 발전과정을 예리하면서도 부드러운 시각으로 표현하고 있습니다. 불신자에 대한 전도용으로도 좋은 책입니다.

4. 영혼을 깨우는 지혜의 샘물
영성의 숲. 180쪽. 5,000원
〈영적 성숙으로 향하는 여행〉의 개정판
인생, 진리, 마음, 영성 등 중요한 8가지의 주제에 대한 짧은 묵상을 담았습니다. 맑은 샘물이 흐르듯이 간결한 지혜의 메시지가 영성을 일깨워주는 책입니다.

영성의 발전을 갈망하라

1 판 1쇄 발행	2006년 9월 10일
1 판 6쇄 발행	2014년 9월 25일
지은이	정원
펴낸이	이 혜경
펴낸곳	영성의 숲
등록번호	2001. 7. 19 제 8-341 호
전화	02 - 355 - 7526 (영성의숲)
핸드폰	010 - 9176 - 7526 (영성의숲)
E - mail	spiritforest@hanmail.net (영성의숲)
홈페이지	cafe.daum.net/garden500 (정원목사 독자 모임)

국민은행	461901 - 01 - 019724
우체국	013649 - 02 - 049367
예금주	이 혜경

총판	생명의 말씀사
전화	02 - 3159 - 8211
팩스	080 - 022 - 8585,6

값 10,000원
ISBN 89 - 90200 - 43 - 1 03230